· 语文阅读推荐丛书 ·

史记选

司马迁／著　王伯祥／选注

人民文学出版社

图书在版编目(CIP)数据

史记选/(西汉)司马迁著;王伯祥选注.—北京:人民文学出版社,2018(2025.9重印)
(语文阅读推荐丛书)
ISBN 978-7-02-011798-7

Ⅰ.①史… Ⅱ.①司…②王… Ⅲ.①中国历史—古代史—纪传体②《史记》—注释 Ⅳ.①K204.2

中国版本图书馆 CIP 数据核字(2020)第 139595 号

责任编辑　徐文凯
装帧设计　李思安　崔欣晔
责任印制　董宏阳

出版发行　人民文学出版社
社　　址　北京市朝内大街 166 号
邮政编码　100705

印　　刷　侨友印刷(河北)有限公司
经　　销　全国新华书店等

字　　数　212 千字
开　　本　650 毫米×920 毫米　1/16
印　　张　17.25　插页 1
印　　数　201001—204000
版　　次　2018 年 4 月北京第 1 版
印　　次　2025 年 9 月第 34 次印刷

书　　号　978-7-02-011798-7
定　　价　25.00 元

如有印装质量问题,请与本社图书销售中心调换。电话:010-59905336

出 版 说 明

从2017年9月开始,在国家统一部署下,全国中小学陆续启用了教育部统编语文教科书。统编语文教科书加强了中国优秀传统文化教育、革命传统教育以及社会主义先进文化教育的内容,更加注重立德树人,鼓励学生通过大量阅读提升语文素养、涵养人文精神。人民文学出版社是新中国成立最早的大型文学专业出版机构,长期坚持以传播优秀文化为己任,立足经典,注重创新,在中外文学出版方面积累了丰厚的资源。为配合国家部署,充分发挥自身优势,为广大学生课外阅读提供服务,我社在总结以往经验的基础上,邀请专家名师,经过认真讨论、深入调研,推出了这套"语文阅读推荐丛书"。丛书收入图书百余种,绝大部分都是中小学语文课程标准和统编语文教科书推荐阅读书目,并根据阅读需要有所拓展,基本涵盖了古今中外主要的文学经典,完全能满足学生成长过程中的阅读需要,对增强孩子的语文能力,提升写作水平,都有帮助。本丛书依据的都是我社多年积累的优秀版本,品种齐全,编校精良。每书的卷首配导读文字,介绍作者生平、写作背景、作品成就与特点;卷末附知识链接,提示知识要点。

在丛书编辑出版过程中,统编语文教科书总主编温儒敏教授,给予了"去课程化"和帮助学生建立"阅读契约"的指导性意见,即尊重孩子的个性化阅读感受,引导他们把阅读变成一种兴趣。所以本丛书严格保证作品内容的完整性和结构的连续性,既不随意删改作品内容,也不破坏作品结构,随文安插干扰阅读的多余元素。相信这套丛书会成为广大中小学生的良师益友和家庭必备藏书。

人民文学出版社编辑部

2018年3月

目 次

导读 …………………………………………… 1

《史记选》序例 ………………………………… 1

项羽本纪 ………………………………………… 1

陈涉世家 ………………………………………… 59

留侯世家 ………………………………………… 79

孙子吴起列传(节选) …………………………… 102

魏公子列传 ……………………………………… 110

廉颇蔺相如列传 ………………………………… 126

刺客列传(节选) ………………………………… 150

淮阴侯列传 ……………………………………… 169

魏其武安侯列传 ………………………………… 201

李将军列传(节选) ……………………………… 230

知识链接 ………………………………………… 248

导　读

　　《史记》是我国第一部纪传体通史，记载了上自传说中的黄帝，下迄汉武帝元狩元年（前122）共三千多年的历史。经过我国西汉时期史学家司马谈、司马迁父子两代人的努力，最终由司马迁撰作完成。

　　司马迁，字子长，西汉左冯翊夏阳人，生于汉武帝建元六年（前135），卒于汉武帝末年。[①] 司马氏世代担任史官，掌管天文工作。司马谈仕于建元、元封之间，作为太史，他立志要继孔子，效《春秋》，写作一部"卒述陶唐以至于麟止"的通史。元封元年（前110）初，司马谈去世，撰述这部通史的任务由司马迁接续下来。元封三年（前108），司马迁当上太史，开始"䌷史记石室金匮之书"，即搜集各种历史资料。太初元年（前104），他参与制定的《太初历》颁布实施，标志着汉武帝"封禅、改正朔、易服色"等一系列改制的完成，他自己也展开了《史记》的写作。天汉三年（前98），因李陵事件的牵连，司马迁获罪被处以腐刑，思想上发生了巨变，他以更为冷峻的眼光来思索历史与人生，并把这些感悟融入到发

[①] 关于司马迁的生卒年问题，学界始终存在争议。具体可参王国维《太史公行年考》（收入《观堂集林》）、郭沫若《〈太史公行年考〉有问题》（《历史研究》1955年第6期）等。

愤著书之中。征和二年(前91),《史记》一书基本完成,在《太史公自序》里,他将这部书称之为《太史公书》,至于"史记"之名,本指记载历史的书,直到魏晋以后才专指司马迁的《史记》。

从内容结构看,《史记》共一百三十篇,分为五种体例:本纪、表、书、世家、列传。其中本纪十二篇,因效《春秋》十二公,故为十二篇,主要记载天子国君之事,也是全书记事纲领。表十篇,表隐微之事,使之鲜明,以编年的形式记载国家大事,与纪传互为经纬。书八篇,主要记载典章制度与经济、文化有关的专题,后来班固作《汉书》,把"书"改称"志"。世家三十篇,主要记载诸侯列国之事,也兼载少数具有重大历史影响的人物,如孔子。列传七十篇,记载人物最为广泛,上至公卿大夫,下至庶民百姓,所谓"叙列人臣事迹,可令传于后世"。本纪、世家、列传是《史记》一书的主体,司马迁所开创的这种史书体例,被后世正史沿用,而称之为"纪传体"。东汉班彪、班固父子时,《史记》已有十篇缺失,有录无书,分别是:《孝景本纪》《孝武本纪》《礼书》《乐书》《律书》《汉兴以来将相名臣年表》《三王世家》《日者列传》《龟策列传》《傅靳列传》,今本这十篇俱在,当是后人续补。

从时间上看,《史记》是一部通史。它不仅记载了上古三代的历史,如《五帝本纪》《夏本纪》《殷本纪》《周本纪》,也记载了春秋战国史,以及司马迁眼中的近现代史,即秦汉之际的历史,这部分在书中占据了大量的篇幅,尤其难能可贵。我们如今能够对上古历史产生系统的认识,端赖司马迁的记述,如《殷本纪》中载录的三千年前的商王世系,已为甲骨刻辞所印证,这也说明《史记》是一部信史。

从地域上看,《史记》是一部当时的"世界史"。它不仅记载中原地区的历史,还涉及朝鲜、越南、印度以及中亚各国的历史,如《匈奴列传》《朝鲜列传》《西南夷列传》《大宛列传》等皆有传述。

阅读《史记》的方法，因人而异，如可选取某一时段、某一篇章展开阅读，由易及难。依照原书次第，卷首《五帝本纪》等几篇关乎上古历史，无论是文字还是内容，可读性都不强，且不易理解，对于初学者简直是佶屈聱牙，即使借助前人注释，读起来也难于把握，因此可以先从相对平易的秦汉纪传入手，这部分文学性也强，情节跌宕起伏，引人入胜。熟悉了秦汉史事以后，再回溯春秋战国，以至上古三代。另一方面，《史记》包罗万象，与《尚书》《左传》《战国策》《汉书》《汉纪》等皆有大量关联性章节，可以展开比较阅读，体会其间差异，这种近似古籍校勘的方法，实际上是一种行之有效的阅读技巧，差异之处，会映入眼帘，记忆深刻。同样，《史记》本身记事，本纪、表、世家、列传之间也存在相关性，也可以在阅读时注意联系对比。

苏　芃

《史记选》序例

汉朝司马迁所作的《史记》是中国二千年来最伟大的历史名著,而且其中有许多篇也是文学名篇。因为司马迁具有丰富的社会实践、比较进步的历史观点和高度的文学修养,所以他能够审择史料,创设体例,刻画人物,把先秦以来多方面的史实和他当代社会各阶层的形形色色的动态如实地反映出来,写成这样一部完密丰富的"通史"。更因这部书有完密的体例,可以妥帖地安排多方面的史实,于是就被由汉朝到清朝的许多历史家所接受和取法,无形中便规定了他们写历史的范式。另一方面,又因这书的内容丰富灿烂,生动地塑造了各种类型的人物形象,反映了社会的复杂生活。于是就被后来历代的文学作家奉为典范,在中国文学史上发生了莫大的影响。

司马迁字子长,公元前145年(汉景帝刘启中元五年丙申岁)诞生于冯翊夏阳县(今陕西省韩城市)。六七岁的时候,他的父亲司马谈任太史令①,他就随父进京(长安),住在茂陵地方(在今陕西省兴平市东北)开始学习。到十岁时,便能诵读古书。二十岁后开始旅行。他自己说:"二十而南游江、淮(今江苏省、安徽省一

---

① 掌理编写国史的史官。

带),上会稽,探禹穴(在今浙江省绍兴市)。窥九疑(在今湖南省道县),浮于沅、湘(今湖南省境)。北涉汶、泗(今山东省境),讲业齐、鲁之都,观孔子之遗风;乡射邹峄(今山东省邹城市的峄山)。厄困鄱、薛(俱鲁地)、彭城(今江苏省徐州市)。过梁、楚(约当今江苏、安徽、河南三省交界一带地)以归。于是迁仕为郎。"①他的政治生活开始了。以后或因奉使出差,或因陪从封禅,或因采访史迹,他依然有旅行的机会,于是他的游踪便愈远愈广。从《史记》的许多篇"论赞"中他自己报道的行踪看,除了今福建、广东一带没有到过外,其他长城以南各省的境界差不多他都涉历过;尤其是江、淮下游一带,他往来经过的次数更多。因此,当时人烟最为稠密、文物最为丰富地区的社会状态,他便得到了仔细的观察,亲切的调查。

公元前110年(汉武帝刘彻元封元年),司马谈死于周南(今河南省洛阳市)。过了三年,司马迁继任太史令,开始搜集史料,准备写作,那时他正三十八岁。他一方面把国家图书馆保藏下来的古籍加以编排和整理②;一方面访问交游朋好,或亲身实地调查来重加订正或补充。这样积累加工,到公元前104年(刘彻太初元年)他四十二岁时,于是酝酿成熟,便着手写作这部前无古人的《史记》③。过了五年(公元前99年,刘彻天汉二年),他四十七岁,为了李陵败降匈奴的事说了几句直话,触怒了刘彻,以为他有意诽谤李广利④,替李陵开脱,便把他下在牢里,而且处以腐刑(阉割)。他受了这样惨毒的酷刑,在狱中还是继续不断地写作。到公元前96年(刘彻太始元年),他被赦出狱,刘彻又任命他为中书令。中

---

① 《史记》卷一百三十《太史公自序》。
② 《自序》:"绌史记石室金匮之书。"
③ 《史记》在当时只叫作《太史公书》或直叫《太史公》。
④ 李广利是刘彻宠姬李夫人的哥哥,当时为贰师将军,是李陵的主帅,后来他也投降了匈奴。

书令是皇帝亲近的秘书,地位比太史令为高,可是那时大都用宦者来充任,不免受到侮弄,所以他每每自伤,以为"身为闺阁之臣"①,很是痛愤。但为了要完成这部伟大的著作,他只得"隐忍苟活","故且从俗浮湛(沉),与时俯仰"②,仍旧继续写作了五六年,直到公元前91年(刘彻征和二年)他五十五岁上,全书方才完成。凡十二"本纪",十"表",八"书",三十"世家",七十"列传",共一百三十篇,五十二万六千五百字。此后虽略有增修,到明年他五十六岁那年便成绝笔。后来怎样,竟没有确切的事迹可资佐证,所以他的卒年,到今天为止还没有人考定它。

在司马迁之前,中国的历史著作已经很多。除了那些早就散佚的古史不必指数外,到现在还流传通行的,已有以年代为次的"编年史"如《春秋》,以地域为限的"国别史"如《国语》《国策》,以文告档卷形式保存下来的"政治史"如《尚书》,以记述各派思想流别并加以批判的"学术史"如《庄子》的《天下篇》和《荀子》的《非十二子篇》等等。但在当时,还没有人能够科学地编排整理,产生一部完整的"中国史"。司马迁独能融会贯通,扛起这样的重任,其主要原因在他具有创造义例的识力。他首先掌握了他那时代里所认为历史上的政治中心人物,所以他把黄帝以次一直到他当代的帝王,编成《五帝本纪》等十二篇③。这些"本纪"固然详载帝王的事迹,可是同一时代社会上发生的重大变化也就有计划地编排进去,把纲领贯穿起来,基本上成为有系统的编年大事记。其次把"并时异世,年差不明"④的事迹,仿周代谱牒的体制,编成《三代世

---

① 《汉书》卷六十二《司马迁传》引他的《报益州刺史任安书》。
② 《汉书》卷六十二《司马迁传》引他的《报益州刺史任安书》。
③ 他这样做,当然受的历史上的时代局限性,但他只认识实际上的政治中心人物,并不被"正统"观念所支配。所以十二本纪之中,就包括了当时一般人所忽视的草泽英雄如项羽和临朝称制的女主如吕后。
④ 《太史公自序》。

3

表》等十篇。于是历代传递相及的世系,列国间交涉纠纷的关系,主要职官的更迭等等繁复混淆的事项都给这纵横交织的表格排列得头绪分明,眉目清疏了。又次,创立《礼书》《乐书》《律书》《历书》《天官书》《封禅书》《河渠书》《平准书》等八篇。这些"书",记述的是所谓"朝章国典",其实举凡天文、地理、政治、经济、风俗、艺术等等都把它们分门别类,写成了各种类型的专业史。或者这样说,他已为后世的专业史塑造了适当的雏形。再次,创编了《吴太伯世家》等"世家"三十篇。把春秋、战国和汉初主要王侯、外戚的传世本末写成了各个不同的国别史①。最后是《伯夷列传》等人物传记七十篇②,总称"列传"。这些列传,基本上是描写各个人物生活的"专传"。但也有些业绩相连,彼此有关的人物,便写成了叙述多人的"合传"③。还有些人,或者行事的作风相类似,或者品质的气味差不多,只要有一节可记的,不问他们是否同时或者异代,便"以类相从"地作成了若干篇"类传"④。此外对于当时的外国或者国内的少数民族,也适当地安排在有关各篇列传的前后,说明他们同汉民族如何打交道、如何发生关系的始末情由⑤。每篇的末了,又大都附有"论赞"。论赞的作用,多半是引据异闻来补充流传的史实,或者根据实地调查来辟去相传的谬说,绝不像后世人作史论那样的任意翻案或者故作苛论。这样就表现了他自己的立场和看法,显示了负责的精神。

司马迁《史记》的成就,不仅表现在他创设的体例上,尤其表现在他的工作态度上。他有丰富的社会实践和进步的历史观点,自然就认明了自己的写作责任,端正了自己的工作态度。他入手

---

① 《孔子世家》和《陈涉世家》是特例。
② 七十篇的末了一篇就是《太史公自序》。
③ 如《范雎蔡泽列传》《廉颇蔺相如列传》《魏其武安侯列传》等。
④ 如《刺客列传》《滑稽列传》《货殖列传》等。
⑤ 如《匈奴列传》《南越列传》《东越列传》《朝鲜列传》《西南夷列传》《大宛列传》等。

之初,广泛地征求当时流传的史料,加以甄择,先编成基本的记录,随时把他得自交游之间互谈访问的异闻口说来参订这记录的异同。又趁着游历的便利,到处亲自调查,把原来记录的材料互相比对,改正了不少书本上的错误。这样他就切切实实地做到了"考文征献"的工夫,揭露了民生疾苦的根源,提高了著作本身的传信价值。总之,他的《太史公书》务在崇实斥伪,对一切虚伪失真的把戏,始终作无情的斗争。如本纪一类,基本上是记载帝王发号施令的,他因为看到秦亡汉兴的五年之间,实际上领导当时各支起义的力量来推翻暴秦王朝的是项羽,他便在《秦始皇本纪》和《高祖本纪》之间创立了《项羽本纪》。又看到刘邦死后,他的儿子刘盈承继了帝位,但一切实权都由刘邦的妻子吕雉掌握,刘盈只拥有一个虚名,他便干脆立了个《吕太后本纪》,书中竟找不到"孝惠本纪"的名色。他这样做,明明是"不以成败论人",不肯屈辱了为领导起义斗争而失败的英雄[1];明明是不偏轻妇女,所以不非难女主临朝,反而说"高后以女主称制,政不出房户,天下晏然,刑罚罕用,罪人是希(稀),民务稼穑,衣食滋殖"[2]呢!这是何等的识力[3]!同时他为要分别是非,对于当时统治阶级的丑恶也就秉笔直书,毫无隐饰地尽情揭发。帝王如刘彻的迷信求仙和贪功生事[4];将相大臣如公孙弘等人的巧诈逢迎[5],张汤、杜周等人的贪污

---

[1] 《史记》把陈涉列为世家,也是同样的理由。
[2] 《史记》卷九《吕太后本纪》后面的论赞。
[3] 后世史家,首推班固,他已被"正统"的观念困住了,写作《汉书》的时候,就把项羽次在陈涉之后,同降为列传,而且直斥其名,竟标做《陈胜项籍传》。至于吕后,他虽不敢显加贬损,但在《吕后纪》的前面一定要生硬地插入了短短的一篇《惠帝纪》,粉饰一下"政有所归"。其他的史官更不用说了。
[4] 见《史记》卷二十八《封禅书》和卷一百二十三《大宛列传》。
[5] 见《史记》卷一百十二《平津侯主父偃列传》。

残酷①,窦婴、田蚡等人的倾轧陷害②;王室子孙如燕王定国和齐厉王次景等人的荒淫乱伦③:都给它如实地反映了,遗留下深刻的讥讽和谴责。当时因为得罪了统治阶级,就有人说这部著作是"谤书",这正证明了他斗争性的强烈,所以有这样拥护正义的态度,表达了人民的呼声。此外,他对社会各阶层的人物如儒生、游侠、农民、商人以至医、卜、星、相等等各方面的生活状况也同样地看待,利用种种类传的方式,都给以广泛的、比较全面的叙述④。该同情的寄与同情,该批判的予以批判,真是爱憎分明,使后世的读者仿佛亲自接触到这些形形色色的人物而引起"善善恶恶"的共鸣。

综观《史记》的各体,"纪"是年代的标准,"传"是人物的动态,"世家"是纪传合体的国别史,"表"和"书"是贯穿事迹演化的总线索。它们之间互相关合着,并不是彼此对立的,而"纪"和"传"更是构成全书的经纬线。正因为经纬关合,所以能够分别安排组织,"罔(网)罗天下放失旧闻","略推三代,录秦、汉,上记轩辕,下至于兹(作者的当代)","拾遗补艺","厥协《六经》异传,整齐百家杂语"⑤,写成了这样一部空前的大著作,奠定了作史的范式,一直被后来历代史家所尊奉,称作"纪传体"。那些承袭纪传体的作品,不论以朝代的兴亡为限断的如东汉班固的《汉书》一直到清朝张廷玉的《明史》等;或者以某一个时代的特征为限断的如唐朝李延寿的《南史》《北史》,宋朝薛居正的《五代史》和欧阳修

---

① 见《史记》卷一百二十二《酷吏列传》。
② 见《史记》卷一百七《魏其武安侯列传》。
③ 见《史记》卷五十一《荆燕世家》和卷五十二《齐悼惠王世家》。
④ 在当时的社会,医、卜、星、相等人号称杂流。尤其是游侠、货殖两类的人物,似乎都不被人家器重,司马迁独能看出他们在社会发展上的地位,特地写成《游侠列传》和《货殖列传》。有人称赞他这样做是千古卓识,实在不是过情之誉。
⑤ 都是《自序》里的话。

的《五代史记》(世称《新五代史》)等；或者专记同时并立政府的如晋朝陈寿的《三国志》：大都遵循他的成规，跳不出他的范围。虽他们的作品，编次尽有出入①，名目尽有改变②，门类尽有短缺③，但"纪"和"传"都绝无例外地沿袭下来的。所以我们对历代逐渐结集拢来的"三史""十七史""二十一史"乃至"二十四史""二十五史"等纪传体的史书，都管它叫"正史"，在从前中国史学界中最占首要的地位，而《史记》乃是这些正史的开山祖师。那些正史以外的"汗牛充栋"的纪传体的"别史"，实在也都是由《史记》派生出来的。

"史记"一词本只是泛指一般史籍的公名④，所以司马迁的书在当时只称《太史公书》，班固把它记录在《汉书·艺文志》里，便直写"《太史公》百三十篇"。就是后汉时应劭的《风俗通义》和荀悦的《汉纪》提到这书也只称它为"太史公记"，并没有把"史记"的名词专门隶属给司马迁。直到唐朝编撰《隋书》，才正式把"《史记》一百三十卷"列为"史部"中的头一部，下注"目录一卷，汉中书令司马迁撰"。而且把刘宋裴骃、徐野民和梁邹诞生三家的释解音训之作也接连并载了"《史记》八十卷""《史记音义》十二卷""《史记音》三卷"三大项。于是"史记"之名便由公名演化为专名，而"太史公"三字也就跟司马迁的名字结合起来，三者之间便

---

① 序次先后的位置，各史都略有移动。
② 《汉书》改"书"为"志"，《晋书》改"世家"为"载记"，《新五代史》改"志"为"考"。
③ 《汉书》无"世家"，《后汉书》《三国志》《梁书》《陈书》《北齐书》《周书》《南史》《北史》都无"表""志"和"世家"(今本《后汉书》的"志"实为晋司马彪所作《续汉书》的"志"，有宋朝刘昭注)，《晋书》《宋书》《魏书》《南齐书》《隋书》《唐书》《五代史》都无"表"和"世家"，《新五代史》也无"表"，《宋史》《辽史》《金史》《元史》《新元史》《明史》都无"世家"。
④ 《太史公自序》述他父亲司马谈的话有"史记放绝"语，《周本纪》有"太史伯阳读史记"语，《十二诸侯年表序》有"西观周室论史记旧词"语，《陈杞世家》有"孔子读史记至楚复陈"语，《老庄申韩列传》有"史记周太史儋见秦献公"语等，而汉初有些摹仿司马迁而作的书也大多称为"史记"。

成为不可分割的专用品了。即此一端,很可想见他在中国史学界起了如何的示范作用。

上面说的是司马迁在中国史学上的不朽伟绩。至于他在中国文学界发生的巨大影响,更因为他的写作方法具有高度的现实主义。他自幼诵读古代的典籍,接受了历史上传统的丰富的知识。后来他游历名山大川,深入社会,又接触到多方面的事物,体验了各阶层的生活。所以他能够抓住社会上各色各样的典型人物,予以尽情的刻画和生动的描写①。同时他能够冲破当时文坛上的陈腐习套,吸收了人民口边的新鲜活泼的语言,充实了自己的写作技巧。所以他把古籍中"佶屈聱牙"的文字大胆地改写为平直易解的词句,跟各地的方言土话并列起来②,同样地供他驱遣。并且有意扬弃了当时流行极盛的辞赋之流的骈偶形式,扩大了长短相错的散文领域,因而创造了干净利落优美独特的风格。凡是经他笔端塑造的人物,都成了有血有肉,充分表现个性的活人。他描写每一个人的说话或者几个人的对话都刻画得那么声口宛然,惟妙惟肖地恰合其人的身份和性格,而且曲折细致地表达了当时的场面和气氛。如《项羽本纪》写项梁的会稽起义;写项羽的钜鹿大战;写樊哙的鸿门闯宴;写项王的垓下突围。《陈涉世家》写大泽乡的起义;写陈涉旧友的愚朴。《留侯世家》写圯上老人的约会;写汉王席前的借箸划策;写设计搬弄四皓。《陈丞相世家》写陈平的去楚奔汉和还金辞汉;写周勃的被诘受窘和陈平的相机答辩。《孙

---

① 在司马迁以前,没有专写个人的传记。他独能窥见人的一生是活生生的整体,若把它分系在"以事为纲"的记载上就算了事,那就破坏了这个整体,无异支解了这个人物。所以他每用多种多样的方式来写传记。就这一点看,可以说司马迁在中国文学史上是第一个发现"典型人物"的人。

② 《史记》用方言土话是有一定的成功的。但也增加了后人理解的困难。例如"夥颐"一词,他是用来摹拟土话的声口的,后来读史的人就泥住在字面上,发生了纷歧的解释。

子吴起列传》写孙武吴宫教战;写孙膑马陵道破杀庞涓;写吴起的矜名使气和受谗奔楚。《商君列传》写卫鞅入秦游说,与廷臣争辩;写变法之令的推行;写赵良的劝讽。《平原君虞卿列传》写平原君的矫情杀妾;写毛遂自荐,几句话把楚王说服,因而歃血定盟;写公孙龙夜见平原君,阻止他的贪功受封;写虞卿、楼缓的斗计。《魏公子列传》写信陵君夷门执辔,神色愈恭;写侯嬴教公子窃符救赵;写朱亥椎杀晋鄙;写公子在赵与博徒、卖浆者交游,引起平原君的愧悔;写公子终因毛、薛二公的一言,幡然觉悟,立即归魏应付国难。《范睢蔡泽列传》写伪张禄逃死入秦,取得秦王的信任,封侯拜相;写须贾使秦受骗,受到不堪的凌辱,终因赠袍在先,仅免一死;写平原君的留秦被胁和魏齐的投奔无路;写蔡泽公开宣言,竟夺占了范睢的相位。《廉颇蔺相如列传》写蔺相如的完璧归赵;写渑池会上秦王被胁击缶;写廉颇的觉悟谢罪和他晚境的颓唐;写赵奢的用兵和阏与取胜;写李牧的守边却敌。《田单列传》写田单的智略和火牛破燕;写田法章与太史嫩的女儿自由恋爱;写王蠋的守节不屈。《刺客列传》写专诸的刺杀王僚;写豫让的漆身吞炭;写聂政的剥面抉眼和他姊姊的哭尸明志;写荆轲的悲歌慷慨,提匕首入秦,当廷把住秦王的袖子,出匕首揕他;写高渐离的逃难击筑和瞎目行刺。《淮阴侯列传》写韩信的胯下受辱和登坛拜将;写他的拔帜破赵和囊沙破楚;写武涉、蒯通对他的游说;写刘邦伪游云梦,韩信在陈受缚;又写他后来被人出卖,在锺室就戮。《季布栾布列传》写季布的逃难受髡,躲在朱家家里为奴;写曹丘生的面折季布;写栾布的冒死哭祭彭越。《张释之冯唐列传》写释之执法公平,不肯为皇帝的一言而枉杀无辜;写冯唐因皇帝问他边将的人才,申雪了云中守魏尚的冤屈。《魏其武安侯列传》写窦婴、田蚡的争权倾轧;写灌夫、籍福等人的从中挑拨;写后来为了灌夫骂座,逼到窦、田二人在太后面前互相攻讦,连皇帝也无可奈何。《李将军列传》写李广的善射;写霸陵尉的醉态;写李广的治军,不拘拘于文书教条而士卒爱戴;写他被匈奴擒住,在半途夺马逃回;写他深入敌境酣战,吏士皆无人色,而他意气自如;又写他勇略冠绝一时,终因不得大将军卫青的欢心而被逼自杀。《汲郑列传》写汲黯的憨直,他不畏强御,面折朝臣的虚诈和贪酷,对皇帝、大将军也不为少屈;写郑当时结交好客,唯恐不及,而一朝失势,宾客便骤见冷落。《游侠列传》写朱家、郭解的仗义行侠,都是脱人于厄而不求知,救人于难而不望报,终因包庇了许多被迫害者而遭到统治者的嫉忌,郭解便因此被夷灭。《滑稽列传》写淳于髡"一斗亦醉一石亦醉"的妙喻;写优孟"贱人贵马"的讽谏;写优旃"漆城难得荫室"的讥刺①。凡此种种,他都用多种多样的写法,描画出各各不同的境界。于是许多已经过去的历史竟变成了活泼生动的故事,读起来仿佛看了许多幅动人的图画,或者像看了许多出动人的戏剧。对那些可爱可憎的人物,忽而喜,忽而怒;对那些悲壮激烈的情节,真是可泣可歌。遇到十分紧张的场面和十分热烈的气氛时,更能使读它的人被吸住在字里行间,不但觉到"如闻其声,如见其人",而且真有"共呼吸、同生死"的感觉呢。

正因为司马迁的《史记》具有这样伟大的感染力量,他的影响便在中国文学史蔚成了一脉相传的散文主流。唐朝的韩愈为要从当时盛行的骈偶文体中求得解放,他便用全力提倡散文②,造成了一时的风气,表现了巨大的成绩。人家称赞他"文起八代之衰"③,其实他和他的同志们所追求的最高目标也就是司马迁的《史记》。后来的宋、元诸大家,明七子和清朝的桐城、阳湖诸派的所谓"古

---

① 《滑稽列传》尚有东方朔、东郭先生、王先生、西门豹的故事,都是褚少孙补进去的,并不是司马迁的原文。
② 那时的古文运动,其实只是排斥骈文,提倡散文。
③ 见宋苏轼《韩文公庙碑》。

文"，都只是这一股主流中所起的波澜。其他如清初蒲松龄的《聊斋志异》那样类型的所谓"笔记小说"，也都是接受了《史记》的影响的。就是外国小说的初期翻译，也还是利用了这传统的散文，尤其是林纾。他们所以要这样追求摹仿，正因为《史记》那样的散文在当时是最适于通行的缘故。

基于同样的理由，《史记》中保留下来的许多生动活泼的故事，都成了人民喜见乐闻的东西。明朝余邵鱼的《列国志传》①和甄伟的《西汉通俗演义》等小说，其中绝大部分是取材于《史记》的。直到现在，南北各地说评话的艺人，在各种场合把它分头开讲，仍旧吸引着不可计数的广大听众。至于戏剧的搬演，尤其是"源远流长"，自元、明以来不少的"杂剧"和"传奇"也都采取《史记》的故事做他们编演的蓝本。现在最通行习见的杂剧结集如明朝臧懋循刻印的《元曲选》，传奇结集如明末清初毛氏汲古阁传刻的《六十种曲》，其中已有取材《史记》的作品十一种②，其他刊本流传的还没有一一悉数呢。目前京剧经常演出的节目中，如《鼎盛春秋》中的《文昭关》《鱼肠剑》，《八义图》中的《闹朝扑犬》《搜孤救孤》，《将相和》中的《完璧归赵》《渑池会》《负荆请罪》，《千金记》中的《鸿门宴》《霸王别姬》等戏，没有一出不被广大人民所喜爱，而受到绝大多数观众的拥护。像这样上好的剧本，就说是根据司马迁的原著而改编的，也并不过分。其他如《屈原》《棠棣之花》等话剧，《信陵公子》《虎符记》等京、越剧，以及各处地方戏和先后编印的童话如《连城璧》《河伯娶妇》等等，取材于《史记》的还多着呢。这不是它遗留在中国文艺界的莫大影响么！

---

① 现在最流行的是清朝蔡元放的评定本《东周列国志》。
② 《元曲选》中有李寿卿的《伍员吹箫》，郑廷玉的《楚昭王疏者下船》，纪君祥的《赵氏孤儿》，无名氏的《庞涓夜走马陵道》《冻苏秦衣锦还乡》，高文秀的《须贾诨范叔》，尚仲贤的《汉高皇濯足气英布》，无名氏的《随何赚风魔蒯通》等八种。《六十种曲》中有梁辰鱼的《浣纱记》，徐元的《八义记》，沈采的《千金记》等三种。

公元十世纪四十年代(五代中叶)以来,中国雕版刷印的风气逐渐展开,刻书传布的作坊便成为当时新兴的事业。起初只见于官家和寺院,后来私人也有经营的了。各种图书的传刻,大都看它们本身的质量和社会的需要而决定它们流布的广狭,有些是一度刻印之后,绝未重刻再版的;也有些是辗转传刻,到现在还保留着若干不同的版本的。《史记》这书属于后一类,所以它从钞写以至雕版刷印,流传的本子极多。就内容说,有单刻白文的①,有附刻注文的②,有加刻评点的③;从形式说,有版口大小不一的,有行款疏密不同的。不但数出来不胜其烦,就是数得出的也颇有已经遗佚或者仅存孤本而成为古董的。现在最容易见到而流行最普通的《史记》,还是那些历来为了结集丛书而编刻进去的本子,如明朝嘉靖、万历时代南北监所刻的《廿一史》本,明末毛氏汲古阁所刻的《十七史》本,清朝乾隆时武英殿官刻的《二十四史》本④,光绪时江宁、苏州、扬州、杭州、武昌官书局合刻的《二十四史》本⑤。

对于《史记》的注释和考订,从汉朝起一直到最近,差不多每一朝代都有人在那里做过工夫的,也有未经传刻的稿本,也有单刻别行的专著和附刻在各家文集里边的散篇。最易接触到而且比较完整的注释也就是那些附刻在《史记》一起的三家注⑥。上面述及的南北监本和殿本都附有三家注,汲古阁本和局本都只有《集解》

---

① 只有正文,没有注解的,叫白文。
② 注解的多寡详略并不一律。
③ 评论的见解和点刻的分量也各不相同。
④ 通称"殿本",后来许多翻刻和石印的《二十四史》乃至近年开明书店编印的《二十五史》,都出于此本。
⑤ 通称"五局合刻本",或者简称"局本",其中的《史记》就是江宁书局照汲古阁传本刻印的。
⑥ 这三家是刘宋裴骃的《集解》,唐朝司马贞的《索隐》和张守节的《正义》。许多古注大多包含在《集解》内。

而没有《索隐》和《正义》。但汲古阁于刻行《十七史》之外却又单刻了《史记索隐》三十卷。清朝同治时,张文虎便根据汲古本的《集解》,单刻本的《索隐》,明王延喆刻本《史记》的《正义》,并罗列了他所及见的旧刻古本、时本和别人的校本十四种,校成一个一百三十卷的新本子,当时便由金陵书局刻版印行。同时又另外刻印了他的《校刊史记集解索隐正义札记》五卷。这《札记》说明了各本字面上的异同及其所以去取的原由,前面并列举了所据各本的目录。后来日本人泷川龟太郎(资言)便用这个校刻本为底,再根据他国内传钞的材料补出了《正义》若干则,又根据中国清朝人的考订成说,偶也采取近人的著作和他国内学人的考订所得,作成《史记会注考证》十册。这一个选本,便是从张文虎的校本里采录下来的白文。

……(此处原为对《史记选》校释凡例所做说明,略)

最后,应该郑重向读者声明:这一选本,虽经本所"中国古代文学组"同人的帮助,使编者及时修正了不少欠妥的地方。但其他生硬难化,甚至还有纰漏之处,都该由编者个人负责,竭诚请求读者的指正!

一九五五年八月王伯祥序于北京大学文学研究所。本年正值司马迁诞生二千一百年纪念。

编者按 王伯祥(1890—1975),名钟麒,字伯祥,五十岁后以字行,江苏苏州人。他是文史修养深厚,学术水平卓越的学者,早年曾在商务印书馆、开明书店做编辑,一九五三年应郑振铎之邀,入北京大学文学研究所(该所后来划归中国科学院哲学社会科学部)工作,独立编选的代表性著作有《春秋左传读本》《史记选》等,后又参加了中国科学院文学研究所(今中国社会科学院文学研究所)主编的《唐诗选》的选注工作,还为中华书局出版的《四库总目提要》做了断句,等等。

王先生选注的《史记选》一九五七年由我社出版,该书选文精当,注释精审,是一部优秀的《史记》选注本,曾多次重印。当然,由于该书初版时,古籍选本整理的工作刚刚起步,很多规范还在探索之中,所以,书中有些内容的处理方式,在今天看来显得"不规范"。这次重新编辑,我们对原书体例进行了较大的调整,主要有以下几点需要说明:(一)全书统一用简体字排印。该书初版中,被注释的词句下加"."号,今统一删去。(二)初版书中,有关于文字的异同正讹的"校记"若干则,散附在各篇的注释之中,今统一删去。(三)作者于疑难字注音皆使用同音字标注,但由于当时的读音规范尚没有统一,所以读音注释不免有古音、今音、方音混杂的现象,今均改为现代汉语拼音标注。(四)作者于地理考释特别详尽,注释中涉及现代的地名都按上世纪五十年代当时的政区名称做标注。然而时至今日,政区名称又有了很大变化,今均按最近的区划变动进行了改订。(五)学术研究是一个不断推进的过程,该书出版至今已逾六十年,人们对《史记》的研究取得了丰硕的成果,在个别问题上,作者当年无法定论的问题,我们今天已经有了比较成熟的看法。如王伯祥先生认为"今本《后汉书》的《志》是梁朝刘昭补上的",实为晋司马彪所作《续汉书》的"志",有宋朝刘昭注。今均进行了修订。(六)初版《史记选》原选20篇,此次限于篇幅,遂精选其中10篇,原相应注释也做了调整。

以上是我们编辑该书的一些情况,工作中的疏漏一定不少,还请读者鉴谅并不吝指正。

人民文学出版社编辑室

项羽本纪[1]

项籍者,下相人也,[2]字羽。[3]初起时,年二十四。其季父项梁,[4]梁父即楚将项燕,为秦将王翦所戮者也。[5]项氏世世为楚将,封于项,故姓项氏。[6]项籍少时,学书不成,去学剑,又不成。[7]项梁怒之。籍曰:"书,足以记名姓而已。剑,一人敌,不足学。学万人敌。"于是项梁乃教籍兵法,[8]籍大喜;略知其意,又不肯竟学。[9]项梁尝有栎阳逮,[10]乃请蕲狱掾曹咎书,[11]抵栎阳狱掾司马欣,[12]以故事得已。[13]项梁杀人,与籍避仇于吴中。[14]吴中贤士大夫皆出项梁下。[15]每吴中有大繇役及丧,[16]项梁常为主办,[17]阴以兵法部勒宾客及子弟,[18]以是知其能。[19]秦始皇帝游会稽,[20]渡浙江,[21]梁与籍俱观,[22]籍曰:"彼可取而代也!"[23]梁掩其口,曰:"毋妄言,族矣!"[24]梁以此奇籍。[25]籍长八尺馀,力能扛鼎,[26]才气过人,[27]虽吴中子弟皆已惮籍矣。[28]

秦二世元年七月,[29]陈涉等起大泽中。[30]其九月,会稽守通谓梁曰:[31]"江西皆反,[32]此亦天亡秦之时也。吾闻先即制人,后则为人所制。[33]吾欲发兵,使公及桓楚将。"[34]是时桓楚亡在泽中。[35]梁曰:"桓楚亡人,[36]莫知其处,独籍知之耳。"梁乃出,诚籍持剑居外待。[37]梁复入,与守坐,[38]曰:"请召籍,使受命召桓楚。"守曰:"诺。"[39]梁召籍入。须臾,[40]梁眴籍曰:"可行矣!"[41]于是籍遂拔剑斩守头。项梁持守头,佩其印绶。[42]门下大惊,扰乱,籍所击杀数十百人。[43]一府中皆慴伏,[44]莫敢起。梁乃召故所知豪吏,[45]谕以所为起大事,[46]遂举吴中兵。[47]使人收下县,[48]得精兵八千人。梁部署吴中豪杰为校尉、候、司马。[49]有一人不得用,自言于梁。梁曰:"前时某丧,使公主某事,不能办,以此不任用公。"[50]众乃皆伏。[51]于是梁为会稽守,[52]籍为裨将,[53]徇下县。[54]

广陵人召平于是为陈王徇广陵,[55]未能下。[56]闻陈王败走,秦兵又且至,[57]乃渡江矫陈王命,[58]拜梁为楚王上柱国。[59]曰:"江东已定,急引兵西击秦!"项梁乃以八千人渡江而西。[60]闻陈婴已下东阳,[61]使使欲与连和俱西。[62]陈婴者,故东阳令史,[63]居县中,素信谨,称为长者。[64]东阳少年杀其令,[65]相聚数千人,欲置长,无适用,[66]乃请陈婴。[67]婴谢不能,[68]遂强立婴为长,县中从者得二万人。少年欲立婴便为王,[69]异军苍头特起。[70]陈婴母谓婴曰:"自我为汝家妇,未尝闻汝先古之有贵者。[71]今暴得大名,不祥。[72]不如有所属,[73]事成犹得封侯,事败易以亡,[74]非世所指名也。"[75]婴乃不敢为王。谓其军吏曰:"项氏世世将家,有名于楚,今欲举大事,将非其人不可。我倚名族,亡秦必矣。"于是众从其言,以兵属项梁。[76]项梁渡淮,[77]黥布、蒲将军亦以兵属焉。[78]凡六七万人,[79]军下邳。[80]

当是时,秦嘉已立景驹为楚王,[81]军彭城东,[82]欲距项梁。[83]项梁谓军吏曰:"陈王先首事,[84]战不利,未闻所在。〔85〕今秦嘉倍陈王而立景驹，逆无道。"〔86〕乃进兵击秦嘉。秦嘉军败走，追之至胡陵。〔87〕嘉还战，一日，嘉死，军降。景驹走死梁地。〔88〕项梁已并秦嘉军，军胡陵，将引军而西。章邯军至栗，〔89〕项梁使别将朱鸡石、馀樊君与战，〔90〕馀樊君死，朱鸡石军败，亡走胡陵。〔91〕项梁乃引兵入薛，〔92〕诛鸡石。项梁前使项羽别攻襄城，〔93〕襄城坚守不下。已拔，皆阬之。〔94〕还报项梁。项梁闻陈王定死，〔95〕召诸别将会薛计事。〔96〕此时，沛公亦起沛往焉。〔97〕

居鄛人范增，〔98〕年七十，素居家，好奇计。〔99〕往说项梁曰：〔100〕"陈胜败固当。〔101〕夫秦灭六国，楚最无罪。〔102〕自怀王入秦不反，〔103〕楚人怜之至今，故楚南公曰：'楚虽三户，亡秦必楚也。'〔104〕今陈胜首事，不立楚后而自立，其势不长。今君起江东，楚蠭午之将皆争附君者，〔105〕以君世世楚将，为能复立楚之后也。"于是项梁然其言，〔106〕乃求楚怀王孙心民间，〔107〕为人牧羊，〔108〕立以为楚怀王，从民所望也。〔109〕陈婴为楚上柱国，封五县，与怀王都盱台。〔110〕项梁自号为武信君。

居数月，〔111〕引兵攻亢父，〔112〕与齐田荣、司马龙且军救东阿。〔113〕大破秦军于东阿，田荣即引兵归，逐其王假。〔114〕假亡走楚。假相田角亡走赵。角弟田间故齐将，居赵不敢归。田荣立田儋子市为齐王。项梁已破东阿下军，遂追秦军。数使使趣齐兵，〔115〕欲与俱西。田荣曰："楚杀田假，赵杀田角、田间，乃发兵。"项梁曰："田假为与国之王，〔116〕穷来从我，不忍杀之。"赵亦不杀田角、田间以市于齐。〔117〕齐遂不肯发兵助楚。项梁使沛公及项羽别攻城阳，〔118〕屠之。〔119〕西破秦军濮阳东，〔120〕秦兵收入濮阳。沛公、项羽乃攻定陶。〔121〕定陶未下，去，西略地至雝丘，〔122〕大破秦军，斩李由。〔123〕还攻外黄，〔124〕外黄未下。

项梁起东阿，〔125〕西，北至定陶，〔126〕再破秦军，项羽等又斩李由，益轻秦，〔127〕有骄色。宋义乃谏项梁曰：〔128〕"战胜而将骄卒惰者败。今卒少惰矣，〔129〕秦兵日益，臣为君畏之。"〔130〕项梁弗听。乃使宋义使于齐。〔131〕道遇齐使者高陵君显，〔132〕曰："公将见武信君乎？"曰："然。"曰："臣论武信君军必败。〔133〕公徐行即免死，疾行则及祸。"〔134〕秦果悉起兵益章邯，〔135〕击楚军，大破之定陶，项梁死。沛公、项羽去外黄攻陈留，〔136〕陈留坚守不能下。沛公、项羽相与谋曰："今项梁军破，士卒恐。"〔137〕乃与吕臣军俱引兵而东。〔138〕吕臣军彭城东，〔139〕项羽军彭城西，沛公军砀。〔140〕

章邯已破项梁军，则以为楚地兵不足忧，〔141〕乃渡河击赵，〔142〕大破之。当此时，赵歇为王，陈馀为将，张耳为相，〔143〕皆走入钜鹿城。〔144〕章邯令王离、涉间围钜鹿，〔145〕章邯军其南，筑甬道而输之粟。〔146〕陈馀为将，将卒数万人而军钜鹿之北，〔147〕此所谓河北之军也。楚兵已破于定陶，怀王恐，从盱台之彭城，〔148〕并项羽、吕臣军自将之。〔149〕以吕臣为司徒；〔150〕以其父吕青为令尹；〔151〕以沛公为砀郡长，〔152〕封为武安侯，将砀郡兵。

初，宋义所遇齐使者高陵君显在楚军，见楚王曰："宋义论武信君之军必败，居数日，军果败。兵未战而先见败徵，〔153〕此可谓知兵矣。"〔154〕王召宋义与计事，而大说之，〔155〕因置以为上将军。〔156〕项羽为鲁公为次将，〔157〕范增为末将，〔158〕救赵。〔159〕诸别将皆属宋义，号为卿子冠军。〔160〕行至安阳，〔161〕留四十六日不进。项羽曰："吾闻秦军围赵王钜鹿，疾引兵渡河，楚击其外，赵应其内，破秦军必矣。"宋义曰："不然。夫搏牛之虻不可以破虮虱，[162]今秦攻赵，战胜则兵罢，[163]我承其敝；[164]不胜则我引兵鼓行而西，[165]必举秦矣。[166]故不如先斗秦、赵。夫被坚执锐，义不如公；[167]坐而运策，公不如义。"[168]因下令军中曰："猛如虎，很如羊，贪如狼，强不可使者，皆斩之！"[169]乃遣其子宋襄相齐，[170]身送之至无盐，[171]饮酒高会。[172]天寒大雨，士卒冻饥。项羽曰："将戮力而攻秦，[173]久留不行。今岁饥民贫，[174]士卒食芋菽，[175]军无见粮，[176]乃饮酒高会，不引兵渡河因赵食，[177]与赵并力攻秦，乃曰'承其敝'。夫以秦之彊，攻新造之赵，其势必举赵。赵举而秦强，何敝之承！且国兵新破，[178]王坐不安席，埽境内而专属于将军，[179]国家安危，在此一举。今不恤士卒而徇其私，[180]非社稷之臣。"[181]项羽晨朝上将军宋义，[182]即其帐中斩宋义头。[183]出令军中曰："宋义与齐谋反楚，楚王阴令羽诛之。"[184]当是时，诸将皆慑服，莫敢枝梧。[185]皆曰："首立楚者，将军家也。今将军诛乱。"[186]乃相与共立羽为假上将军。[187]使人追宋义子，及之齐，杀之。使桓楚报命于怀王。[188]怀王因使项羽为上将军，[189]当阳君、蒲将军皆属项羽。[190]

项羽已杀卿子冠军，威震楚国，名闻诸侯，乃遣当阳君、蒲将军将卒二万，渡河救钜鹿。战少利，[191]陈馀复请兵。项羽乃悉引兵渡河，皆沈船，破釜甑，烧庐舍，持三日粮，以示士卒必死，无一还心。[192]于是至则围王离，与秦军遇，九战，绝其甬道，大破之，杀苏角，[193]虏王离。[194]涉间不降楚，自烧杀。

当是时，楚兵冠诸侯。[195]诸侯军救钜鹿下者十馀壁，[196]莫敢纵兵。[197]及楚击秦，诸将皆从壁上观。[198]楚战士无不一以当十，楚兵呼声动天，诸侯军无不人人惴恐。[199]于是已破秦军,项羽召见诸侯将,入辕门,[200]无不膝行而前,[201]莫敢仰视。[202]项羽由是始为诸侯上将军,诸侯皆属焉。

章邯军棘原,[203]项羽军漳南,[204]相持未战。秦军数却,[205]二世使人让章邯。[206]章邯恐,使长史欣请事。[207]至咸阳,[208]留司马门三日,[209]赵高不见,[210]有不信之心。长史欣恐,还走其军,不敢出故道。[211]赵高果使人追之,不及。欣至军,报曰:"赵高用事于中,[212]下无可为者。[213]今战能胜,高必疾妒吾功;战不能胜,不免于死。愿将军孰计之!"[214]陈馀亦遗章邯书曰:[215]"白起为秦将,[216]南征鄢郢,[217]北阬马服,[218]攻城略地,[219]不可胜计,[220]而竟赐死。蒙恬为秦将,[221]北逐戎人,[222]开榆中地数千里,[223]竟斩阳周。[224]何者?功多,秦不能尽封,因以法诛之。[225]今将军为秦将三岁矣,所亡失以十万数,而诸侯并起滋益多。[226]彼赵高素谀日久,[227]今事急,亦恐二世诛之,故欲以法诛将军以塞责,[228]使人更代将军以脱其祸。[229]夫将军居外久,多内卻,[230]有功亦诛,无功亦诛。且天之亡秦,无愚智皆知之。[231]今将军内不能直谏,[232]外为亡国将,孤特独立而欲常存,[233]岂不哀哉!将军何不还兵与诸侯为从,[234]约共攻秦,分王其地,[235]南面称孤;[236]此孰与身伏铁质,妻子为戮乎?"[237]章邯狐疑,[238]阴使候始成使项羽,[239]欲约。[240]约未成,项羽使蒲将军日夜引兵度三户,[241]军漳南,[242]与秦战,再破之,项羽悉引兵击秦军汙水上,[243]大破之。

章邯使人见项羽,欲约。项羽召军吏谋曰:"粮少,欲听其约。"军吏皆曰:"善。"项羽乃与期洹水南殷虚上。[244]已盟,[245]章邯见项羽而流涕,为言赵高。[246]项羽乃立章邯为雍

王,〔247〕置楚军中。〔248〕使长史欣为上将军,将秦军为前行。〔249〕

到新安。〔250〕诸侯吏卒异时故繇使屯戍过秦中,〔251〕秦中吏卒遇之多无状,〔252〕及秦军降诸侯,诸侯吏卒乘胜多奴虏使之,〔253〕轻折辱秦吏卒。〔254〕秦吏卒多窃言曰:〔255〕"章将军等诈吾属降诸侯,〔256〕今能入关破秦,大善;即不能,〔257〕诸侯虏吾属而东,秦必尽诛吾父母妻子。"诸将微闻其计,〔258〕以告项羽。项羽乃召黥布、蒲将军计曰:"秦吏卒尚众,其心不服,至关中不听,〔259〕事必危;不如击杀之,而独与章邯、长史欣、都尉翳入秦。"〔260〕于是楚军夜击阬秦卒二十馀万人新安城南。〔261〕

行略定秦地。〔262〕函谷关有兵守关,〔263〕不得入。又闻沛公已破咸阳。〔264〕项羽大怒,使当阳君等击关。项羽遂入,至于戏西。〔265〕沛公军霸上,〔266〕未得与项羽相见。沛公左司马曹无伤使人言于项羽曰:〔267〕"沛公欲王关中,〔268〕使子婴为相,珍宝尽有之。"项羽大怒,曰:"旦日飨士卒,〔269〕为击破沛公军!"当是时,项羽兵四十万,在新丰鸿门;〔270〕沛公兵十万,在霸上。范增说项羽曰:"沛公居山东时,〔271〕贪于财货,好美姬;今入关,财物无所取,妇女无所幸,〔272〕此其志不在小。吾令人望其气,皆为龙虎,成五采,此天子气也。〔273〕急击勿失!

楚左尹项伯者,〔274〕项羽季父也,素善留侯张良。〔275〕张良是时从沛公,项伯乃夜驰之沛公军,私见张良,具告以事,〔276〕欲呼张良与俱去。曰:"毋从俱死也。"张良曰:"臣为韩王送沛公,〔277〕沛公今事有急,亡去不义,不可不语。"〔278〕良乃入,具告沛公。沛公大惊,曰:"为之奈何?"张良曰:"谁为大王为此计者?"曰:"鲰生说我曰:〔279〕'距关毋内诸侯,〔280〕秦地可尽王

7

也。'故听之。"良曰："料大王士卒足以当项王乎？"沛公默然，曰："固不如也，且为之奈何？"张良曰："请往谓项伯，言沛公不敢背项王也。"〔281〕沛公曰："君安与项伯有故？"〔282〕张良曰："秦时与臣游，项伯杀人，臣活之。今事有急，故幸来告良。"〔283〕沛公曰："孰与君少长？"〔284〕良曰："长于臣。"沛公曰："君为我呼入，吾得兄事之。"〔285〕张良出，要项伯。〔286〕项伯即入见沛公。沛公奉卮酒为寿，〔287〕约为婚姻，〔288〕曰："吾入关，秋豪不敢有所近，〔289〕籍吏民，〔290〕封府库，而待将军。〔291〕所以遣将守关者，备他盗之出入与非常也。〔292〕日夜望将军至，岂敢反乎！愿伯具言臣之不敢倍德也。"〔293〕项伯许诺。谓沛公曰："旦日不可不蚤自来谢项王！"〔294〕沛公曰："诺。"于是项伯复夜去，至军中，具以沛公言报项王。因言曰："沛公不先破关中，公岂敢入乎？今人有大功而击之，不义也。不如因善遇之。"〔295〕项王许诺。

沛公旦日从百馀骑来见项王，至鸿门，谢曰："臣与将军勠力而攻秦，将军战河北，臣战河南，〔296〕然不自意能先入关破秦，〔297〕得复见将军于此。今者有小人之言，令将军与臣有郤。"项王曰："此沛公左司马曹无伤言之，不然，籍何以至此。"〔298〕项王即日因留沛公与饮。项王、项伯东向坐。〔299〕亚父南向坐，亚父者，范增也。〔300〕沛公北向坐。张良西向侍。〔301〕范增数目项王，〔302〕举所佩玉玦以示之者三。〔303〕项王默然不应。范增起，出召项庄，〔304〕谓曰："君王为人不忍，〔305〕若入前为寿，〔306〕寿毕，请以剑舞，因击沛公于坐杀之。不者，〔307〕若属皆且为所虏。"〔308〕庄则入为寿。寿毕，曰："君王与沛公饮，军中无以为乐，请以剑舞。"项王曰："诺。"项庄拔剑起舞，项伯亦拔剑起舞，常以身翼蔽沛公，〔309〕庄不得击。于是张良至军门见樊哙。〔310〕樊哙曰:"今日之事何如?"良曰:"甚急!今者项庄拔剑舞,其意常在沛公也。"哙曰:"此迫矣!臣请入,与之同命!"〔311〕哙即带剑拥盾入军门。〔312〕交戟之卫士欲止不内,〔313〕樊哙侧其盾以撞,〔314〕卫士仆地,〔315〕哙遂入。披帷西向立,〔316〕瞋目视项王,〔317〕头发上指,目眦尽裂。〔318〕项王按剑而跽曰:〔319〕"客何为者?"〔320〕张良曰:"沛公之参乘樊哙者也。"〔321〕项王曰:"壮士!赐之卮酒!"则与斗卮酒。〔322〕哙拜谢,起,立而饮之。项王曰:"赐之彘肩!"〔323〕则与一生彘肩。樊哙覆其盾于地,〔324〕加彘肩上,〔325〕拔剑切而啗之。〔326〕项王曰:"壮士!能复饮乎?"樊哙曰:"臣死且不避,卮酒安足辞!〔327〕夫秦王有虎狼之心,杀人如不能举,刑人如恐不胜,〔328〕天下皆叛之。怀王与诸将约曰:'先破秦入咸阳者王之。'今沛公先破秦入咸阳,豪毛不敢有所近,封闭宫室,还军霸上,以待大王来。故遣将守关者,备他盗出入与非常也。劳苦而功高如此,未有封侯之赏,而听细说,〔329〕欲诛有功之人。此亡秦之续耳,窃为大王不取也!"〔330〕项王未有以应,曰:"坐!"樊哙从良坐。〔331〕坐须臾,沛公起如厕,〔332〕因招樊哙出。

沛公已出,项王使都尉陈平召沛公。〔333〕沛公曰:"今者出,未辞也,为之奈何?"樊哙曰:"大行不顾细谨,大礼不辞小让,〔334〕如今人方为刀俎,〔335〕我为鱼肉,〔336〕何辞为!"于是遂去。乃令张良留谢。良问曰:"大王来何操?"〔337〕曰:"我持白璧一双,欲献项王;玉斗一双,欲与亚父。会其怒,〔338〕不敢献。公为我献之。"张良曰:"谨诺。"当是时,项王军在鸿门下,沛公军在霸上,相去四十里,沛公则置车骑,〔339〕脱身独骑,与樊哙、夏侯婴、靳强、纪信等四人持剑盾步走,〔340〕从郦山下,〔341〕道芷阳间行。〔342〕沛公谓张良曰:"从此道至吾军,不过二十里耳,度我至军中，[343]公乃入。"沛公已去，间至军中，[344]张良入谢。曰："沛公不胜桮杓，[345]不能辞。谨使臣良奉白璧一双，再拜献大王足下；[346]玉斗一双，再拜奉大将军足下。"项王曰："沛公安在？"良曰："闻大王有意督过之，[347]脱身独去，已至军矣。"项王则受璧，置之坐上。亚父受玉斗，置之地，拔剑撞而破之，曰："唉！竖子不足与谋！[348]夺项王天下者，必沛公也，吾属今为之虏矣！"沛公至军，立诛杀曹无伤。

居数日，项羽引兵西屠咸阳，杀秦降王子婴；烧秦宫室，火三月不灭；收其货宝妇女而东。人或说项王曰：[349]"关中阻山河四塞，[350]地肥饶，可都以霸。"[351]项王见秦宫室皆以烧残破，又心怀思欲东归，[352]曰："富贵不归故乡，如衣绣夜行，[353]谁知之者！"说者曰："人言楚人沐猴而冠耳，果然。"[354]项王闻之，烹说者。[355]

项王使人致命怀王。[356]怀王曰："如约。"[357]乃尊怀王为义帝。[358]项王欲自王，先王诸将相。[359]谓曰："天下初发难时，假立诸侯以后伐秦。[360]然身被坚执锐首事，[361]暴露于野三年，[362]灭秦定天下者，皆将相诸君与籍之力也。义帝虽无功，故当分其地而王之。"[363]诸将皆曰："善。"乃分天下，立诸将为侯王。[364]

项王、范增疑沛公之有天下，[365]业已讲解，又恶负约，恐诸侯叛之。[366]乃阴谋曰："巴、蜀道险，秦之迁人皆居蜀。"[367]乃曰："巴、蜀亦关中地也。"故立沛公为汉王，王巴、蜀、汉中，[368]都南郑。[369]而三分关中，王秦降将以距塞汉王。[370]

项王乃立章邯为雍王，王咸阳以西，都废丘。[371]长史欣者，故为栎阳狱掾，常有德于项梁；都尉董翳者，本劝章邯降楚：故立司马欣为塞王,[372]王咸阳以东至河,都栎阳;立董翳为翟王,[373]王上郡,[374]都高奴。[375]徙魏王豹为西魏王,[376]王河东,[377]都平阳。[378]瑕丘申阳者,[379]张耳嬖臣也,[380]先下河南郡,[381]迎楚河上,[382]故立申阳为河南王,都雒阳。[383]韩王成因故都,都阳翟。[384]赵将司马卬定河内,[385]数有功,故立卬为殷王,[386]王河内,都朝歌。[387]徙赵王歇为代王。[388]赵相张耳素贤,又从入关,故立耳为常山王,[389]王赵地,都襄国。[390]当阳君黥布为楚将,常冠军,故立布为九江王,[391]都六。[392]鄱君吴芮率百越佐诸侯,[393]又从入关,故立芮为衡山王,[394]都邾。[395]义帝柱国共敖将兵击南郡,[396]功多,因立敖为临江王,[397]都江陵。[398]徙燕王韩广为辽东王。[399]燕将臧荼从楚救赵,因从入关,故立荼为燕王,[400]都蓟。[401]徙齐王田市为胶东王。[402]齐将田都从共救赵,因从入关,故立都为齐王,都临菑。[403]故秦所灭齐王建孙田安,项羽方渡河救赵,田安下济北数城,[404]引其兵降项羽,故立安为济北王,都博阳。[405]田荣者,数负项梁,又不肯将兵从楚击秦,以故不封。成安君陈馀弃将印去,[406]不从入关,然素闻其贤,有功于赵,闻其在南皮,[407]故因环封三县。[408]番君将梅鋗功多,故封十万户侯。[409]项王自立为西楚霸王,[410]王九郡,[411]都彭城。

汉之元年四月,[412]诸侯罢戏下,[413]各就国。项王出之国,使人徙义帝,[414]曰:"古之帝者地方千里,必居上游。"[415]乃使使徙义帝长沙郴县。[416]趣义帝行,[417]其群臣稍稍背叛之,[418]乃阴令衡山、临江王击杀之江中。[419]韩王成无军功,项王不使之国,与俱至彭城,废以为侯,已又杀之。臧荼之国,因逐韩广之辽东,广弗听,荼击杀广无终,[420]并王其地。

田荣闻项羽徙齐王市胶东,而立齐将田都为齐王,乃大怒,不肯遣齐王之胶东,因以齐反,迎击田都。田都走楚。齐王市畏项王,乃亡之胶东就国。田荣怒,追击杀之即墨。[421]荣因自立为齐王,而西击杀济北王田安,并王三齐。[422]荣与彭越将军印,[423]令反梁地。[424]陈馀阴使张同、夏说说齐王田荣曰:"项羽为天下宰,不平,[425]今尽王故王于丑地,而王其群臣诸将善地,逐其故主赵王,乃北居代,馀以为不可。[426]闻大王起兵,且不听不义,[427]愿大王资馀兵,[428]请以击常山,以复赵王。[429]请以国为扞蔽。"[430]齐王许之,因遣兵之赵。陈馀悉发三县兵,与齐并力击常山,大破之。张耳走归汉。陈馀迎故赵王歇于代,反之赵。赵王因立陈馀为代王。

是时,汉还定三秦。[431],项羽闻汉王皆已并关中,且东;[432]齐、赵叛之;[433]大怒。乃以故吴令郑昌为韩王,[434]以距汉;令萧公角等击彭越。[435]彭越败萧公角等。汉使张良徇韩,乃遗项王书曰:"汉王失职,欲得关中,[436]如约即止,不敢东。"又以齐、梁反书遗项王曰:"齐欲与赵并灭楚。"楚以此故,无西意,而北击齐。征兵九江王布。[437]布称疾不往,[438]使将将数千人行。[439]项王由此怨布也。汉之二年冬,项羽遂北至城阳,田荣亦将兵会战。田荣不胜,走至平原,[440]平原民杀之。遂北烧夷齐城郭、室屋,[441]皆阬田荣降卒,系虏其老弱妇女。[442]徇齐至北海,[443]多所残灭。齐人相聚而叛之。于是田荣弟田横收齐亡卒得数万人,反城阳。[444]项王因留,连战未能下。

春,[445]汉王部五诸侯兵,[446]凡五十六万人,东伐楚。项王闻之,即令诸将击齐,而自以精兵三万人南从鲁出胡陵。[447]

四月,汉皆已入彭城,收其货宝、美人,日置酒高会。项王乃西,〔448〕从萧晨击汉军,而东至彭城。〔449〕日中,〔450〕大破汉军,汉军皆走,相随入谷、泗水,〔451〕杀汉卒十馀万人。汉卒皆南走山,〔452〕楚又追击至灵壁东睢水上。〔453〕汉军却,为楚所挤,多杀,〔454〕汉卒十馀万人皆入睢水,睢水为之不流。〔455〕围汉王三匝。〔456〕于是大风从西北而起,折木发屋,〔457〕扬沙石,窈冥昼晦,〔458〕逢迎楚军。〔459〕楚军大乱,坏散,〔460〕而汉王乃得与数十骑遁去。〔461〕欲过沛,收家室而西;〔462〕楚亦使人追之沛,取汉王家;家皆亡,〔463〕不与汉王相见。汉王道逢得孝惠、鲁元,〔464〕乃载行。楚骑追汉王,汉王急,推堕孝惠、鲁元车下,〔465〕滕公常下收载之。〔466〕如是者三。曰:"虽急,不可以驱!奈何弃之!"〔467〕于是遂得脱。求太公、吕后不相遇。〔468〕审食其从太公、吕后间行,〔469〕求汉王,反遇楚军。楚军遂与归报项王,〔470〕项王常置军中。〔471〕

是时吕后兄周吕侯为汉将兵居下邑,〔472〕汉王间往从之,稍稍收其士卒。至荥阳,〔473〕诸败军皆会;萧何亦发关中老弱未傅,悉诣荥阳,〔474〕复大振。楚起于彭城,常乘胜逐北,〔475〕与汉战荥阳南京、索间。〔476〕汉败楚,楚以故不能过荥阳而西。

项王之救彭城,追汉王至荥阳,田横亦得收齐,立田荣子广为齐王。汉王之败彭城,诸侯皆复与楚而背汉。〔477〕汉军荥阳,筑甬道属之河,〔478〕以取敖仓粟。〔479〕汉之三年,项王数侵夺汉甬道,汉王食乏,恐,请和,割荥阳以西为汉。〔480〕

项王欲听之。历阳侯范增曰:〔481〕"汉易与耳,〔482〕今释弗取,后必悔之。"项王乃与范增急围荥阳。汉王患之,乃用陈平计,间项王。〔483〕项王使者来,为太牢具,〔484〕举欲进之。〔485〕见使者,详惊愕曰:〔486〕"吾以为亚父使者,乃反项王使者!"〔487〕

13

更持去,以恶食食项王使者。[488]使者归报项王,项王乃疑范增与汉有私,稍夺之权。范增大怒,曰:"天下事大定矣,君王自为之! 愿赐骸骨归卒伍!"[489]项王许之。行未至彭城,疽发背而死。[490]

汉将纪信说汉王曰:"事已急矣,请为王诳楚为王,[491]王可以间出。"于是汉王夜出女子荥阳东门,被甲二千人,楚兵四面击之。纪信乘黄屋车,傅左纛,[492]曰:"城中食尽,汉王降。"楚军皆呼万岁。[493]汉王亦与数十骑从城西门出,走成皋。[494]项王见纪信,问:"汉王安在?"信曰:"汉王已出矣!"项王烧杀纪信。

汉王使御史大夫周苛、枞公、魏豹守荥阳。[495]周苛、枞公谋曰:"反国之王,难与守城。"乃共杀魏豹。楚下荥阳城,生得周苛。[496]项王谓周苛曰:"为我将,我以公为上将军,封三万户。"周苛骂曰:"若不趣降汉,汉今虏若,若非汉敌也!"项王怒,烹周苛,并杀枞公。汉王之出荥阳,南走宛、叶,[497]得九江王布,行收兵,复入保成皋。汉之四年,项王进兵围成皋,汉王逃,独与滕公出成皋北门,渡河走修武,[498]从张耳、韩信军。[499]诸将稍稍得出成皋,从汉王。楚遂拔成皋,欲西。汉使兵距之巩,[500]令其不得西。

是时,彭越渡河击楚东阿,杀楚将军薛公。项王乃自东击彭越。汉王得淮阴侯兵,[501]欲渡河南。[502]郑忠说汉王,[503]乃止壁河内。[504]使刘贾将兵佐彭越,[505]烧楚积聚。[506]项王东击破之,走彭越。汉王则引兵渡河,复取成皋,军广武,[507]就敖仓食。项王已定东海来,[508]西,[509]与汉俱临广武而军,[510]相守数月。

当此时,彭越数反梁地,绝楚粮食,项王患之。为高俎,[511]置太公其上,告汉王曰:"今不急下,吾烹太公。"汉王曰:"吾与项羽俱北面受命怀王,曰'约为兄弟',吾翁即若翁,必欲烹而翁,[512]则幸分我一桮羹。"[513]项王怒,欲杀之。项伯曰:"天下事未可知,且为天下者不顾家,虽杀之无益,祇益祸耳。"[514]项王从之。

楚、汉久相持未决,丁壮苦军旅,[515]老弱罢转漕。[516]项王谓汉王曰:"天下匈匈数岁者,[517]徒以吾两人耳。愿与汉王挑战决雌雄,毋徒苦天下之民父子为也!"[518]汉王笑谢曰:"吾宁斗智,不能斗力。"[519]项王令壮士出挑战,汉有善骑射者楼烦,[520]楚挑战三合,楼烦辄射杀之。[521]项王大怒,乃自被甲持戟挑战,楼烦欲射之,项王瞋目叱之,[522]楼烦目不敢视,手不敢发,遂走还入壁,不敢复出。汉王使人间问之,[523]乃项王也。汉王大惊。于是项王乃即汉王相与临广武间而语。[524]汉王数之,[525]项王怒,欲一战。汉王不听,项王伏弩射中汉王。汉王伤,走入成皋。

项王闻淮阴侯已举河北,破齐、赵,[526]且欲击楚,乃使龙且往击之。淮阴侯与战骑将灌婴击之,大破楚军,杀龙且。韩信因自立为齐王。项王闻龙且军破,则恐,使盱台人武涉往说淮阴侯。[527]淮阴侯弗听。是时,彭越复反下梁地,绝楚粮。项王乃谓海春侯大司马曹咎等曰:[528]"谨守成皋,则汉欲挑战,慎勿与战,毋令得东而已。我十五日必诛彭越,定梁地,复从将军。"[529]乃东行,击陈留、外黄。

外黄不下。数日,已降,项王怒,悉令男子年十五以上诣城东,欲阬之。外黄令舍人儿年十三,[530]往说项王曰:"彭越强劫外黄,外黄恐,故且降,待大王。大王至,又皆阬之,百姓岂有归心?从此以东,梁地十馀城皆恐,莫肯下矣。"项王然其言,乃赦

15

外黄当阬者。[531]东至睢阳,[532]闻之皆争下项王。

汉果数挑楚军战,楚军不出。使人辱之,五六日,大司马怒,渡兵汜水。[533]士卒半渡,汉击之,大破楚军,尽得楚国货赂。[534]大司马咎、长史翳、塞王欣皆自刭汜水上。[535]大司马咎者,故蕲狱掾,长史欣亦故栎阳狱吏,两人尝有德于项梁,是以项王信任之。当是时,项王在睢阳,闻海春侯军败,则引兵还。汉军方围钟离眛于荥阳东,[536]项王至,汉军畏楚,尽走险阻。[537]

是时,汉兵盛食多,项王兵罢食绝。汉遣陆贾说项王,[538]请太公。项王弗听。汉王复使侯公往说项王,[539]项王乃与汉约,中分天下,[540]割鸿沟以西者为汉,鸿沟而东者为楚。[541]项王许之,即归汉王父母妻子。军皆呼万岁。汉王乃封侯公为平国君,匿弗肯复见,[542]曰:"此天下辩士,所居倾国,[543]故号为平国君。"项王已约,乃引兵解而东归。

汉欲西归,张良、陈平说曰:"汉有天下太半,[544]而诸侯皆附之。楚兵罢食尽,此天亡楚之时也。不如因其机而遂取之。[545]今释弗击,此所谓'养虎自遗患'也。"汉王听之。汉五年,汉王乃追项王至阳夏南,[546]止军,[547]与淮阴侯韩信、建成侯彭越期会而击楚军。[548]至固陵,[549]而信、越之兵不会。楚击汉军,大破之。汉王复入壁,深堑而自守。[550]谓张子房曰:[551]"诸侯不从约,为之奈何?"对曰:"楚兵且破,信、越未有分地,[552]其不至固宜。君王能与共分天下,今可立致也。即不能,事未可知也。君王能自陈以东傅海,[553]尽与韩信;睢阳以北至谷城,[554]以与彭越:使各自为战,则楚易败也。"汉王曰:"善。"于是乃发使者,告韩信、彭越曰:"并力击楚。楚破,自陈以东傅海与齐王;睢阳以北至谷城与彭相国。"使者至,韩信、彭越皆报曰:"请今进兵。"韩信乃从齐往,刘贾军从寿春并行,[555]屠城父,[556]至垓下;[557]大司马周殷叛楚,[558]以舒屠六,[559]举九江兵,[560]随刘贾、彭越皆会垓下;诣项王。[561]

项王军壁垓下,兵少食尽,汉军及诸侯兵围之数重。[562]夜闻汉军四面皆楚歌,[563]项王乃大惊曰:"汉皆已得楚乎?是何楚人之多也!"项王则夜起,饮帐中。有美人名虞,常幸从;骏马名骓,[564]常骑之。于是项王乃悲歌忼慨,[565]自为诗曰:"力拔山兮气盖世!时不利兮骓不逝!骓不逝兮可奈何!虞兮虞兮奈若何!"[566]歌数阕,美人和之。[567]项王泣数行下,[568]左右皆泣,莫能仰视。[569]

于是项王乃上马骑,麾下壮士骑从者八百馀人,[570]直夜溃围南出,[571]驰走。平明,汉军乃觉之,令骑将灌婴以五千骑追之。项王渡淮,骑能属者百馀人耳。[572]项王至阴陵,[573]迷失道,问一田父。[574]田父绐曰:"左。"[575]左,乃陷大泽中。[576]以故汉追及之。项王乃复引兵而东,至东城,[577]乃有二十八骑。汉骑追者数千人。项王自度不得脱,[578]谓其骑曰:"吾起兵至今八岁矣,身七十馀战,[579]所当者破,所击者服,未尝败北,遂霸有天下。然今卒困于此,此天之亡我,非战之罪也。今日固决死,愿为诸君快战,[580]必三胜之,为诸君溃围,斩将,刈旗,[581]令诸君知天亡我,非战之罪也。"乃分其骑以为四队,四向。汉军围之数重。项王谓其骑曰:"吾为公取彼一将。"令四面骑驰下,期山东为三处。[582]于是项王大呼驰下,汉军皆披靡,[583]遂斩汉一将。是时赤泉侯为骑将,[584]追项王,项王瞋目而叱之,[585]赤泉侯人马俱惊,辟易数里。[586]与其骑会为三处,汉军不知项王所在。乃分军为三,复围之。项王乃驰,复斩汉一都尉,杀数十百人。复聚其骑,亡其两骑耳。乃谓其骑曰:"何如!"骑皆伏曰:"如大王言。"[587]

于是项王乃欲东渡乌江。[588]乌江亭长舣船待,[589]谓项王曰:"江东虽小,地方千里,众数十万人,亦足王也。愿大王急渡,今独臣有船,汉军至,无以渡。"项王笑曰:"天之亡我,我何渡为!且籍与江东子弟八千人渡江而西,今无一人还,纵江东父兄怜而王我,[590]我何面目见之!纵彼不言,籍独不愧于心乎!"乃谓亭长曰:"吾知公长者,吾骑此马五岁,所当无敌,常一日行千里,不忍杀之,以赐公。"乃令骑皆下马步行,持短兵接战。[591]独籍所杀汉军数百人,项王身亦被十馀创。[592]顾见汉骑司马吕马童,[593]曰:"若非吾故人乎?"[594]马童面之,[595]指王翳曰:"此项王也。"[596]项王乃曰:"吾闻汉购我头千金,邑万户,吾为若德。"[597]乃自刎而死。[598]王翳取其头,馀骑相蹂践争项王,[599]相杀者数十人。最其后,[600]郎中骑杨喜、骑司马吕马童、郎中吕胜、杨武各得其一体。五人共会其体,皆是。故分其地为五:封吕马童为中水侯,[601]封王翳为杜衍侯,[602]封杨喜为赤泉侯,[603]封杨武为吴防侯,[604]封吕胜为涅阳侯。[605]

项王已死,楚地皆降汉,独鲁不下。汉乃引天下兵欲屠之,为其守礼义,为主死节,乃持项王头视鲁。[606]鲁父兄乃降。始,楚怀王初封项籍为鲁公,及其死,鲁最后下,故以鲁公礼葬项王谷城。汉王为发哀,泣之而去。

诸项氏枝属,[607]汉王皆不诛。乃封项伯为射阳侯。[608]桃侯、平皋侯、玄武侯皆项氏,赐姓刘。[609]

太史公曰:[610]吾闻之周生曰:[611]"舜目盖重瞳子",[612]又闻项羽亦重瞳子,羽岂其苗裔邪![613]何兴之暴也![614]夫秦失其政,陈涉首难,豪杰蠭起,相与并争,不可胜数。然羽非有尺寸,[615]乘埶起陇亩之中,[616]三年,遂将五诸侯灭秦,[617]分裂天下,而封王侯,政由羽出,号为霸王,位虽不终,近古以来未尝有也。及羽背关怀楚,[618]放逐义帝而自立,怨王侯叛己,难矣。自矜功伐,[619]奋其私智而不师古,[620]谓霸王之业,欲以力征经营天下,[621]五年卒亡其国,身死东城,尚不觉寤,[622]而不自责,过矣。乃引"天亡我,非用兵之罪也",岂不谬哉!

注释

〔1〕司马迁《史记》的体例,本纪与书、表、世家、列传并列。本纪专叙帝王当国者的事,乃是帝王的传记。但一般地说,它的作用相当于编年的大事记。《史记》里共有本纪十二篇,按时代先后排列。秦灭汉兴的期间,发号施令的是项羽,所以项羽列在本纪。

〔2〕下相:秦所置县,故治在今江苏省宿迁市西七里。

〔3〕字:即表字,一个人有了名,另外再取的名称。如项羽名籍,另外再取个表字叫羽。从前的习惯,成年人交游,彼此不大直呼其名,多用表字相呼。按《太史公自序》,项羽的表字又称子羽。

〔4〕季父:父的弟弟,通称叔父。

〔5〕"梁父"二句:公元前224年(秦始皇二十三年,楚王负刍四年),秦将王翦击破楚,虏楚王。楚将项燕立昌平君为王,在淮南地方反秦。明年,王翦、蒙武攻破楚军,昌平君死,项燕自杀。见《秦始皇本纪》。《楚汉春秋》说是被王翦所杀,与此处"为秦将王翦所戮"同。大概燕为王翦所围,被逼自杀,秦人夸耀战绩,就说杀了他。《史记》有《白起王翦列传》。

〔6〕"项氏"二句:项本西周姞姓封国,春秋时被鲁所灭。其后楚灭鲁,以其地转封给项燕的先人。今河南省项城市东北即古项国。古代姓、氏有别。姓为原始部落之号,氏为后起氏族之称。(有以国为氏,以官为氏等等复杂的来历。)沿至后代,二者乃混淆不分。项氏即以国为氏的一例。

〔7〕少时:少年时。学书:认字和写字。故下云"书足以记名姓而已"。学剑:习练剑法击刺之术。故下云"一人敌"。

〔8〕兵法:治兵作战的法则,相当于后世的军事学。《汉书·艺文志》(专记古今书籍的专篇)兵家类(志中所分的门类)有兵形势(门类中的子目)十一家(相当于著作人),即载有"项王一篇",是当时也有成书留传,后来才散失的。

〔9〕竟学:学习完成。竟,完毕;成就。

〔10〕有栎(yuè悦)阳逮(dài代):项梁为人攀连,被栎阳县捕去。栎阳,秦所置县,故治在今陕西省临潼县东北七十里。逮,及也。有罪相连及,也叫逮。

〔11〕"乃请"句:请托曹咎写一封说情的书信。蕲(jī讥)本楚邑,秦置县,故治在今安徽省宿州市南三十六里。掾,古时佐治之吏,统称掾属。狱掾(yuàn愿),管狱囚的主吏,犹后世的典狱官。曹咎后仕项氏为大司马海春侯,见后。

〔12〕"抵栎"句:把说情的书信送给司马欣。欣事迹详后。抵,到达。

〔13〕以故事得已:因此被牵累的事得以了结。故,缘故。已,停息。

〔14〕吴中:即今江苏省苏州市吴中区。本为春秋时吴都。入楚后,春申君尝治此。秦于此置会稽郡,并置吴县为郡治。

〔15〕贤士大夫:有声望的人。皆出项梁下:都在项梁之下,不及项梁。

〔16〕大繇役及丧:即指大规模的徭役和大规模的丧仪。繇役,即徭役。古时地方上有大兴作,如筑城、造桥等,便在当地组织人力来应差,叫作徭役。丧,丧仪。古时统治阶级把丧葬看得极重,比较规模大些的丧仪,也得大量使用人力。

〔17〕主办:主持办理。

〔18〕"阴以"句:暗中用兵法来组织当地的流寓客民和土著丁壮。阴,暗中。部勒,组织。宾客,流寓在当地的客民。子弟,当地的土著丁壮。

〔19〕以是:因此。知其能:知宾客子弟之能。项梁因部勒宾客子弟

而知道他们各人的能力。与后面"以此不任用公"相呼应。

〔20〕秦始皇帝:名政,秦庄襄王之子。嗣位后二十六年,尽并六国,废除划地封君制,确定郡县制,建成统一的大帝国,自为皇帝。废自古以来的谥法,欲使后代以数计世,故号"始皇帝"。时时出都巡游,刻石纪功。公元前210年,在途中害病,死于沙丘的平台(在今河北省平乡县东北)。在位共三十七年。《史记》有《秦始皇本纪》。游会稽即指末次巡游"上会稽,祭大禹,望于南海,而立石刻颂秦德"事。此会稽是今浙江省绍兴市东南十三里的会稽山,不是当时的会稽郡治吴县。

〔21〕浙江:指今浙江省杭州市以下的钱塘江。

〔22〕"梁与"句:秦始皇过吴上会稽,项梁与籍当在徭役中,故渡浙江时得俱观之。

〔23〕"彼可"句:那个皇帝可以拿过来代他做啊。语气极为率直,充满着反抗和蔑视的神情。

〔24〕族矣:要被灭族了。族,杀死全族,古来最严重的刑罚。

〔25〕以此奇籍:因这"可取而代"一语,项梁遂大大赏识他。与前学书、学剑两俱不成时的"怒之"相应,一变而为另眼相看了。奇,有重视或赏识之义。

〔26〕扛(gāng刚)鼎:即举鼎。《说文》"扛,横关对举也",有两人或多人共抬之意。此处借共举义为单举义,用来表现项羽的力气大。

〔27〕才气:包括才干、器度、识解而言。过人:超过一般人。

〔28〕"虽吴"句:言籍才力胜人,虽当地的土著子弟,也不敢以客民待他,而都敬畏他了。惮(dàn旦),惧也。此有敬畏义。

〔29〕秦二世:即二世皇帝,名胡亥,始皇少子。始皇在半路上死于沙丘,赵高、李斯阴谋害杀太子扶苏而立胡亥。元年:公元前209年。后三年,二世为赵高所杀。事迹附见《始皇本纪》。

〔30〕陈涉:详后《陈涉世家》。起大泽中:起兵于大泽乡中。大泽,乡名,当时属蕲县,在今安徽省宿州市西南故蕲县西。

〔31〕会稽守通:会稽郡守殷通。守,一郡之长。谓梁:召项梁来跟他议事。那时项梁的声望已足震动一郡的长官了。

〔32〕江西皆反：指陈涉起兵大泽乡时，江北各地到处都起来响应。大江自今安徽省境斜行而北，直达今江苏省的镇江市，形成一道略偏南北流向的水路。这一带地的两岸，自古有江东、江西之名，与现在的江西省（从唐代的江南西道、宋代的江南西路演化而来）并不相干。《晋书·地理志》把庐江、九江之地自合肥以北至寿春，都称作"江西"，那么现在皖北一带并淮河下游都叫江西了。明末学者顾炎武也说："今所谓江北，昔之所谓江西也。"

〔33〕先即制人，后则为人所制：当时成语，意即先下手为强。即和则，古时通用。

〔34〕"使公"句：令项梁和桓楚共同指挥所发动的兵马。将，率领。桓楚在当时，必是被秦廷所注意的人物，故下云"亡在泽中"。

〔35〕亡在泽中：亡命流转在江湖上。亡，逃亡；避匿。转徙逃死叫"流亡"。避罪逃匿叫"亡命"。泽中，泛指山林薮泽之中，犹云江湖。

〔36〕亡人：亡命之人。诸本旧读，皆于"亡"字断，"人"属下读。未安。下云"莫知其处"，项梁自谓不知桓楚逃亡的地方，故紧接"独籍知之耳"。若云"人莫知其处"则大家都不知道，何以项籍独能知之呢？

〔37〕诫：吩咐。待：待命，犹言"候着"。

〔38〕与守坐：还与殷通同坐。

〔39〕诺：应承之辞，犹言"是"或"好吧"。

〔40〕须臾：不多一会儿。

〔41〕眴（shùn 舜）：动目使人，犹言"丢个眼色"。可行矣：可以动手了。

〔42〕佩其印绶：把会稽守的官印系在身上。印是印章。绶是穿缚印纽的带子。秦、汉时每授一官，必铸一印，故新官、旧官各有一印，不像南北朝以后那样的换官不换印的。项梁当时举动非常，所以夺取旧印来做号召的工具。

〔43〕门下：指郡守的侍从护卫之人。数十百人：不定数之辞，或百人或八九十人。

〔44〕慴（shè 社）伏：骇倒。故下云"莫敢起"。慴，恐惧得丧失勇气。

〔45〕故所知豪吏：早先熟悉的有力量的吏士。故，旧时；从前。

〔46〕"谕以"句：把所以要起事反秦的大道理宣告给豪吏们知晓。

〔47〕举：使用。有检查、征集的意义。

〔48〕收下县：收取属县的丁壮。收，收取。下县，郡下的属县。

〔49〕部署：分别安排。吴中豪杰：指梁平时选上的有能力的人。校尉：将级以下的军官。候：军候，军中经理事务的官。司马：军司马，执行审判的军法官。

〔50〕主某事：管理某一件事。主，主管。以此不任用公：明白告诉他因不能办事而不用。与前部勒时"知其能"相应。

〔51〕伏：古与"服"通。

〔52〕于是：犹言"当此时"。与作"遂""乃"解的"于是乎"有别。梁为会稽守：项梁就自己做了会稽郡守。

〔53〕裨（pí 皮）将：次于主将的副将或偏将。裨，补助。引申有副手或陪衬的意义。

〔54〕徇（xùn 训）下县：镇抚郡下的属县。徇，兼有示威、劫持、抚安等意义。

〔55〕"广陵"句：广陵人召平奉陈涉之命，回去招降他的乡里官民。广陵，在今江苏省扬州市东北。陈王，即陈涉。

〔56〕下：降服之意，用兵力威服敌人叫"下"。

〔57〕且至：即将到来。且，将要。

〔58〕矫陈王命：诈称陈涉的命令。矫，欺诈；假托。

〔59〕拜：授与。授官叫"拜"。上柱国：上卿官，相当于后世的相国。

〔60〕渡江而西：自吴渡江，向西去迎击秦兵。

〔61〕东阳：秦所置县。故治在今安徽省天长市西北七十里。

〔62〕使使：派遣使者。上"使"动词。下"使"名词。连和俱西：约同联合兵力，共向西进。

〔63〕故东阳令史：原是东阳县的书吏。令史，县令属下的书吏。

〔64〕信谨：老实；谨慎。长者：忠厚老成之人。

〔65〕杀其令：杀死东阳县的县令。令，一县之长。

23

〔66〕置长:推举首领。无适用:没有恰当的人可以顶事。

〔67〕请:拥戴。

〔68〕谢不能:以己无能而谢绝。

〔69〕立婴便为王:使陈婴即时称王。着一"便"字,草率可见。

〔70〕异军苍头特起:独树一帜之意,言令士卒皆裹皂巾(玄青色的头巾),跟其他各军有分别,显示他们是特殊的,而不愿隶属于他人。

〔71〕先古:上世,犹言祖先。贵者:显贵之人,指高官尊爵而言。

〔72〕暴得大名:忽然阔起来,声名很大。暴,骤然;忽而。不祥:反常,不是好兆头。

〔73〕有所属:从属于人,得所依托。属,托附;从属。

〔74〕易以亡:便于亡命逃匿。

〔75〕指名:犹言注目,言指得出名色。指数罪状,行文通缉,叫作"名捕"。

〔76〕以兵属项梁:陈婴以所属兵卒附于项梁。与前"连和俱西"和"不如有所属"都应合。

〔77〕渡淮:言自东阳西行,渡淮北进。淮,即今淮河。

〔78〕黥布:本姓英,以罪被黥面之刑,乃改姓黥。初起于江湖之间,称当阳君,项羽封他为九江王。后反楚降汉,封淮南王,卒为汉所杀。《史记》有《黥布列传》。蒲将军:史失其姓名。那时与黥布各以所将的兵卒归附于项梁,故云亦以兵属焉。

〔79〕凡六七万人:总计约六七万人。与八千人对照,是渡江以来兵力已增加好多倍了。凡,概括之辞。引申有"总共"义。

〔80〕军下邳:兵扎下邳。此军字为动词,作驻屯解。下邳,秦所置县。故治在今江苏省邳州市东。

〔81〕秦嘉:裴骃《集解》引《陈涉世家》作广陵人。今本《陈涉世家》作陵人,《汉书·陈胜传》则作凌人。"陵"当作"凌"。凌为秦所置县。故治在今江苏省宿迁市东南。景驹:楚国的后代子孙,故秦嘉立以为楚王。

〔82〕军彭城东:驻兵彭城以东,正与下邳相近。彭城,古大彭氏之国,春秋时为宋邑。秦置彭城县。即今江苏省徐州市。

〔83〕欲距项梁:意图抗拒项梁。距,与"拒"通。

〔84〕先首事:首先领头起事。

〔85〕未闻所在:犹言未知下落。时陈涉已为章邯所败,生死不明。与前"闻陈王败走"相应。

〔86〕倍陈王:背叛陈涉。倍,与"背"通。逆无道:此于抗秦阵营大为不顺,故云逆无道。

〔87〕追之:追秦嘉。胡陵:本宋邑,秦置胡陵县。故治在今山东省鱼台县东南六十里。

〔88〕走死梁地:景驹向大梁一带败走,但知他已死,未知他究竟死在哪里,故泛言梁地。梁地,泛指旧六国时魏境。魏都大梁(今河南省开封市),故魏也称梁。

〔89〕章邯:秦将,事迹详后。栗:秦所置县。即今河南省夏邑县。

〔90〕别将:分统一支军队的将领。朱鸡石:据《陈涉世家》为符离人。馀樊君:史失其姓名。与战:与章邯军会战。

〔91〕亡走:逃往。时项梁大军在胡陵,故朱鸡石逃奔那边。

〔92〕薛:西周任姓封国,奚仲之后。战国时,为齐田婴、田文(孟尝君)父子封邑。秦置薛县。故治在今山东省滕州市东南四十四里。

〔93〕别攻:分路攻打。襄城:本战国时魏邑,秦于此置县。即今河南省襄城县。

〔94〕已拔:既经拔取之后。皆阬之:把襄城守城的军民全部残杀丛埋。阬,同"坑",活埋。

〔95〕闻陈王定死:听到陈涉败死的确信。与"闻陈王败走"和"未闻所在"相应。

〔96〕会薛计事:在薛地召集拢来商议大事。

〔97〕沛公:即汉高祖刘邦,时初起兵于沛,称沛公。《史记》有《高祖本纪》。沛,秦所置县。汉时属沛郡,亦称小沛。故治在今江苏省沛县东。往焉:应项梁之召,往薛参加会议。

〔98〕居鄛(cháo巢):亦作居巢,即夏桀所奔之南巢。楚为居巢邑,秦置县。故治在今安徽省合肥市巢湖区。《寰宇记》说:"古居巢城陷为巢

湖。"范增:事迹详后。

〔99〕素居家:一向在家居住,未尝出外任事。好奇计:喜欢策划弄手段。故下紧接"往说项梁"。

〔100〕往说(shuì 睡):前往项梁那里进言游说。说,用言辞说动人家叫"游说"。

〔101〕败固当:陈胜的失败本来是应该的。固,本然之辞。当,应该。

〔102〕夫:提示用的语助词,有指点作用。此处即用以提示"秦灭六国,楚最无罪"等语。

〔103〕怀王:楚威王子,名槐,在位三十六年,为秦昭襄王所诱,扣留不放,竟死于秦。故云"入秦不反"。反:与"返"同。

〔104〕楚南公:楚南方老人,善言阴阳。《汉书·艺文志》阴阳家流有南公十三篇,注云六国时人。楚虽三户,亡秦必楚:当时流行的谶语(含有迷信的谣言),言楚人怨秦最深,虽人口极大部分灭亡,只要尚存三户人家,犹足以亡秦。三户,言其少,乃虚设之辞,后人有把项羽渡三户津破秦来附会这谶语,则"虽"字竟不可通。

〔105〕蠭午:言纵横交错如蜂阵。蠭,即蜂。纵横相犯为午。争附君:争取归附你。

〔106〕然其言:以为他的说话很对。然,赞同之辞。

〔107〕"乃求"句:乃在民间寻访到楚怀王的孙儿叫心的人。求,访察。

〔108〕为人牧羊:插句,形容心的沦落,正与"王孙"对照。

〔109〕"立以"二句:立心为王,仍称楚怀王,使孙袭祖号,以便号召,依楚人的愿望。

〔110〕盱台:即盱眙(xū yí 须怡),本春秋时吴善道邑,秦置县。故治在今江苏省盱眙县东北。

〔111〕居数月:耽搁了几个月。居,停留。

〔112〕亢父:本齐地,秦置县。故治在今山东省济宁市南五十里。

〔113〕田荣:故齐王族。龙且:楚之骁将,时为司马,故称司马龙且。东阿:本春秋时齐之柯邑,战国时称阿邑,秦时称东阿。汉置东阿县,今属

山东省。

〔114〕"大破"三句:陈涉起兵后,故齐王族田儋(dān丹)起兵于狄(齐邑,汉置狄县,后汉改临济,故城即今山东省高青县),略定齐地,自立为齐王,都临淄(今属山东省)。后引兵救魏,为秦将章邯所杀。他的从弟田荣收集馀兵,走保东阿。齐人乃立故齐王建之弟田假为王,以田角为相,田间为将。章邯追围田荣于东阿,项梁发兵,与龙且共救荣,荣为内应,故上云"与齐田荣、司马龙且军救东阿"。东阿围解,田荣即引兵归,逐其王假,立儋子市为齐王,自为齐相。《史记》有《田儋列传》,田荣事附见。

〔115〕"数(shuò朔)使"二句:项梁屡次派人催促田荣发兵。数,频频;屡屡。趣(cù促),催督。

〔116〕与(yù玉)国:相与交好之国。与,党与。

〔117〕市于齐:买交情于齐,即不肯杀田角、田间以见好于田荣。市,买收。

〔118〕城阳:本西周郕国。汉置成阳县,晋为城阳县。齐时废。故治在今山东省菏泽市东北六十里。

〔119〕屠之:屠杀城阳城中军民。屠,杀戮。

〔120〕"西破"句:项羽、刘邦从城阳向西追秦军,破之于濮阳的东首。濮阳,古帝丘,汉置濮阳县,故治在今河南省濮阳市南。

〔121〕定陶:秦所置县。故治在今山东省菏泽市定陶区。那时秦兵收入濮阳坚守,羽、邦乃南攻定陶。

〔122〕"西略"句:离定陶而西,沿路攻取城邑,直达雍丘。略,攻取。雝丘,即雍丘,本春秋时杞国。汉置雍丘县。五代时,晋改杞县,汉复称雍丘。金时又改杞县。即今河南省杞县治。

〔123〕李由:秦丞相李斯之子,那时为三川郡的郡守。

〔124〕外黄:春秋时宋黄邑。汉置外黄县。故治在今河南省杞县东北六十里。

〔125〕起东阿:自东阿出发。

〔126〕西:自东阿向西进发。北至定陶:《汉书》作"比至定陶",该是

27

对的。比,及也。定陶在东阿西南,何得云西北至定陶!

〔127〕轻秦:不重视秦军,即所谓轻敌。

〔128〕宋义:故楚令尹。谏:劝诫。习惯上多用于对尊长时。

〔129〕"战胜"二句:宋义谏项梁,不便直说"将骄",故云"卒少惰矣"。少,作稍稍解。

〔130〕臣:古时对人自谦的称呼,犹后世的对人称"仆",不一定有君臣之分。为君畏之:犹言替你害怕。之字即指"将骄卒惰"和"秦兵日益"。

〔131〕使于齐:受命出使于齐,当仍为促使发兵之事。此"使"字虽亦动词,但含有传达使命之意,与上面作单纯派遣解的"使"不同。

〔132〕道遇:在路上碰见。高陵君显:封于高陵之贵臣,名显。高陵,汉琅邪郡属县,后汉省。其地不详,当在今山东省境。

〔133〕论,推断。

〔134〕"公徐"二句:您慢慢地去便可免死,赶快前去则连累遭祸。徐,缓慢。疾,快速。

〔135〕果:必然;一定。推断而确叫"果然"。悉:尽都。总括拢来叫"悉数"。益章邯:增援章邯。益,增加。

〔136〕陈留:本春秋郑之留邑,后为陈所并,故曰陈留。秦置陈留县。今属河南省。

〔137〕"今项"二句:此乃项羽与刘邦密谋之语。当时主帅新丧,兵心动摇,不能不作善后的准备。

〔138〕吕臣:时为将军,《高祖本纪》即作吕将军。俱引兵而东:项、刘、吕三支军队合兵暂向东方退却。此即项、刘密谋的善后计划,暂时退向后方整顿。

〔139〕军彭城东:兵扎彭城以东。与下"军彭城西""军砀"对举,互相呼应,以图再起。

〔140〕砀(dàng 档):本春秋宋之砀邑。秦置砀县,并为砀郡郡治。今属安徽省。

〔141〕楚地兵不足忧:楚地的军事已不须担心。

〔142〕渡河击赵:渡黄河而北,一意攻赵。

〔143〕赵歇:赵之后裔。陈馀、张耳:俱大梁人。陈涉初起,令陈人武臣徇赵地,下赵数十城,至邯郸(今河北省邯郸市),自立为赵王。武臣遣李良略太原,良听信秦军的离间,袭破邯郸,臣遂为当地人所杀。张耳、陈馀时为武臣校尉,以得信早,脱祸,乃求得赵歇,立以为王,陈馀为将,张耳为相。《史记》有《张耳陈馀列传》。

〔144〕钜鹿:本赵邑,秦置钜鹿县,并为钜鹿郡治。即今河北省平乡县旧治(今治移东北之乞村),非今之钜鹿县。其地在邯郸东北,章邯移兵北向,赵歇等乃退走入钜鹿城。

〔145〕王离、涉间:皆秦将。离,名将王翦之孙。围:以兵包围。

〔146〕筑甬道:筑墙垣如街巷,犹今之运送壕,以防敌人的劫夺。输之粟:以给养运送给王离、涉间。输,运送。

〔147〕将卒数万人:带兵数万人。陈馀先与赵歇、张耳俱退入钜鹿城,秦兵合围前,馀又带兵出外,故得军钜鹿之北,遥为声援。

〔148〕之彭城:前往彭城。之,往也。

〔149〕"并项"句:怀王心已有疑忌项氏之意,所以如此。

〔150〕司徒:本为掌教之官,此处疑系掌管财政的军需官。

〔151〕令尹:楚执政首相。吕青为令尹,就是用的楚制。

〔152〕砀郡长:犹砀郡郡守。下云"将砀郡兵",所有砀郡的兵都归刘邦率领。

〔153〕未战而先见败徵:事前已见到失败的征象。徵,朕兆;象征。

〔154〕知兵:懂得兵事。

〔155〕大说(yuè 悦)之:楚王心很以宋义之言为是而乐于接受。

〔156〕"因置"句:因而特用宋义为上将军。因,因而。上将军,诸将军的首领,意即主帅。后面项羽"为诸侯上将军,诸侯皆属焉",也就是说项羽做了诸侯的首领。

〔157〕次将:副帅。《高祖本纪》云"封项羽为长安侯,号曰鲁公"。是刘邦封武安侯时,羽亦同时称为鲁公了。

〔158〕末将:位次于次将,也是在军中参与谋划的。与下举诸别将的

"别将"不同,与后世偏裨将校自己谦称的"末将"更不同。

〔159〕救赵:与章邯围钜鹿相应。

〔160〕卿子:当时人相尊之辞,犹言"公子"。宋义为上将,本是军中的领袖,故合称卿子冠军。

〔161〕安阳:即隋楚丘西北之安阳故城,在今山东省曹县东南五十里。与今河南省的安阳并非一地。

〔162〕"夫搏"句:言牛虻虽能啮牛,然而不能破虮子,以喻钜鹿城小而坚,秦兵不能马上攻破它。搏,拍击。虻(méng萌),即牛虻。虮,虱卵。虮虱,虱子的统称。

〔163〕罢:与"疲"同。

〔164〕承其敝:趁秦兵疲惫之时。承,承受,引申有"利用"义。

〔165〕鼓行而西:结成堂堂之阵,西向攻打秦兵。

〔166〕举秦:取得秦国。举,取也;胜也。

〔167〕被(pī 砒)坚执锐:披坚甲而执持锐利的武器。锐,锋利。义不如公:宋义自谓临阵作战不如项羽。

〔168〕坐而运策:居中筹划。公不如义:宋义直言调度机宜项羽不如自己。

〔169〕"猛如"五句:句句暗指项羽。强不可使,倔强不听差遣。

〔170〕"乃遣"句:田荣与项梁有隙,梁死楚弱,宋义想跟田荣拉交情,故遣其子宋襄相齐。

〔171〕身送之:亲自送宋襄。身,亲身。无盐:春秋宿国,战国时为齐邑。汉置无盐县。故治在今山东省东平县东二十里。

〔172〕饮酒高会:置备酒筵,大会宾客。

〔173〕戮(lù 鹿)力而攻秦:与下文"与赵并力攻秦"同义。戮力,犹言勉力或并力。

〔174〕岁饥:犹言年荒。

〔175〕芋:俗名芋艿。菽:豆也;藿也。

〔176〕见(xiàn 现)粮:现存的粮食。

〔177〕因赵食:就食于赵。(移向赵地,依靠那边的粮食。)因,依傍;

假借。

〔178〕国兵新破:时项梁死于定陶,楚王心迁避于彭城,故云"国兵新破"。

〔179〕"埽(sǎo扫)境"句:一股脑儿搜括了国境以内的兵马、钱粮都交给宋义管辖。埽,同"扫",尽括之义。

〔180〕不恤士卒:不体恤士卒的冻饥。恤,体恤。徇其私:言以子宋襄为齐相,光打算如他的私愿。徇私的"徇"有图谋或迁就的意义,与前"徇下县""徇广陵"的"徇"意义不同。

〔181〕非社稷之臣:不是与国家同休共戚的大臣。社稷本为古代天子、诸侯所祭的土神与谷神,实为当时国家的象征。自前"将戮力而攻秦"至此句,皆项羽默数宋义罪状之辞,未必在斩宋义之前便显露在众人面前的,不当以上冠"项羽曰"三字而遽认为事前公开的说话。

〔182〕晨朝:清晨参见。

〔183〕"即其"句:便在上将军的大帐中斩却宋义。即,就也。

〔184〕"宋义"二句:宋义与项羽不协,遣子相齐,羽已疑他欲图项氏,故先事杀义,而以反楚为名,诈言楚王阴令诛之也。阴令,犹密令。

〔185〕莫敢枝梧:言宋义所属的诸别将都已慴服,不敢抗拒项羽了。枝梧本为架屋之小柱与斜柱,有支撑、抵拒诸义。

〔186〕今将军诛乱:奉承之辞,以为项氏首先立楚,便说羽杀宋义是诛乱了。

〔187〕假上将军:暂署上将军。因尚未得怀王之命,故暂摄此职以代宋义。

〔188〕报命于怀王:以诛杀宋义并拥立项羽的经过报告楚王心。

〔189〕因使:因其请求而任命之。正显出楚王心的无可奈何。

〔190〕当阳君:即黥布,与蒲将军并已见前〔78〕。

〔191〕战少利:战事胜利不多。故陈馀复请增兵。

〔192〕无一还心:只有前进,绝不后退之谓。与上破釜沈(沉)舟等语紧接,正所以示士卒必死,决心挺进。

〔193〕苏角:秦将。

〔194〕虏王离:生擒王离。虏,俘获。

〔195〕楚兵冠诸侯:楚兵强盛,声势足以压倒诸侯之兵。

〔196〕十馀壁:十多座营垒。言其多。

〔197〕莫敢纵兵:不敢放兵出战。

〔198〕从壁上观:凭营垒遥望。正说明他们未曾出战。

〔199〕人人惴恐:个个惊惶失措。惴,忧惧。

〔200〕辕门:军行以车为阵,把车辕竖起,对立为门,故称辕门。辕,车前用以套驾牛或马的直木。

〔201〕膝行而前:跪在地上,用两膝行进。

〔202〕莫敢仰视:不敢抬头往上看。

〔203〕棘原:在钜鹿南,今无考,其地当在今河北省平乡县南。

〔204〕漳南:漳水之南。其地当北距棘原不远,故下云"相持未战"。

〔205〕数郤:屡次退却。

〔206〕让:谴责。

〔207〕长史欣:即司马欣,时为章邯部下的长史。长史,诸史之长,相当于近世的秘书长。请事:犹请示,此处有回话解释等意。

〔208〕咸阳:当时的秦都,即今陕西省西安市东面的渭城故城。

〔209〕司马门:宫廷的外门。宫垣之内,兵卫所在,四面皆有司马之官(掌军政)把守,故总言宫廷外门为司马门。

〔210〕赵高:秦宦者。秦始皇死于沙丘,高与李斯通谋,矫诏杀太子扶苏,立胡亥为二世皇帝。后来陷杀李斯,自为丞相,事无大小,都决于他一人。最后杀二世,立子婴,卒被子婴所杀。这时他正专权,司马欣从军前还都请事,他竟不接见。

〔211〕故道:原路。

〔212〕用事于中:犹言居中用事,就是盘踞中央,发号施令。

〔213〕下无可为者:在权臣操纵之下,竟无一件正事可以办得通的。

〔214〕孰计之:深思熟虑地研究这个问题。孰,"熟"之本字。

〔215〕遗章邯书:送信给章邯。遗,送也。

〔216〕白起:郿人。(郿本周邑,故城在今陕西省郿县东北。)善用兵,

秦昭王时封武安君,战胜攻取凡七十馀城。后与范睢有隙,称病不起,免为士伍。(当时的降罚处分,即退归卒伍,犹后世的削职为民。)迁于阴密(在今甘肃省灵台县西五十里),赐死。《史记》有《白起王翦列传》。

〔217〕鄢郢(yān yíng 焉颖):战国时楚都,即郢都,故城在今湖北省宜城市西南。秦既攻拔鄢郢,楚迁避于陈,后竟屡迁,末了都于寿春。

〔218〕北阬马服:白起北破赵括,阬赵降卒四十万人,事详《廉颇蔺相如列传》。赵括封马服君,故云"北阬马服"。

〔219〕略地:夺取土地。略,强取。

〔220〕不可胜计:言其多得不能计数。胜,能够;可以。

〔221〕蒙恬(tián 甜):世为秦将,祖骜,父武,皆著战功。始皇时,恬为内史。并六国后,使恬将三十万众北逐匈奴,筑长城,西起临洮(今甘肃省岷县),东至辽东(辽河以东),长万馀里。二世即位,为赵高所陷,矫诏赐死。《史记》有《蒙恬列传》。

〔222〕戎人:即指当时的匈奴。

〔223〕榆中:亦名榆溪,即榆林塞。蒙恬北逐匈奴,树榆为塞,开地数千里,即此。其地当在今内蒙古自治区旧鄂尔多斯黄河北岸一带。

〔224〕阳周:秦所置县。故治在今陕西省子长县(原安定县)北。按《蒙恬传》,胡亥先囚恬于阳周,后又遣使逼他,他便吞药自杀。此云竟斩阳周,信中强调之辞。

〔225〕因以法诛之:找借口依据法律杀了他。

〔226〕滋益多:犹言越来越多。滋,增长。益,加甚。

〔227〕素谀日久:一向蒙蔽,日久恐怕败露,故下接"今事急"。谀,谄媚;欺谩。兼有奉承、蒙蔽意。

〔228〕塞责:搪塞自己的责任。有诿过他人之意。

〔229〕更代:派人接替。脱其祸:脱卸自己的祸患。径与"塞责"相应。

〔230〕多内郤:即指与赵高破裂,难以相容的事实。郤,与衅隙之"隙"通,裂痕。引申有怨仇义。

〔231〕无愚智皆知之:无论愚蠢或智巧都懂得这道理的。

33

〔232〕直谏:直言相劝。此处有揭破奸谋的意义。

〔233〕孤、特、独:都有"单"义。叠用它们,是要显出单弱可危。

〔234〕与诸侯为从(zòng纵):与东方起兵之人联合起来。当时习惯于战国合纵连横之说,故用合纵来耸动章邯。

〔235〕分王其地:分割秦地,各立为王。王,动词。

〔236〕南面:古代天子、诸侯皆南面听政,故以南面喻君主。称孤:即俗所谓"称孤道寡"。

〔237〕孰:何也;谁也。身伏铁质:亲受刑诛。铁,同"斧"。质,斩人之砧。妻子为戮:家属连带被杀。此与上文"南面称孤"比较立说,犹言"南面称王与遭受刑戮,哪一样上算呢?"

〔238〕狐疑:狐性善疑,喻人委决不下叫狐疑。

〔239〕阴使:秘密派遣。候始成:军候(军中管事务供应的官)名始成者。使项羽:派到项羽那边去接洽。

〔240〕欲约:意图取得约降的条件。

〔241〕三户:漳水上津渡名。在今河北省临漳县西。

〔242〕漳南:前已云"项羽军漳南",此紧接"日夜度三户"之后又云军漳南,疑"南"为"北"之讹。

〔243〕汙(yū迂)水:源出河北省武安市西太行山,东南流,在临漳县西折东入漳水。今已湮。

〔244〕与期:相与约期会晤。洹水:即今河南省安阳市北之安阳河,东流入卫河。殷虚即殷墟,本是殷朝之故都,今安阳市西五里之小屯便是。

〔245〕已盟:已经签订协定条款。盟,誓约。

〔246〕流涕:犹言垂泣,极意形容他的羞惭之情。为言赵高:即司马欣还报之言与陈馀书中所述之事,犹云为赵高所陷,一至于此。

〔247〕雍王:意为秦地之王。雍,春秋秦都,汉置雍县,在今陕西省凤翔县南。

〔248〕置楚军中:留置在项羽的军中。

〔249〕前行:即先锋,司马欣与项氏有旧恩,故较为信任而令其先发。

〔250〕新安:故城在今河南省渑池县东。汉于此置新安县,隋时废。

〔251〕"诸侯"句:犹言各路反秦的将士,从前曾因被派徭役,发往边疆驻守,而路过关中。诸侯吏卒,指起兵反秦的各路将士。异时,从前。故,曾经。繇使,被派徭役。屯,驻扎。戍,执戈守边。秦中,秦地之泛称,即关中。

〔252〕遇:接待。无状:没有礼貌。

〔253〕奴虏使之:像奴隶或俘虏那样使唤秦吏卒。

〔254〕轻折辱:可作"无状"注脚,因出于报复,竟然肆行糟蹋。轻,随便;轻忽。折辱,挫折侮辱。

〔255〕窃言:私下相谈。

〔256〕诈吾属降诸侯:诱骗吾辈投降起兵反秦的人。吾属,即吾辈。

〔257〕即不能:假使不能破秦。即,假使。

〔258〕微闻其计:访知秦吏卒的私语。微,察访。

〔259〕至关中不听:到了秦地而不听命令。

〔260〕都尉翳:即董翳,时在章邯军中,与邯、欣同降项羽。后封塞王。尉本为辅佐郡守管兵的官,都尉当系军中的参谋官。

〔261〕"于是"句:于是楚军趁黑夜里把秦卒二十馀万人击杀阬埋于新安城的南方。

〔262〕行略定秦地:将自新安引兵西向,直取关中。行,将要。

〔263〕函谷关:秦时故关,在今河南省灵宝市西南。时刘邦先已入关破秦,派兵东守函谷关,故云"有兵守关"。

〔264〕"又闻"句:刘邦于宋义为上将军北救赵时,受怀王心之命,西略地入关。项羽既杀宋义,与章邯酣战,刘邦即趁这当儿专力西进,恰巧赵高正在那时杀二世,立子婴(公子扶苏之子),纷乱之际,刘邦便带兵入关。子婴立仅四十六日,出降于刘邦。及项羽进至函谷关,才得沛公已破咸阳的消息。

〔265〕戏西:戏水之西。戏水源出骊山,下流入渭,在今陕西省西安市临潼区东三十里。其地有古戏亭,一名幽王城。

〔266〕霸上:亦作灞上,即灞水西白鹿原,在今陕西省西安市东。

〔267〕司马：掌军政之官。此称左司马，当时沛公的属官应尚有右司马。曹无伤欲媚项求封，故使人进谗言于项羽。

〔268〕"沛公"句：沛公西略时，怀王与诸将约："先入定关中者王之。"故言"欲王关中"。

〔269〕旦：汲古本作"且"。日飨士卒，每日大宴战士。若云旦日，有即日发动意；作且比较缓和些。项羽性急，以作"旦"为近似。

〔270〕新丰：即秦骊邑，汉始置新丰县，在今陕西省西安市临潼区东。鸿门：阪名，在新丰东十七里，今名项王营。

〔271〕山东：战国时泛称六国之地为山东，以在崤函之东，故名。此云居山东时，即指未入关前，仍旧沿用当时的惯语。

〔272〕幸：亲近。

〔273〕"吾令"四句：当时军中觇候者（观测气象的人）之言。秦、汉方士多托言有望气之术，谓觇望云气即可测知吉凶的征兆也。

〔274〕左尹：楚官，令尹之佐。项伯：名缠，字伯。

〔275〕素善：向来熟识。留侯张良：详后《留侯世家》。

〔276〕具告以事：即以项羽欲击沛公之事备细告知张良。具，齐备。

〔277〕"臣为"句：张良前说项梁立韩公子成为韩王，良为韩申徒（即司徒，相当于国相）。沛公从洛阳南出，良引兵从之。沛公乃令韩王成留守，与良俱西入武关。故良云"臣为韩王送沛公"。

〔278〕亡去：犹言溜走。不可不语：不可不告知一声。

〔279〕鲰（zōu鄹）生：小生，有贱视意。《楚汉春秋》："解先生说沛公遣将守函谷关，无入项王（不要让他进来）"。那么鲰生便指的解先生。鲰，杂小鱼也。

〔280〕距关毋内诸侯：抵守函谷关勿令项羽等人入关往西来也。距，通"拒"。内，"纳"之本字。

〔281〕背：违背；放弃。

〔282〕安：何也。有故：有旧谊。

〔283〕幸来告：犹言亏他肯来告知。

〔284〕孰与君少长：问项伯与张良年岁，谁小，谁大。

〔285〕兄事之:当老大哥那样待他。

〔286〕要:坚约。此有强邀之意。

〔287〕卮(zhī支):酒器。为寿:即上寿。古时进酒爵于尊者之前而致辞祝颂叫上寿。

〔288〕约为婚姻:彼此联姻,攀做儿女亲家。

〔289〕秋豪不敢有所近:言些微也不敢沾染。秋豪,兽类新秋更生之毛,喻微细。豪,"毫"之本字,细毛也。

〔290〕籍吏民:登记官吏人民,即造报户籍。籍,记录。

〔291〕将军:指项羽。观下文自明。

〔292〕非常:变故。

〔293〕倍德:犹言忘恩负义。

〔294〕旦日:明日。蚤:同"早"。此处"旦日"二字与上"项伯夜驰之沛公军"及下"项伯复夜去"语前后照应。

〔295〕善遇之:犹言客客气气待他。

〔296〕战河北:与前"渡河"及"河北之军"相应。战河南:则补出刘邦一边,西行略地入秦之事。河北、河南皆泛称。

〔297〕不自意:自己没有料到。

〔298〕何以至此:状项羽之直率。

〔299〕东向坐:面向东坐。表示自尊大。

〔300〕亚父:尊敬他仅次于父,故称"亚父",犹齐桓公尊管仲为仲父。亚,次也。

〔301〕西向侍:张良其时从沛公出席,位同陪臣,身份略次,故云"西向侍"。

〔302〕数目项王:即频频向项王丢眼色。目,动词,视也。数目,屡视。

〔303〕玉玦(jué绝):半璧也。璧,圆形,中有孔,略如环。剖璧为两,便叫玦,亦称璜。古人佩玉,故范增得以玉玦三次示项王,希望他能够会意(玦、决同音)决策。

〔304〕项庄:项羽从弟。

〔305〕不忍:不能狠心硬肠地干。

〔306〕若入前为寿:你进内上寿(献礼致敬)。若,尔;汝。

〔307〕不(fǒu否)者:犹"否则"。

〔308〕"若属"句:你等都将被刘邦所虏辱。

〔309〕翼蔽沛公:如鸟那样的张翅掩护沛公。

〔310〕樊哙(kuài快):沛人,以屠狗为事,与刘邦俱隐于芒砀山泽间。陈涉初起,萧何、曹参使哙迎邦,立为沛公。从攻秦,屡有功。沛公入咸阳,欲居秦宫室。哙与张良谏,乃还军霸上。鸿门之会,哙又面折项羽,使邦得脱祸。《史记》有《樊郦滕灌列传》,与郦商、滕公(夏侯婴)、灌婴同载一篇。

〔311〕与之同命:和沛公共生死。同命,犹并命。

〔312〕带剑拥盾入军门:持武器闯入辕门。盾,盾牌。

〔313〕交戟之卫士:持戟交叉着把守军门的警卫。戟,古兵器戈之属。欲止不内:意欲拦止,不让他进去。内,同"纳"。

〔314〕撞:横击。

〔315〕仆:俯倒。

〔316〕披帷西向立:揭开围帐向西立,正在张良背后,面对着项王。帷,围帐。

〔317〕瞋(chēn抻)目视项王:张大了眼睛看项王。瞋,张目。

〔318〕目眦(zì字)尽裂:眼眶都要裂开了,极意形容他的怒目而视。与上言"头发上指"都是夸张语。眦,眼眶。

〔319〕按剑:提剑按锷(剑柄与剑身之间的环饰)做击刺之势。跽(jì忌):半跪。

〔320〕客何为者:你是干什么来的。喝问来客,极尽紧张之态。

〔321〕参乘:即骖乘,亦称陪乘,古之车右。犹后世的近侍警卫。

〔322〕斗卮酒:一大斗酒。斗,酒器之大者。就是《诗·行苇》"酌以大斗"的斗。今俗犹管大酒杯叫"酒斗"。卮,酒器。已见前〔287〕。

〔323〕彘(zhì至)肩:猪蹄带肩胛者,就是一条整腿。下云"生彘肩"那么竟是一条没有煮熟的生猪腿。彘,豕也。

〔324〕覆其盾于地:把盾牌反磕在地上。覆,犹言反磕。

〔325〕加彘肩上:把生猪腿安放在反磕的盾牌上面。

〔326〕拔剑切而啗(dàn旦)之:形容他的生吞大嚼。啗,食也。

〔327〕卮酒安足辞:犹言喝杯酒值得推辞么!

〔328〕"杀人"二句:就是说杀人多得不能悉数,加刑于人唯恐不及。此借秦来骂项羽。

〔329〕听细说:听信小人之言。

〔330〕"此亡"二句:这是继续亡秦的道路,我的私衷却不愿你大王采取这条道路啊。

〔331〕从良坐:即在张良身旁坐下。

〔332〕起如厕:托言出恭。如,往也。厕,大小便的地方。

〔333〕都尉陈平:时陈平为项羽帐下都尉之官。明年即去楚归汉。

〔334〕"大行"二句:当时成语,言把握大体,不当拘守小节。大行、大礼,喻大关节目;细谨、小让,喻琐屑末务。

〔335〕刀俎:刀和砧板,宰割的家具。指项羽方面。

〔336〕鱼肉:被割待烹之物。指沛公方面。

〔337〕来何操:来的时候带些什么。操,执持。

〔338〕会其怒:适逢其怒,犹言碰在他们气恼的当儿。会,遭逢;巧合。

〔339〕置车骑:让随从的车骑丢在那里。置,抛弃;留放。车骑,即指前文"从百馀骑"。

〔340〕步走:徒步逃走。

〔341〕郦山:在鸿门西,即骊山。

〔342〕道:经过。芷阳:秦所置县,汉改为霸陵,故治在今陕西省西安市东面白鹿原霸川上的西阪。间行:抄小路走。间,空隙。

〔343〕度(duó铎)我至军中:约计我还到霸上的时候。度,估计。

〔344〕间至军中:间行抵达霸上。这是张良心意中的话,故下接云"入谢"。

〔345〕不胜桮杓(bēi sháo 杯勺):禁不起酒力,犹言已醉。桮,同

39

"杯"。杓,取酒之器。梧杓,酒之代称。

〔346〕足下:对人之敬称,犹言"左右",避免径呼"尔""汝"也。战国时一般人对君王也有称"足下"的。

〔347〕有意督过之:存心找他的岔子。督过,责罪。

〔348〕唉:叹恨辞。竖子不足与谋:犹言这小子不配跟他商量。范增明骂项庄,实在是暗恨项羽的寡断。竖子,此处用为骂人之辞,相当于口语的"小子"。

〔349〕人或说项王:从人中间有一人向项王游说。不能确指何人进言,故云"或"。

〔350〕"关中"句:关中之地,东函谷,南武关(在今陕西省商洛市商州区东一百八十五里),西散关(在今陕西省宝鸡市西南,即大散关),北萧关(在今甘肃省环县西北),四面有险可守,故云"阻山河四塞"。

〔351〕饶:富足。可都以霸:承上"四塞""肥饶"而言,谓有此凭借,可建都此以定霸业。

〔352〕怀思欲东归:因楚之根据地在东方,而又放心不下怀王心也。"富贵不归故乡"等语,显系托辞。观下致命怀王,及徙义帝自都彭城事可知。

〔353〕衣绣夜行:着了锦绣之衣在黑夜中出行,虽漂亮没有人看见。故下云"谁知之者"。衣,动词,穿着。

〔354〕沐猴而冠耳:犹言好像大猴子戴了人的帽子罢了,讥笑他徒具人形。沐猴,猕猴。果然:与上人言相照,谓果如人言。

〔355〕烹:投在鼎镬里煮死。

〔356〕使人致命怀王:使人将入关破秦经过报告怀王,并且向他请示。有试探意。致命,犹报命。

〔357〕如约:照前与诸将所言"先入关中者王之"之约。

〔358〕义帝:不称楚帝而称义帝,意味着仅得名义耳。此义字犹义父、义子、义发、义齿的义字。

〔359〕先王诸将相:先封诸将相为王。"先王"之"王"与以下许多"王之""王某地"等之"王",俱动词。

〔360〕立诸侯后：指立六国之后。而云"假立"，显然有否认之意。故引出下面一篇大道理来。

〔361〕被坚执锐首事：犹言起兵首举大事。与前"初发难时"相应。

〔362〕暴（pù仆去声）露于野：犹言军中辛苦，风餐露宿。自二世元年起兵，至此适得三年。暴，显露。

〔363〕"故当"句：犹言本该分地封他为王的。故，通"固"。上云义帝虽无功，已说他无功而白白享受，下云故当，无可奈何之情可见。"虽"字含有轻之之意；"故当"二字不免蕴怒含怨了。

〔364〕侯王：即诸侯王，分封诸王，相当于上世之诸侯。

〔365〕"项王"句：沛公先入关破秦，地居形胜，故项羽、范增疑其发展而有天下也。古以统一中国为"有天下"。

〔366〕"项王"四句：包四层意义，疑沛公有天下一层，业已讲解二层，又恶负约三层，恐诸侯叛之四层，曲达项王、范增二人的心事。业，既经。讲解，即和解，谓鸿门之会杀刘的机会已经消失。恶（wù物）负约，嫌忌背约之名。恶，嫌忌。负约，背先入关者王之约。

〔367〕"巴蜀"二句：巴本周姬姓封国，秦置巴郡，地当今四川省东半部。蜀，古蜀国，秦置蜀郡，地当今四川省西半部及旧西康迤东的一部分。四川在当时，北阻山险，东扼三峡，交通偏塞，竟视为流放罪人之地。故云。

〔368〕王巴、蜀、汉中：以三郡封刘邦为汉王。汉中，秦所置郡，地居汉水上游，约当今陕西省秦岭以南一带及湖北省西北部。

〔369〕南郑：今陕西省汉中市南郑区。明、清时俱为汉中府治。

〔370〕距塞汉王：遮断刘邦的东出之路。距塞，犹言遮断。

〔371〕废丘：本周之犬丘，周懿王自镐徙都于此。秦改名废丘。汉置槐里县。故城在今陕西省兴平市东南十里。

〔372〕塞王：境内有大河、华山之固为阨塞，故取以为号。

〔373〕翟王：因本是春秋白翟之地，故名。

〔374〕上郡：秦置。当今陕西省北部及内蒙古自治区旧鄂尔多斯左翼之地。

〔375〕高奴：秦所置县。故治在今陕西省延安市，俗讹为高楼城。

〔376〕西魏王：陈胜起兵，下魏地，立魏诸公子宁陵君咎为魏王。秦将章邯击败之，咎约降。约定，咎自杀。其弟魏豹奔楚，楚怀王心予以兵，使复徇魏地，下魏二十馀城，立为魏王。引兵从项羽入关，欲有梁地。项羽自欲王梁、楚，遂徙魏王豹为西魏王。《史记》有《魏豹彭越列传》。

〔377〕河东：秦所置郡。当今山西省西南部黄河以东之地。

〔378〕平阳：故城在今山西省临汾市南，故尧都。

〔379〕瑕丘：本春秋鲁地，即负瑕。汉置瑕丘县。故治在今山东省兖州市。申阳：人姓名。徐广说，一云瑕丘公，是申阳曾为瑕丘令。文颖说，姓瑕丘，字申阳，恐怕不是的。

〔380〕嬖(bì闭)臣：宠幸之臣。嬖，亲狎。

〔381〕河南郡：即秦三川郡。当今河南省西北大部。先下河南郡，申阳先已略下三川郡（汉始改河南郡）。

〔382〕迎楚河上：迎降项羽于郡境的河上。

〔383〕雒阳：即洛阳，本周之成周。战国时更名洛阳。秦灭东周，置三川郡。汉改河南郡，又置洛阳县为郡治。故城在今河南省洛阳市东北二十里。其后光武帝迁都于此，改为雒阳。曹魏时，又复为洛阳。

〔384〕因故都：仍居旧都。阳翟：相传为夏禹始封邑。周为郑栎邑。战国时为韩之国都。秦于此置阳翟县。清并入禹州，即今河南省禹州市。

〔385〕司马：姓氏；卬：名。卬乃"昂"之本字。河内：本为大河以北的总称。古代帝王都城，多在河东、河北一带，故当时呼河北为河内，河南为河外。汉置河内郡，约有今河北省南端一部，山西省东南部及河南省黄河以北地。

〔386〕殷王：因封于殷商故地，故名。

〔387〕朝歌：本殷都，汉置朝歌县。故治在今河南省淇县东北。

〔388〕代：本古国，战国时属赵，置代郡。秦仍之。汉初为代国，后亦改代郡。地跨今山西、河北两省的北部，西北大部在山西，东南小部在河北。项羽分封时，以代本赵地，故徙赵王歇为代王。都代，故治在今河北省旧蔚县东。

〔389〕常山：当今河北省中部，兼有山西省东中一部地。汉置恒山郡，文帝改为常山。本为赵故地，故云耳为常山王，而下云"王赵地"。

〔390〕襄国：古邢国。春秋属晋。战国属赵。秦于此置信都县。项羽改称襄国。故城在今河北省邢台市西南。

〔391〕九江：秦所置郡，今江苏、安徽两省江以北、淮以南一带，及江西省全部都是它的境地。封黥布为九江王时，江苏境内之地已划入西楚了。

〔392〕六：春秋时六国。秦置六县。后汉改六安县。晋复旧名，不久又裁去。故治在今安徽省六安市北十三里。

〔393〕鄱(pó 婆)君：吴芮为鄱阳令，故称鄱君。鄱，本为楚之番邑，秦置县于此，名曰鄱阳。亦作番阳。即今江西省鄱阳县。明、清皆为饶州府治。百越：春秋越国的遗族。楚灭越，越族退守于五岭一带山地中，随地立君，号称"百越"。战国末年，犹有浙江南部的瓯越，福建的闽越及广东的扬越，都著称于一时。

〔394〕衡山王：王衡山国，包有今湖北省东部、湖南省全部及广东省北境偏西的一部。以境有衡山，故名。

〔395〕邾：衡山王所都。汉置邾县。故治在今湖北省黄冈市西北二十里。

〔396〕柱国：战国楚始置之官，位极尊崇。后世便以为勋官（各级官吏的荣衔）。共(gōng 恭)：姓氏；敖：名。南郡：秦灭楚置。其地包有今湖北省襄阳以南全境。

〔397〕临江王：临江国略当于其时的南郡，惟北有襄阳，东削武、汉以东分给衡山国了。项羽以共敖击南郡功多，便立敖为临江王。

〔398〕江陵：本春秋楚郢都。汉于此置江陵县。即今湖北省江陵县。明、清时皆为荆州府治。

〔399〕韩广：本故赵王武臣之将，领兵北略燕地，便自立为燕王。详后《陈涉世家》。项羽徙封广为辽东王，都无终。辽东：秦所置郡，约当今辽宁省及原热河东南部与河北省东北部之地。无终，春秋时无终子国。秦置无终县。隋改渔阳县。即今天津市蓟州区。

〔400〕"燕将"三句：臧荼从项羽救赵入关，故羽把燕土分为二，徙故燕王东王辽东，而以燕、蓟之地封荼为燕王。

〔401〕蓟：周初封尧后于此。秦置蓟县。辽改为析津。金改为大兴。故城在今北京市西南。与前举无终沿改的蓟县不是一地。

〔402〕胶东王：项羽分齐地为三：中部仍为齐，东部为胶东，西北部为济北。徙故齐王田市为胶东王，都即墨。即墨本齐邑，汉置即墨县。故治在今山东省青岛市即墨区。

〔403〕临菑：即临淄，古营丘地，周封太公望为齐国。自献公徙此，世为齐都。秦灭齐，因置齐郡。汉置临淄县。后汉改临菑，为青州治。即今山东省淄博市临淄区。明、清时皆为青州府治。

〔404〕济北数城：济水以北的若干城池。济水古为四渎之一。春秋时，济水经曹、卫、鲁、齐之界。在齐界为齐济；在鲁界为鲁济，亦称沇水（即兖水）。其源出于今河南省济源市西之王屋山。其故道本过今黄河而南，东流至山东，与黄河平行入海。今济水下游为黄河所占，惟黄河北发源处尚存。

〔405〕博阳：从来多以山东省泰安市东南三十里之旧博县故城当之。按博县故城本为春秋时齐之博邑，汉置博县，属泰山郡。北魏改博平。隋改博城。唐、五代皆曰乾封。宋徙治奉高，城遂废。地在济渎之南，且与临淄相近，恐非楚、汉时济北王所都。疑博阳为齐之博陵邑。汉置博平县，属东郡，故城即山东省旧博平县西北三十里之博平镇，今已并入茌平县。按以地位和方向（在河之北）似当以此为济北国都。

〔406〕"成安"句：陈馀本与张耳为至交好友。章邯急围钜鹿，陈馀收常山兵屯扎河北。张耳与赵歇在围城中，兵少食尽，屡使人促陈馀进救。馀以众寡不敌，未即应。耳又使张黡、陈泽往责馀，馀不得已，乃以五千人给二人，令他们先试秦军。临阵皆没。及钜鹿围解，耳、馀相见。耳责馀不肯救赵，且问张、陈二人的下落。馀已怒，便径以实况告诉他。耳不信，以为馀杀了张、陈二人，屡问馀。馀大怒，乃解下将印推给张耳，便趋出。耳亦遂收其兵。陈馀乃独与麾下所亲善的数百人往河上泽中渔猎。故此处云弃将印去。

〔407〕南皮:秦所置县,故治在今河北省南皮县东北八里。

〔408〕环封三县:以环绕南皮的三县封给陈馀。

〔409〕梅鋗(xuān宣):故秦番阳令吴芮之将,故云"番君将"。从吴芮作战,又从刘邦攻降析、郦,故云功多。项羽既封吴芮为衡山王,遂封鋗为列侯,食十万户,故云"十万户侯"。

〔410〕西楚霸王:旧以江陵为南楚,吴为东楚,彭城为西楚。项羽兼王梁、楚,而都彭城,故以西楚为号,并不是仅仅王于西楚一带地方。霸王,诸王之盟主,这就隐以号令天下自任了。此云自立为西楚霸王,与前文"欲自王,先王诸将相"相应。

〔411〕王九郡:王梁、楚九郡之地。九郡,《史》《汉》皆不详其目,注家亦略。近世学者又各以意说:明陈仁锡以为泗川、砀、薛、东海、临淮、彭城、广陵、会稽、郯九郡;清全祖望以为东海、泗水、薛、会稽、南阳、黔中、砀、东、楚九郡;钱大昕以为泗水、东阳、东海(即郯郡)、砀、薛、郯、吴、会稽、东九郡,梁玉绳从之;而近人张茂炯以为颍川、泗水(即沛)、郯(即东海)、会稽、郯(即丹阳)、淮南(即庐江)、东阳(即广陵)、砀(即梁国)、薛(即鲁国)九郡。彼此互有异同,难以断定。清姚鼐则谓项羽所王之地,"大抵西界故韩;东至海;北界上则距河,下则距泰山;南界上则距淮,下则包逾江东"。近是。

〔412〕汉之元年:乙未岁,当公元前206年。是年二月,刘邦称汉王。当时各国各自纪元,沿至汉初,诸王侯虽奉汉元,在国中犹自为纪元如故。此云"汉元年",以司马迁为汉臣,于义当如此,并不是说那时各封国都用汉元的。

〔413〕诸侯罢戏(huī麾)下:诸侯受封已毕,各就旌麾之下罢兵各归(犹言撤回或复员)。故下云"各就国"。戏下,即麾下,犹言在主帅的旌麾之下。后世对将帅称麾下(亦作戏下),本此。一说,"戏下"之"戏"即前"至于戏西"之"戏",谓戏下与"洛下""许下"同例,即指戏水而言。其实不然。按鸿门会后,明言"项羽引兵西屠咸阳",并无还军戏西之文,那么项羽分封诸侯不必定在戏下了。且洛下、许下都指城言,犹云洛城之下、许城之下;若指水言,当云戏上,不得云戏下。看前文"汙水上""霸

45

〔414〕徙义帝:逼楚王心迁离彭城。

〔415〕地方千里,必居上游:乃项羽设辞。千里,明言封地有限。上游,河川上流,言当在内地山僻之区。

〔416〕长沙:秦所置郡,约当今湖南省资水以东全部及广东省北部西偏一部之地。以当地有万里沙祠,故名。郴(chēn 琛)县:乃当时长沙郡属县,即今湖南省郴州市。

〔417〕趣义帝行:催迫楚王心起行。

〔418〕"其群"句:楚王心被迫远行,其左右从官必多托故规避的,故云群臣稍稍背叛之。左右既多离去,项羽乃得暗中令人加害他。

〔419〕"乃阴"句:项羽密使吴芮,共敖拦杀义帝于江中。按《黥布传》:"项氏立怀王为义帝,徙都长沙,迺(乃)阴令九江王布等行击之。其八月,布使将击义帝,追杀之郴县。"故郴县有义帝冢。当时义帝徙长沙,必经九江、衡山、临江三国,故羽阴令二王及九江王拦杀他。二王未即奉行,布独遣将追杀之。此处记羽当初的命令,《布传》则从事后实书之。

〔420〕击杀广无终:击逐韩广,杀之于辽东的国都。无终,已见前〔399〕。

〔421〕杀之即墨:杀田都于胶东的国都。即墨,已见前〔402〕。

〔422〕三齐:即齐、胶东、济北。

〔423〕彭越:字仲,昌邑(秦县,故治在今山东省金乡县西北四十里)人。时在钜野(即大野泽,在今山东省巨野县北五里),有众万馀,无所属。故田荣招诱之,与以将军印。《史记》有《魏豹彭越列传》。

〔424〕令反梁地:令彭越就故梁之地来反叛项羽。

〔425〕"项羽"二句:言项羽主持天下的事不公道。宰,主宰。

〔426〕"今尽"五句:都是陈馀申说不平之辞。逐其故主赵王乃北居代,指徙封赵歇事。赵歇为陈馀故主,"其"字当系衍文。其实陈馀欲借复赵为由,打击张耳,故意侧重其事,以示理直气壮罢了。

〔427〕不听不义:犹言不受乱命。

〔428〕资馀兵:以兵济助我陈馀。资,资助。

46

〔429〕"请以"二句：此乃陈馀的真意，与前"以为不可"呼应。

〔430〕请以国为扞蔽：愿举国以为齐的外卫。扞，抵御。蔽，遮盖。

〔431〕三秦：雍、塞、翟三国。汉元年八月，汉王用韩信计，自汉中从故道还，袭破雍王章邯。塞王欣、翟王翳鉴于雍王之败，都望风而降。故云还定三秦。

〔432〕且东：将引兵东向。

〔433〕齐赵叛之：田荣击杀田都、田市、田安，并王三齐，是齐叛；陈馀破常山王，迎还赵王，是赵叛。

〔434〕"乃以"句：韩王成既被杀，韩地没有可以抵挡汉兵的人，乃以故吴令郑昌为韩王，仍是分封三秦距汉的故智。

〔435〕萧公角：萧令名角者。萧本春秋宋萧邑，秦置萧县。故治在今安徽省萧县西北。楚、汉之际，多沿楚制，县令皆称公。此云萧公，明为楚官，与前"故番令""故吴令"之为秦官者不同。

〔436〕失职：谓未得如约。欲得关中：即为还定三秦解释。故下面便以"如约即止不敢东"来诓骗项羽。其下"又以齐、梁反书遗项王"。

〔437〕征兵九江王布：调黥布带兵北击田荣。

〔438〕称疾不往：推托有病，不曾亲往。

〔439〕"使将"句：派将校带领数千人前往，以应项王之命。上将字，名词，将官；下将字，动词，率领。

〔440〕平原：古邑名。汉置平原县。故治在今山东省平原县南二十五里。

〔441〕"遂北"句：项羽趁平原民杀田荣的当儿，北向进展，焚烧齐境的房屋，平毁齐境的城池。夷，平毁。

〔442〕系虏：犹言掠取。系，絷缚。

〔443〕北海：今山东省临淄以东、莱州市以西一带地，汉置北海郡。

〔444〕"于是"二句：田横在城阳地方反叛项羽。田横乘项、刘交争的当儿，收取齐地，立田荣子田广为齐王，自为齐相。后田广为韩信所虏，田横自立为王。刘邦为汉帝，横偕同他的徒属五百馀人入居海岛中。（今山东省青岛即墨东丁字港口外有田横岛，即其地。）汉帝召之，横与二客乘传

47

(按照驿站的路径,挨次递送)往洛阳,未至三十里,横自杀。既葬,二客亦自杀。其馀在海岛的五百馀人闻横死,也都自杀,没有一个降汉的。事迹附见《田儋列传》。

〔445〕春:汉二年之春,是时沿用秦历,以十月为岁首,故上文先书"汉之二年冬",这里乃以"春"继其后。

〔446〕部:徐广云一作"劫",按《史记·高祖纪》及《汉书·高祖纪》《项籍传》俱作劫,该是对的。部是部勒,劫是强制,其为率领则同。其实"劫"乃事实,"部"则体面话。五诸侯:亦诸说纷纭,很难确指。惟颜师古说是常山、河南、韩、魏、殷五国,较为可信。盖汉王还定三秦,引兵东出之后,常山王张耳、河南王申阳、韩王郑昌、魏王豹俱降汉,而汉又虏得殷王卬也。

〔447〕南从鲁出胡陵:南向从曲阜之西绕出鱼台之东南。鲁,今山东省曲阜市。胡陵,已见前〔87〕。

〔448〕乃西:从胡陵引兵西出,向彭城作大包抄。与上"出胡陵"和下"从萧""而东"互应。

〔449〕"从萧"二句:项羽引兵西到萧县后,包抄之势已成,一日早晨,遂东向攻击,故云从萧晨击汉军。东至彭城,楚军速战而东,到达彭城。

〔450〕日中:当天正午。此与上"晨"字紧接,形容他的兵势竟疾如风雨也。

〔451〕相随:极写前后推逐之状。谷、泗:二水名,皆在彭城东北。楚军自萧来攻彭城,故汉军向东北退却,相随挤入谷、泗水。

〔452〕"汉卒"句:汉军为楚所破,截成两橛。北半既被迫入水;其南半欲据山地自固,故皆南走山。走,趋向。

〔453〕灵壁:故城在今安徽省宿州市西北。睢水:亦作濉河,故涨荡渠支津。

〔454〕多杀:多遭杀伤。

〔455〕为之不流:因尸首填塞,水受壅阻不得畅流。为,因为。看"多"字及"水不流"字,可见创伤之大。

〔456〕围三匝(zā 匝):环绕三周,即三重包围。匝,周遍。

〔457〕折木:吹折林木。发屋:掀去屋顶。

〔458〕窈冥昼晦:茫茫昏昏,虽在白昼,竟如黑夜了。窈,形容深远。冥,形容昏黑不可见。月尽为晦,引申为黑夜义。

〔459〕逢迎:犹言扑面相遇,即迎头打击。

〔460〕坏散:崩溃。

〔461〕"而汉"句:"数十骑"与前"五十六万人"对照,可见劫取五诸侯之兵已消耗殆尽了。

〔462〕收家室而西:接取家眷向西逃走。与前"东伐楚"相应。

〔463〕家皆亡:刘邦家眷,闻乱逃难,都已走散,故云。

〔464〕"汉王"句:汉王在途中遇见他的子女。孝惠,名盈,后嗣位为帝,死谥孝惠。孝惠事迹,《史记》附入《吕太后本纪》。鲁元,盈之姊,后嫁张耳之子张敖,生子张偃,为鲁王,遂为鲁太后,死谥元,故云鲁元。此皆从后追书之辞,当时不应有此称谓的。

〔465〕"推堕"句:恐车重,行不快,为追兵所及,故把子女推落于车下。

〔466〕滕公:即夏侯婴,时为太仆,为汉王御车,故得下车收取刘盈姊弟还载车上。因他曾为滕令,故也称滕公。

〔467〕"虽急"三句:事虽紧急,不可以赶得快些么!怎么把他们扔掉呢!

〔468〕求:寻访。太公:刘邦之父。吕后:刘邦之妻吕雉。《史记》有《吕太后本纪》。

〔469〕审:姓;食其(yì jī异基):名。沛人,以舍人侍吕后。后封辟阳侯,为左丞相,百官决事,都得请他的示。文帝立,免相。淮南王长入朝,自袖铁椎击杀之。

〔470〕遂与归报项王:勒回转去,送至项王帐下。

〔471〕常置军中:留在营中,作人质。

〔472〕周吕侯:名泽。周吕,封号,是时尚未封侯,也是史家追书之辞。下邑:秦所置县,故治在今江苏省砀山县东。

〔473〕荥阳:本战国韩邑,故城在今河南省旧荥泽县西南十七里。汉

于此置荥阳县。后魏徙于今治,参看下〔476〕。

〔474〕萧何:沛人。从刘邦入关,先收图籍,因此知天下陋塞所在和户口多少。经常在后方筹饷、调兵,佐刘邦成帝业,为汉开国名相,封鄘侯(秦所置县,故治在今河南省永城市西南)。《史记》有《萧相国世家》。这时,他坐镇关中。老弱未傅:不合服役年龄的老弱,尚未列入名册的人。傅,附着;符合。合上下文观之,乃括取关中老小人丁,尽送荥阳供兵役也。诣:前往;到达。

〔475〕逐北:追逐败逃的敌人。北,败走。

〔476〕京、索间:京邑、索亭之间。京本春秋郑邑,故城在今河南省荥阳市东南,汉置京县于此。境有索亭,亦称大索城(俗呼大栅城),即今荥阳市治。

〔477〕与楚背汉:就是联项反刘。这时陈馀知张耳不死,即背汉;塞王欣、翟王翳都亡汉降楚;齐、魏也反汉与楚和。故云。

〔478〕属(zhǔ煮)之河:自荥阳连接于黄河的南岸边。属,连缀。

〔479〕敖:旧荥泽县西北之山。上有城,秦置仓其中,故名敖仓。

〔480〕荥阳以西为汉:以荥阳为界,东归楚,西归汉。上冠割字,明示割取楚地益汉,与前文"如约即止不敢东"语对看,更伸张不少了。

〔481〕历阳:秦所置县。项羽封范增为侯邑。汉仍为历阳县。其城即今安徽省和县治。

〔482〕易与耳:犹言容易对付的。与,打交道。

〔483〕间项王:用计离间范增与项羽的关系。

〔484〕为太牢具:犹言特备的丰盛筵席。古代祭飨(兼祭祀宴飨言),牛、羊、豕具备叫作太牢,但具羊、豕而无牛,叫作少牢。

〔485〕举欲进之:将太牢具捧着进献于宾客。举,高捧。

〔486〕详:同"佯"。惊愕:仓皇失措之貌。

〔487〕乃反项王使者:没料到反而是项王的使者。

〔488〕"更持"二句:把原来陈设的筵席撤去,把粗恶的食物给项王使者吃。上食字,名词,食品。下食(sì四)字,动词,与"饲"同。

〔489〕愿赐骸骨:即乞身引退。(古时事君,看作以身许人,进退不能

50

自主,故辞官叫乞身。赐骸骨便是乞身的另一说法。)归卒伍:即免职为士伍,言虽辞去侯封,军籍仍在也。

〔490〕疽(jū 掬):附骨之痈。发背而死:毒痈透背,以致死亡。

〔491〕诳楚为王:假充汉王去诳骗楚兵。诳,同"诳",欺诈。

〔492〕"纪信"二句:言纪信盛陈天子威仪,引诱楚军注目,便是所谓诳楚。黄屋车,以黄缯为盖裹之车,天子所乘。纛(dào 到),毛羽组成之幢,竖立在乘舆车衡左方之上,故云左纛。

〔493〕万岁:本古人庆贺之辞,犹万福、万幸之类。其始上下通用。后因朝贺时对君主常用"万岁"作颂祷的口号,于是变为帝王的专称,而民间口语,仍相沿未改。此处楚军皆呼万岁,乃楚军见汉王之降而自相称庆,并不是呼汉王为万岁。

〔494〕成皋:古之东虢国,春秋时为郑之制邑,又名虎牢。汉置成皋县。隋改汜水,沿至明、清皆为汜水县。解放后复置成皋县,属河南省郑州专区。今已撤销,将原辖区并入荥阳市。

〔495〕御史大夫:位上卿,掌副丞相,本为秦官。时周苛在汉任此职。枞(cōng 匆)公:失其名。枞,姓也。魏豹时又降汉,故与周苛、枞公同受汉王之命,留守荥阳。

〔496〕生得:活捉。

〔497〕宛:古申伯国,秦置县,为南阳郡治。隋改南阳县,即今河南省南阳市。叶(shè 社):本楚叶邑。汉置叶县。故治在今河南省叶县南三十里。

〔498〕脩武:本古宁邑,汉置脩武县于此。即今河南省获嘉县之小脩武。

〔499〕"从张"句:张耳时与韩信(事详后《淮阴侯列传》)扎营在小脩武,汉王渡河驰宿脩武,自称使者,明晨驰入兵营,收夺他们的军权。乃使张耳北收兵赵地,使韩信东击齐。

〔500〕巩:秦所置县,故治在今河南省巩义市西南三十里。

〔501〕淮阴侯:即韩信,时尚未有此称,是史家追书之辞。

〔502〕欲渡河南:意欲渡河而南,争取成皋、荥阳。

51

〔503〕郑忠说汉王:郑忠时为汉郎中,劝汉王高垒深堑,暂勿与楚战。

〔504〕止壁河内:顿兵于河北岸扎营。壁,动词。此河内为河以北之泛称,参看前〔385〕。

〔505〕刘贾:刘邦的从兄。汉封为荆王。后为黥布所杀。那时他和卢绾奉汉王命,将卒二万人,骑数百,渡白马津入楚地,与彭越共击破楚军。故云"将兵佐彭越"。

〔506〕积聚:指粮食辎重。积,同"稽",名词,刍米禾薪的总称。

〔507〕广武:山名,在河南省荥阳市东北,东连旧荥泽,西接成皋。

〔508〕定东海来:与前"自东击彭越""东击破之"呼应,言项王击定梁地,回兵来与汉王决斗。东海,东方的泛称,今沪语犹呼四方为东海、南海、西海、北海。

〔509〕西:言项王从东来,引兵向西去。

〔510〕俱临广武而军:广武山上有二城,西城汉所筑,东城楚所筑。故云。

〔511〕高俎:盛放牲肉的大机。置在俎上,表示即将烹杀。

〔512〕而翁:若翁,犹言你的老子。而,与若、汝、尔同。

〔513〕幸分我一桮羹:请分给我一杯羹汁。以上诸语,极写刘邦的无赖。

〔514〕祗(zhī 支)益祸耳:适增祸患而已。祗,适也;仅也。

〔515〕丁壮:成年可服兵役之人。苦军旅:苦于作战屯戍之事。

〔516〕罢转漕:疲于水陆运输军食的苦役。陆运叫作转,水运叫作漕。

〔517〕訩訩:犹"汹汹",水波推涌之貌,极意形容劳扰不宁。

〔518〕"毋徒"句:犹言不要使天下的老小百姓空受痛苦啊!

〔519〕宁:愿也。

〔520〕楼烦:当时北族之一。其人善于骑射,故士卒之善骑射者取以为号,不一定都是楼烦人。

〔521〕三合:三个回合。辄射杀之:往往射杀这挑战的人。辄,常是;总是。

〔522〕瞋目叱之：瞪着眼睛呵斥那射手。瞋，张目。叱，呵斥。

〔523〕间问：犹打听。

〔524〕"于是"句：于是项王就汉王所在，约同共临广武涧上对话。间，当作"涧"。东西广武二城之间，相去百馀步，有绝涧断山，汴水从中东南流，名曰广武涧。

〔525〕数之：面数项王罪状。《高祖纪》详载十罪，无非责其负约及杀义帝等事。

〔526〕破齐：指当时定临菑，追田广。破赵：指上年袭赵壁，斩陈馀。齐、赵皆破，是尽举河北之地了。

〔527〕武涉往说淮阴侯：劝韩信与楚背汉，三分中国。说辞详《淮阴侯列传》。

〔528〕曹咎等：时曹咎为大司马，封海春侯，与司马欣、董翳守成皋。

〔529〕"谨守"数句：乃项王敦嘱曹咎的战略。则，即使。毋令得东而已，勿让汉军得以东行即可。复从将军，言回兵复与咎等会合。

〔530〕外黄令舍人儿：外黄县令的门客之子。年十三：与上"年十五以上"相应，明其不在当院之内。

〔531〕赦：饶恕；释放。

〔532〕睢阳：春秋宋地，秦置睢阳县。唐改宋城县，并置睢阳郡。金复旧名。明改商丘。即今河南省商丘市。

〔533〕汜（sì 四）水：在河南省荥阳市境，北流入黄河。

〔534〕货赂：财货资物。

〔535〕刭（jǐng 井）：以刀割颈。

〔536〕锺离：姓；眛（mò 末），名。楚之勇将。素与韩信相善。项王死，眛亡归信。汉令信捕之，眛卒自刭。详见后《淮阴侯列传》。

〔537〕尽走险阻：悉数逃往山地，凭恃山险以自保。

〔538〕陆贾：楚人，辩士也。以客从汉王，拜太中大夫。著有《新语》十二篇。《史记》有《郦生陆贾列传》。

〔539〕侯公：姓侯，失名。

〔540〕中分：平分。

〔541〕鸿沟:在河南省中牟县,古汴水之分流,即今贾鲁河。

〔542〕匿弗肯复见:安置侯公,不使他再见。匿,隐藏。

〔543〕所居倾国:言所到之处可以倾覆人的家国。与上"匿弗肯复见"呼应。

〔544〕太半:过半。时巴、蜀、三秦、燕、赵、韩、魏、齐、梁都已属汉,故云太半。

〔545〕因其机而遂取之:趁这机会马上攻取他。下云"养虎自遗患"乃当时成语,喻姑息必遗后患。

〔546〕阳夏:汉所置县。隋改太康。即今河南省太康县。

〔547〕止军:顿兵暂驻,与下"期会"相应。

〔548〕期会而击楚军:约期会合,共击项王。彭越时为魏相国,未闻封侯。建成侯,大概是所赐的名号。

〔549〕固陵:故城即固陵聚,在今河南省淮阳县西北四十三里。

〔550〕深堑而自守:掘深沟堑,坚守自卫。堑,壕沟。

〔551〕张子房:即张良。子房,良之表字。

〔552〕未有分地:没有明确划定的封地。

〔553〕自陈以东傅海:从淮阳县以东到海滨一带地,包有今安徽、江苏两省淮北诸地。傅,到着。陈,今河南省淮阳县。

〔554〕睢阳以北至谷城:从今商丘以北连于东阿一带地,包有今河南省东部及山东省西部诸地。谷城,春秋齐之谷邑。秦曰谷城。后汉置谷城县。故治在今山东省东阿县南十二里。

〔555〕从寿春并行:从寿春出发,与韩信之军并行南下。寿春,本楚邑,考烈王自陈徙都于此,亦命之曰郢。秦灭楚,置寿春县。即今安徽省寿县治。上面"韩信从齐往"为一路,此刘贾与彭越兵为又一路,两路齐下,故云并行。

〔556〕城父(fǔ府):春秋陈之夷邑,汉置城父县。故治即今安徽省亳州市东南的城父村。

〔557〕垓(gāi该)下:聚落名,在今安徽省灵璧县东南。

〔558〕周殷叛楚:又添一路。

〔559〕以舒屠六：用舒地的兵众，进兵屠杀六地的军民。舒，今安徽省舒城县，时为周殷所据。六，今安徽省六安市。

〔560〕举九江兵：发动黥布出兵，更添一路。

〔561〕诣项王：诸路之兵皆集中向项王。上云"皆会垓下"，是四路军马齐到了。

〔562〕围之数重：四路军马齐到。

〔563〕四面皆楚歌：围项王的汉军都作楚声之歌，是楚人多已降汉了。故引起下文项王的惊疑。楚歌，楚人之歌，犹吴讴、越吟之类。

〔564〕骏马：好马。骓（zhuī 锥）：苍白杂色的马。

〔565〕忼慨：愤激悲叹之貌。亦作"慷慨"。

〔566〕"虞兮"句：犹云"虞啊！虞啊！将你怎么安排呢！"兮，语助词，《说文》所谓"语有所稽（稽留）也"。

〔567〕数阕：几遍。曲终曰阕。和之：应和着一同歌唱。按《楚汉春秋》载美人和歌，歌曰"汉兵已略地，四方楚歌声。大王意气尽，贱妾何聊生！"疑出于假托。

〔568〕泣数行（háng 航）下：眼泪几道淌下来。行，行列。

〔569〕莫能仰视：与前"莫敢起""莫敢枝梧""莫敢仰视"对看，差别仅在"敢"字与"能"字。"莫敢"谓慑于威，"莫能"则动于情，于是勇壮之状与苍凉之感便活画出两个截然不同的境界来。

〔570〕骑：单乘曰骑。麾下：参看前〔413〕。

〔571〕直夜溃围南出：当夜突破重围，向南冲出。直，当也。溃，决也。

〔572〕能属（zhǔ 煮）者百馀人耳：能跟随项王同驰的骑士仅有百馀人了。与上"骑从者八百馀人"对照，显然受到追骑的打击，沿途已大有损失。属，随从。

〔573〕阴陵：秦所置县。故治在今安徽省定远县西北。

〔574〕田父：耕田的人。

〔575〕绐（dài 殆）曰左：骗他向左去。绐，欺骗。

〔576〕左：项王等百馀人听信田父的话，向左行去。陷大泽：骑士误

入低洼之地,耽搁了赶路的时间。今安徽省全椒县东南三十里有地名迷沟,(去阴陵五里)相传就是项王所陷入的大泽。

〔577〕东城:秦所置县。故治在今安徽省定远县东南五十里。

〔578〕自度不得脱:自料不能逃脱了。

〔579〕身七十余战:亲身参加战役七十多次。身,亲身。

〔580〕愿为诸君快战:"快战"或作"决战"。按"决战"有胜负难分,决一雌雄的想法;犹存幸胜的希望。"快战"则但求取快一时,痛痛快快打一个出手而已。项王既"自度不得脱",而且上有"固决死"之言,前后又迭作"天亡我"之叹,其为不求幸胜,昭然明白。自当以"快战"为合适。

〔581〕溃围:冲破包围,一也。斩将:斩杀敌军之将,二也。刈(yì亿)旗:砍倒敌将之旗,三也。与上"必三胜之"相应。刈,割也;砍也。

〔582〕期山东为三处:约定冲过山的东面,分做三处集合。此山相传即今安徽省和县北七十里之四溃山。

〔583〕披靡:本草木随风偃仆之貌,此喻汉军惊溃,像草那样随风而倒。

〔584〕赤泉侯:即杨喜,那时尚未封侯,也是史家追书之辞。

〔585〕瞋目而叱之:瞪着眼睛呵斥他。

〔586〕辟易:犹言吓退。《正义》所谓"人马俱惊,开张易旧处(控制不了,离开原地),乃至数里"也。

〔587〕如大王言:与上"何如"对答,声口隐约如见。

〔588〕乌江:即今安徽省和县东北四十里江岸的乌江浦。

〔589〕亭长:犹里正,当时的乡官。舣(yǐ蚁)船待:停船等待项王。舣,拢船着岸。

〔590〕纵:即使。江东父兄:与上"江东子弟"相照。怜而王我:可怜我的困顿而奉我为王。

〔591〕短兵:短小轻便的武器,匕首、刀、剑之属。

〔592〕被十余创:受伤十余处。创,伤也。

〔593〕顾见:回头看见。骑司马:骑将衔名。吕马童:当系项王旧部反楚投汉者,故下以"故人"呼之。

〔594〕若非吾故人乎:你不是我的老友么！故人,旧识之人,引申为老友。

〔595〕面之:面向项王。马童为汉追逼项王,正以故人之故,不好意思劈面相看。及为项王顾见相呼,只得面对着项王,不免显出忸怩之态。

〔596〕指王翳:指项王给王翳看。曰此项王也:正见吕马童的难以为情。

〔597〕吾为若德:我就送你个人情罢！

〔598〕刈:割也。与"刭"同义。

〔599〕相蹂践争项王:为争夺项王的尸体,互相纵马践踏。

〔600〕最其后:犹言末了,即争夺的结果。

〔601〕中水侯:中水县侯,封地在今河北省献县西北三十里。

〔602〕杜衍侯:亦县侯（下三侯同),封地在今河南省南阳市西南二十三里。

〔603〕赤泉侯:封地疑即秦故丹水县所改。其故城在今河南省淅川县西。时杨喜为郎中骑,属郎中令。郎中有车、户、骑三将,喜当系郎中骑将。

〔604〕吴防侯:封地即今河南省遂平县,亦名吴房。

〔605〕涅阳侯:封地在今河南省镇平县南。

〔606〕视鲁:即把项王的头号令给鲁人看。视,同"示"。

〔607〕枝属:宗族。

〔608〕射阳侯:亦县侯,封地在今江苏省淮安市东南。

〔609〕桃侯:名襄,封地在今山东省汶上县东北四十里。平皋侯:名佗,封地在今河南省温县东二十里。玄武侯不见于《诸侯表》中,也许是封了不久就废了的。

〔610〕太史公曰:以下皆司马迁论赞之辞。论赞自是史中的一体。史家撰述,本主叙事,不须议论,其所以在篇末另缀论赞者,大抵为总结语,或特地阐明立篇之意,或补充篇中所未及之事,很像《离骚》篇末的"乱曰"云云。自太史公创立此体,后世史家,都沿用不改。与后世一般的史论不可同等看待。

〔611〕周生:汉时的儒者。

〔612〕"舜目"句:传说舜目有两眸子,故云重瞳。盖,或然之辞,古语于未能十分确定的事情每用"盖"字冠之。

〔613〕苗裔:即后代子孙。苗是草木之芽。裔,衣裾,引申有"末""后"义。邪,通作"耶",用于反诘、疑讶或嗟叹口气的语助词,与"乎""哉"等字相当。

〔614〕何兴之暴也:正叹美项羽的崛起于陇亩。暴,猝然。有忽然兴起之意(参看上〔72〕)。与暴发、暴富、暴死之"暴"同意,非一般所指斥的暴虐或残暴。

〔615〕非有尺寸:言无尺寸之柄(些微的权柄)可以凭借。

〔616〕乘执:趁秦末大乱之势。执,"势"之本字。起陇亩之中:崛起于草野之间,犹言起自民间。

〔617〕"遂将"句:五诸侯,指故齐、赵、韩、魏、燕五国之众。东方六国,灭秦乃以楚为首,故云"遂将五诸侯"。

〔618〕背关:谓放弃关中。怀楚:谓思乡东归。

〔619〕自矜功伐:以功勋自诩,指前"身七十馀战,所当者破,所击者服,未尝败北"诸语。矜,诩夸。伐,功勋。

〔620〕不师古:不肯师法往古。

〔621〕力征:以武力相征伐,就是专尚武力。

〔622〕觉寤:即觉醒。寤,醒也。通作"悟"。

陈涉世家[1]

陈胜者,阳城人也,[2]字涉。吴广者,阳夏人也,[3]字叔。陈涉少时,尝与人佣耕,[4]辍耕之垄上,[5]怅恨久之,[6]曰:"苟富贵,[7]无相忘!"庸者笑而应曰:"若为庸耕,何富贵也!"陈涉太息曰:[8]"嗟乎!燕雀安知鸿鹄之志哉!"[9]

二世元年七月,[10]发闾左適戍渔阳九百人,[11]屯大泽乡。[12]陈胜、吴广皆次当行,[13]为屯长。[14]会天大雨,道不通,度已失期。失期,法皆斩。陈胜、吴广乃谋曰:"今亡亦死,举大计亦死;等死,死国可乎!"[15]陈胜曰:"天下苦秦久矣,吾闻二世少子也,不当立,当立者乃公子扶苏。扶苏以数谏故,上使外将兵。今或闻无罪,二世杀之。百姓多闻其贤,未知其死也。项燕为楚将,数有功,爱士卒,楚人怜之。或以为死,或以为亡。[16]今诚以吾众诈自称公子扶苏、项燕,[17]为天下唱,[18]宜多应者。"吴广以为然。乃行卜。[19]卜者知其指意,[20]曰:"足下事皆成,有功。然足下卜之鬼乎?"[21]陈胜、吴广喜,念鬼,[22]曰:"此教我先威众耳。"乃丹书帛曰"陈胜王",[23]置人所罾鱼腹中。[24]卒买鱼烹食,得鱼腹中书,固以怪之矣。[25]又间令吴广之次所旁丛祠中,[26]夜篝火,[27]狐鸣呼曰:[28]"大楚兴,陈胜王。"卒皆夜惊恐。旦日,卒中往往语,皆指目陈胜。[29]

吴广素爱人,士卒多为用者。将尉醉,[30]广故数言欲亡,[31]忿恚尉,[32]令辱之以激怒其众。[33]尉果笞广。[34]尉剑挺,[35]广起夺而杀尉。陈胜佐之,并杀两尉。召令徒属曰:"公等遇雨,皆已失期。失期,当斩。藉弟令毋斩,而戍死者固十六七。[36]且壮士不死即已,死即举大名耳,[37]王侯将相宁有种乎!"徒属皆曰:"敬受命。"乃诈称公子扶苏、项燕,从民欲也。袒右,[38]称大楚。为坛而盟,[39]祭以尉首。[40]陈胜自立为将军,吴广为都尉。[41]攻大泽乡,收而攻蕲。[42]蕲下,乃令符离人葛婴将兵徇蕲以东,[43]攻铚、酇、苦、柘、谯皆下之。[44]行收兵。[45]比至陈,[46]车六七百乘,骑千馀,卒数万人。攻陈,陈守令皆不在,[47]独守丞与战谯门中。[48]弗胜,守丞死。乃入据陈。数日,号令召三老、豪杰与皆来会计事。[49]三老、豪杰皆曰:"将军身被坚执锐,伐无道,诛暴秦,复立楚国之社稷,功宜为王。"陈涉乃立为王,号为张楚。[50]

当此时,诸郡县苦秦吏者,皆刑其长吏,[51]杀之以应陈涉。乃以吴叔为假王,[52]监诸将以西击荥阳。[53]令陈人武臣、张耳、陈馀徇赵地,令汝阴人邓宗徇九江郡。[54]当此时,楚兵数千人为聚者,[55]不可胜数。

葛婴至东城,[56]立襄强为楚王。婴后闻陈王已立,因杀襄强,还报。至陈,陈王诛杀葛婴。陈王令魏人周市北徇魏地。[57]吴广围荥阳。李由为三川守,[58]守荥阳,吴叔弗能下。陈王征国之豪杰与计,[59]以上蔡人房君蔡赐为上柱国。[60]周文,[61]陈之贤人也,尝为项燕军视日;[62]事春申君。[63]自言习兵,[64]陈王与之将军印,西击秦。行收兵至关,[65]车千乘,卒数十万,至戏,[66]军焉。秦令少府章邯免郦山徒人、奴产子生,[67]悉发以击楚大军,尽败之。周文败,走出关,止次曹阳二三月。[68]章邯追败之,复走次渑池十馀日。[69]章邯击,大破之。周文自刭。军遂不战。

武臣到邯郸,[70]自立为赵王,陈馀为大将军,张耳、召骚为左、右丞相。陈王怒,捕系武臣等家室,欲诛之。柱国曰:[71]"秦未亡而诛赵王将相家属,此生一秦也。不如因而立之。"陈王乃遣使者贺赵,而徙系武臣等家属宫中,而封耳子张敖为成都君,[72]趣赵兵亟入关。[73]赵王将相相与谋曰:[74]"王王赵,[75]非楚意也。楚已诛秦,必加兵于赵。计莫如毋西兵,使使北徇燕地以自广也。赵南据大河,北有燕、代,[76]楚虽胜秦,不敢制赵。若楚不胜秦,必重赵。赵乘秦之弊,可以得志于天下。"赵王以为然。因不西兵,而遣故上谷卒史韩广将兵北徇燕地。[77]燕故贵人、豪杰谓韩广曰:[78]"楚已立王。赵又已立王。燕虽小,亦万乘之国也,[79]愿将军立为燕王。"韩广曰:"广母在赵,不可。"燕人曰:"赵方西忧秦,南忧楚,其力不能禁我。且以楚之强,不敢害赵王将相之家,赵独安敢害将军之家!"韩广以为然,乃自立为燕王。居数月,赵奉燕王母及家属归之燕。当此之时,诸将之徇地者,不可胜数。

周市北徇地至狄,[80]狄人田儋杀狄令,[81]自立为齐王,以齐反,击周市。[82]市军散,还至魏地,欲立魏后故宁陵君咎为魏王。[83]时咎在陈王所,不得之魏。[84]魏地已定,欲相与立周市为魏王。周市不肯。使者五反,[85]陈王乃立宁陵君咎为魏王,遣之国。周市卒为相。将军田臧等相与谋曰:"周章军已破矣,秦兵旦暮至,我围荥阳城弗能下,秦军至,必大败。不如少遗兵,[86]足以守荥阳,[87]悉精兵迎秦军。今假王骄,不知兵权,不可与计,非诛之,事恐败。"因相与矫王令以诛吴叔,[88]献其首于陈王。陈王使使赐田臧楚令尹印,使为上将。田臧乃使诸将李归等守荥阳城,自以精兵西迎秦军于敖仓。[89]与战,田臧死,军破。章邯进兵击李归等荥阳下,破之。李归等死。

阳城人邓说将兵居郯,[90]章邯别将击破之,邓说军散走陈。铚人伍徐将兵居许,[91]章邯击破之,伍徐军皆散走陈。陈王诛邓说。陈王初立时,陵人秦嘉、[92]铚人董𦀰、[93]符离人朱鸡石、取虑人郑布、[94]徐人丁疾等皆特起,[95]将兵围东海守庆于郯。[96]陈王闻,乃使武平君畔为将军,监郯下军。[97]秦嘉不受命,嘉自立为大司马,恶属武平君。[98]告军吏曰:"武平君年少,不知兵事,勿听!"因矫以王命,杀武平君畔。章邯已破伍徐,击陈,柱国房君死。章邯又进兵击陈西张贺军。[99]陈王出监战,[100]军破,张贺死。

腊月,[101]陈王之汝阴,[102]还至下城父,[103]其御庄贾杀以降秦。[104]陈胜葬砀,[105],谥曰隐王。[106]

陈王故涓人将军吕臣为苍头军,[107]起新阳,[108]攻陈下之,杀庄贾,复以陈为楚。[109]初,陈王至陈,令铚人宋留将兵定南阳,[110]入武关。[111]留已徇南阳,闻陈王死,南阳复为秦。宋留不能入武关,乃东至新蔡,[112]遇秦军,宋留以军降秦。秦传留至咸阳,[113]车裂留以徇。[114]秦嘉等闻陈王军破出走,乃立景驹为楚王,引兵之方与,[115]欲击秦军定陶下。[116]使公孙庆使齐王,[117]欲与并力俱进。齐王曰:"闻陈王战败,不知其死生,楚安得不请而立王!"公孙度曰:"齐不请楚而立王,楚何故请齐而立王!且楚首事,当令于天下。"田儋诛杀公孙庆。秦左、右校复攻陈,[118]下之。吕将军走,收兵复聚。鄱盗当阳君黥布之兵相收，[119]复击秦左、右校，破之青波，[120]复以陈为楚。会项梁立怀王孙心为楚王。

陈胜王凡六月。已为王，王陈。[121]其故人尝与庸耕者闻之，之陈，扣宫门曰："吾欲见涉。"[122]宫门令欲缚之。[123]自辩数，[124]乃置，[125]不肯为通。陈王出，遮道而呼涉。[126]陈王闻之，乃召见，载与俱归。[127]入宫，见殿屋帷帐，[128]客曰："夥颐！涉之为王沈沈者！"[129]楚人谓多为夥，故天下传之，夥涉为王，由陈涉始。[130]客出入愈益发舒，[131]言陈王故情。[132]或说陈王曰："客愚无知，颛妄言，[133]轻威。"[134]陈王斩之。诸陈王故人皆自引去。由是无亲陈王者。陈王以朱房为中正，[135]胡武为司过，[136]主司群臣。[137]诸将徇地，至。[138]令之不是者，[139]系而罪之，以苛察为忠。[140]其所不善者，[141]弗下吏，辄自治之。[142]陈王信用之。诸将以其故不亲附，此其所以败也。

陈胜虽已死，其所置遣侯王将相竟亡秦，由涉首事也。高祖时，为陈涉置守冢三十家砀，[143]至今血食。[144]

褚先生曰：[145]地形险阻，所以为固也；兵革刑法，所以为治也：犹未足恃也。夫先王以仁义为本，而以固塞文法为枝叶，[146]岂不然哉！吾闻贾生之称曰：[147]

"秦孝公据殽、函之固，拥雍州之地，[148]君臣固守，以窥周室。[149]有席卷天下，包举宇内，囊括四海之意，并吞八荒之心。[150]当是时也，商君佐之，[151]内立法度，[152]务耕织，[153]修守战之备；[154]外连衡而斗诸侯。[155]于是秦人拱手而取西河之外。[156]孝公既没，惠文王、武王、昭王蒙故业，因遗策,〔157〕南取汉中,西举巴、蜀,〔158〕东割膏腴之地,〔159〕收要害之郡。〔160〕诸侯恐惧,会盟而谋弱秦。〔161〕不爱珍器重宝肥饶之地,以致天下之士。〔162〕合从缔交,〔163〕相与为一。〔164〕当此之时,齐有孟尝,赵有平原,楚有春申,魏有信陵,〔165〕此四君者,皆明知而忠信,〔166〕宽厚而爱人,尊贤而重士。约从连衡,〔167〕兼韩、魏、燕、赵、宋、卫、中山之众。〔168〕于是六国之士:有甯越、徐尚、苏秦、杜赫之属为之谋;〔169〕齐明、周冣、陈轸、邵滑、楼缓、翟景、苏厉、乐毅之徒通其意;〔170〕吴起、孙膑、带他、儿良、王廖、田忌、廉颇、赵奢之伦制其兵。〔171〕尝以什倍之地,百万之师,仰关而攻秦。〔172〕秦人开关而延敌,〔173〕九国之师遁逃而不敢进。秦无亡矢遗镞之费,〔174〕而天下固已困矣。于是从散约败,争割地而赂秦。〔175〕秦有馀力而制其弊,追亡逐北,〔176〕伏尸百万,流血漂橹,〔177〕因利乘便,〔178〕宰割天下,分裂山河,彊国请服,弱国入朝。施及孝文王、庄襄王,享国之日浅,国家无事。〔179〕及至始皇,〔180〕奋六世之馀烈,〔181〕振长策而御宇内,〔182〕吞二周而亡诸侯,〔183〕履至尊而制六合,〔184〕执敲朴以鞭笞天下,〔185〕威振四海。南取百越之地,以为桂林、象郡。〔186〕百越之君俛首系颈,〔187〕委命下吏。〔188〕乃使蒙恬北筑长城而守藩篱,〔189〕却匈奴七百馀里,〔190〕胡人不敢南下而牧马,士亦不敢贯弓而报怨。〔191〕于是废先王之道,燔百家之言,〔192〕以愚黔首。〔193〕堕名城,〔194〕杀豪俊,收天下之兵聚之咸阳,销锋镝铸以为金人十二,〔195〕以弱天下之民。然后践华为城,〔196〕因河为池,〔197〕据亿丈之城,临不测之溪以为固。〔198〕良将劲弩,守要害之处,信臣精卒,陈利兵而谁何。〔199〕天下已定,始皇之心,自以为关中之固,金城千里,[200]子孙帝王万世之业也。始皇既没,馀威振于殊俗。[201]然而陈涉瓮牖绳枢之子,甿隶之人,而迁徙之徒也。[202]材能不及中人,非有仲尼、墨翟之贤,陶朱、猗顿之富也。[203]蹑足行伍之间,俛仰仟佰之中,[204]率罢散之卒,将数百之众,[205]转而攻秦。[206]斩木为兵,揭竿为旗,[207]天下云会响应,赢粮而景从,[208]山东豪俊遂并起而亡秦族矣。[209]且天下非小弱也;雍州之地,殽、函之固自若也。[210]陈涉之位,非尊于齐、楚、燕、赵、韩、魏、宋、卫、中山之君也;钼耰棘矜,非铦于句戟长铩也;[211]適戍之众,非俦于九国之师也;[212]深谋远虑,行军用兵之道,非及乡时之士也:[213]然而成败异变,[214]功业相反也。尝试使山东之国与陈涉度长絜大,比权量力,[215]则不可同年而语矣。[216]然而秦以区区之地,致万乘之权,抑八州而朝同列,[217]百有馀年矣。[218]然后以六合为家,殽、函为宫。[219]一夫作难而七庙堕,[220]身死人手,[221]为天下笑者,何也?仁义不施而攻守之势异也。"[222]

注释

〔1〕世家与"本纪""列传"并称,也是司马迁所创史目的一体,用来记叙诸侯传世事迹的。陈涉首举义旗,虽功烈未及项羽,而他所置的侯王将相,终于把秦室推翻,实比古昔的管、蔡、陈、杞诸国要强得多。所以《史记》把他列为世家,排在汉初诸世家的前面。与前《项羽本纪》同为史公有意褒扬的特例。

〔2〕阳城:古阳城邑,汉置县。故治即今河南省登封市之告成镇。

〔3〕阳夏:今河南省太康县。已见《项羽本纪》校释〔546〕。

〔4〕与人佣耕:做人家的雇农。佣耕,即雇农。

〔5〕辍耕之垄上:把耕田的事停歇了,走往田中高处暂作休息。辍,

停罢。垄,田中高起的地方。

〔6〕怅恨久之:因失望而叹恨了好久。怅,失望。

〔7〕苟:倘使。

〔8〕太息:长叹。

〔9〕"燕雀"句:言庸俗之人怎知英雄的胸怀呢!燕雀喻小,鸿鹄喻大。

〔10〕二世元年:当公元前209年。

〔11〕"发闾"句:征发乡里平民九百人调往渔阳屯守。闾左,居于闾里左侧的平民。適,同"谪",调发。戍,持戈守边。已见《项羽本纪》校释〔251〕。渔阳,秦所置县,故治在今北京市密云区西南。

〔12〕屯:停驻。大泽乡:在今安徽省宿州市西南,已见《项羽本纪》校释〔30〕。

〔13〕次当行:被编入適戍的队伍。次,编次。当行,当在征发之列。

〔14〕屯长:戍守汛地的首领,犹后世的小队长。

〔15〕等死:同是一死。等,相等,即彼此一样。死国可乎:意即为国事而死好不好。

〔16〕亡:逃亡,与上"今亡亦死"之"亡"同,并非死亡。

〔17〕"今诚"句:果真现在把我们聚义的人众自称是扶苏、项燕领导起来的。诚作果真解。

〔18〕为天下唱:首先号召。故下云"宜多应者"。唱,同"倡",首先。

〔19〕行卜:往卜者那里占卜吉凶,以便决定可行与否。行,往也。

〔20〕指意:犹言意图。

〔21〕足下:对人敬称,已见《项羽本纪》校释〔346〕。卜之鬼乎:暗示之辞,意欲他假托鬼神来取得威信。

〔22〕念鬼:考虑卜鬼之事。

〔23〕"乃丹"句:乃用丹砂在帛上写"陈胜王"三字。

〔24〕人所罾(zēng 憎)鱼:他人所网得的鲜鱼。罾,捞鱼的网。此用作动词。

〔25〕固以怪之矣:本已诧怪这事了。以,通"已"。

〔26〕间令:暗使。之:往也。次所:屯扎处所。行军时所停留的地方叫"次"。丛祠:树木荫翳的神祠,犹古庙。

〔27〕篝火:灯笼。此处当动词用,应作执着灯笼解。篝,笼也。

〔28〕狐鸣:故作凄厉之声,像狐狸那样叫嗥。

〔29〕指目:不敢明言,彼此用目相看,互喻不宣。

〔30〕将尉:押解戍徒的官长。

〔31〕故:故意。数言欲亡:屡屡说要逃走了。

〔32〕忿恚尉:使尉恼怒。忿恚,恼怒。

〔33〕"令辱"句:使尉责辱吴广,以便激动众怒。

〔34〕笞(chī痴):竹板。此作动词用,就是用竹板子责打。

〔35〕剑挺:剑已拔出了鞘。

〔36〕"藉弟"二句:假使仅能做到免于斩刑,为了久戍在外而死去的,本来也占到十之六七呢。藉,假使。弟,通作"第",仅也。

〔37〕举大名:即图大事,与上"举大计"同义。

〔38〕袒右:令参加起义的人露出右臂以为标记。袒,卸衣露体。

〔39〕为坛而盟:培土筑坛,登在上面宣布誓约。

〔40〕祭以尉首:把所斩两尉的首级,当作盟时的祭品。

〔41〕都尉:位次于将军。

〔42〕收而攻蕲:收取大泽乡的众义兵,用来攻打蕲县。蕲即今安徽省宿州市南的故蕲县,详见《项羽本纪》校释〔11〕。

〔43〕符离:本楚邑,秦置县。即今安徽省宿州市。徇蕲以东:东出蕲县略地,并不仅限于蕲的东方。观下铚县等诸地自明。

〔44〕铚(zhì至):本春秋宋邑,秦置县。故治在今安徽省宿州市西南四十六里。酂(cuó嵯):本作"酇",秦所置县。汉封萧何为侯国,即此。故治在今河南省永城市西南。苦:本楚县,故治在今河南省鹿邑县东十里。柘(zhè浙):秦所置县。故治在今河南省柘城县北。谯:本春秋陈之焦邑,秦置谯县。即今安徽省亳州市治。皆下之:五县都投降。与前"攻蕲下之"同义。

〔45〕行收兵:沿路收取兵众。

〔46〕陈:周初舜后封国,战国时曾为楚都。汉置陈县。后汉为陈郡。清为陈州府治。即今河南省淮阳县。

〔47〕守令皆不在:郡守与县令都不在城。秦三十六郡无陈郡。王先谦说,陈是秦、楚郡治。

〔48〕守丞:守城之县佐。谯门:城楼下面的门。在城上筑楼望敌叫作谯,故城上之楼为谯楼,楼下之门为谯门。

〔49〕"号令"句:言号召乡官与地方人士都来集会议事。三老,乡官,掌教化。秦制十里一亭,亭有长;十亭一乡,乡有三老。非有三个老人也。豪杰,当地的有声望之人,参看《项羽本纪》校释〔15〕。

〔50〕张楚:国号,取张大楚国之义。

〔51〕刑其长吏:宣露当地郡县长官的罪状,故下云"杀之"。刑,罪罚。

〔52〕吴叔:即吴广。假王:暂时以便宜行事而称王,以示尊崇。

〔53〕荥阳:在今河南省旧荥泽县西南十七里,不是今荥阳县。参看《项羽本纪》校释〔473〕、〔476〕。

〔54〕汝阴:秦所置县。即今安徽省阜阳市治。九江郡:详《项羽本纪》校释〔391〕。

〔55〕数千人为聚:是说楚兵所在起义,每数千人为一部,彼此各不相下。故下云"不可胜数"。聚,屯聚。

〔56〕葛婴:即上云"数千人为聚"之一支。东城:已见《项羽本纪》校释〔577〕。

〔57〕北徇魏地:自陈北向大梁等处略地。

〔58〕李由:秦相李斯子。三川守:三川郡守。秦灭周,置三川郡,地当今河南省中部自潼关迤东至开封一带地,并包有河以北安阳以南大部地。以境有河、洛、伊三水,故以为名。

〔59〕征:召请。国之豪杰:即指下文蔡赐、周文辈。

〔60〕上蔡:周初蔡国。后徙新蔡,遂以此为上蔡邑。汉为侯国,旋置为县。故治在今河南省上蔡县西。房君:封邑爵号。上柱国:已见《项羽本纪》校释〔59〕。

〔61〕周文：即后文之周章。

〔62〕视日：占时日吉凶之官。

〔63〕事春申君：周文亦曾事楚相春申君为官。春申君，战国四公子黄歇的封号。《史记》有《春申君列传》。

〔64〕自言习兵：周文自荐于陈涉，说他自己熟习兵法。

〔65〕至关：至函谷关。在今河南省灵宝市西南。参看《项羽本纪》校释〔263〕。

〔66〕至戏：至戏水之上。在今陕西省西安市临潼区东。参看《项羽本纪》校释〔265〕。

〔67〕少府：秦九卿之一，掌山海地泽之税，以给供养，为最高财务官。章邯：详见《项羽本纪》。郦山徒人：发配在郦山服营建劳作的夫役。郦山，即骊山。奴产子：奴婢所生之子。当时的社会，徒人和奴产子是限制充当战士的，二世因见事急，乃令章邯免除此项限制，尽括以赴军前听用，故下云"悉发……"也。

〔68〕曹阳：故亭名，在今河南省灵宝市东十三里。后曹操改称好阳。

〔69〕渑(miǎn 勉)池：战国韩邑，亦作黾池。后属秦。汉置渑池县于此。故治在今河南省渑池县西十三里。

〔70〕邯郸：六国时赵都，故城在今河北省邯郸市西南十里，俗呼赵王城。

〔71〕柱国：指房君蔡赐。

〔72〕成都：当时蜀郡的属县，即今四川省成都市。陈涉遥封张敖为成都君，与下文"趣赵兵入关"相应。

〔73〕趣(cù 促)：催促。亟：疾忙；火速。

〔74〕"赵王"句：武臣、赵歇、张耳、召骚等相聚议事。

〔75〕王王赵：谓武臣王于赵地。上"王"名词，下"王"动词。

〔76〕南据大河：南面可以扼守黄河。北有燕、代：北面有燕、代二国可为声援也。燕，西周召公奭封国。战国时拥有今河北省中部及东北的东方大部，旧热河省的南部，辽宁省的南方大部，南临渤海、黄海，列为七雄之一。代本赵地，已见《项羽本纪》校释〔388〕。此处所称燕、代，均指战

国末年燕、代的旧壤。

〔77〕上谷(yù 欲):秦灭代后所置郡,当今河北省内长城以北地并中部迤东,天津以南沿海一带地。卒史:郡守的掾属,分曹治事,亦称曹史。韩广本秦上谷郡卒史,故以"故"字冠其上。

〔78〕故贵人:燕之遗族及旧官吏。

〔79〕万乘之国:古之大国,境内的财赋兵力,可以出戎马四万匹,兵车一万乘者,谓之"万乘之国"。

〔80〕狄:齐邑。故城即今山东省高青县。(参看《项羽本纪》校释〔114〕)

〔81〕田儋杀狄令:详《项羽本纪》校释〔114〕。

〔82〕击:攻打。

〔83〕宁陵:古葛国,战国时属魏为宁邑。汉置宁陵县于此。故治在今河南省宁陵县南。咎:魏诸公子之一,原封宁陵君。

〔84〕在陈王所:留在陈涉那边。所,处所。不得之魏:不得还到故国。

〔85〕使者五反:周市向陈涉请立魏咎的使者往返五次。

〔86〕少遗兵:少许留下一些兵力。

〔87〕足以守荥阳:承"少遗兵"言,谓少留兵卒,只要围守得住荥阳就够了。

〔88〕矫王令以诛吴叔:假传陈王的命令,擅杀吴广。

〔89〕敖仓:已见《项羽本纪》校释〔479〕。

〔90〕郯(tán 谈):秦郡,在今江苏、山东两省之交。时章邯军力所未及,何得紧接"别将击破之"?《索隐》《正义》俱云"当作郏"。郏即今河南省郏县,与当时阳城相近,该是对的。

〔91〕伍徐:《汉书·陈胜传》作伍逢。许:春秋许国。秦置许县。三国魏改为许昌。故治在今河南省许昌市建安区。

〔92〕陵人秦嘉:详《项羽本纪》校释〔81〕。陵,当作"凌"。

〔93〕董缫(xiè 绁):缫与绁同,通作"线",系犬之绳。

〔94〕取虑:秦所置县。故治在今江苏省睢宁县西南。

〔95〕徐:古国,为周穆王所灭,后复封为子国。故城在今安徽省泗县南。皆特起:指秦嘉、董缗、朱鸡石、郑布、丁疾等人都独树一帜,起兵反秦。

〔96〕"将兵"句:秦嘉等各路特起之兵共围庆于郯郡郡治。汉改秦郯郡为东海郡,治郯县,故治在今山东省郯城县西南三十里。此云东海守庆,盖史家追书取便之辞。庆是那时的郡守之名,姓氏已佚。

〔97〕武平君:封号。畔:其名,史佚其姓氏。监郯下军:统摄秦嘉等各路围郯的军队。

〔98〕恶(wù 物)属武平君:不甘愿听从陈王所派的监军。恶,嫌忌;怨恨。

〔99〕陈西张贺军:张贺当亦秦嘉之流的特起之人,时驻在陈城的西面,故云。

〔100〕出监战:亲出督战。

〔101〕腊月:十二月。腊为祭名,用建丑之月(旧历用十二支来配十二个月,十二月恰配到丑,故称建丑之月)为之,故十二月为腊月。

〔102〕汝阴:秦所置县。即今安徽省阜阳市治。

〔103〕下城父:即今安徽省蒙城县西北八十里之下城父聚。

〔104〕其御庄贾:为陈王驾车的庄贾。御,驾车之人。

〔105〕砀:已见《项羽本纪》校释〔140〕。

〔106〕谥(shì 世)曰隐王:谥,古代有名位的人,死后都有称号,叫作"谥"。这种称号是代表其生前的行迹的。相传《谥法》是西周的周公旦制定的。按《谥法》:"不显尸国曰隐。"是当国而功业不彰之义。又曰:"隐,哀也。"陈涉首事而功业不终,时人哀之,故谥曰"隐王"。

〔107〕涓人:即中涓,主宫中清洁扫除之人。涓,洁也。吕臣本陈王的中涓,时为将军,故称故涓人。苍头军:所部皆戴青帽为号,故云为苍头军。

〔108〕新阳:故城在今安徽省太和县西北。汉置新阳县于此。

〔109〕复以陈为楚:谓又把陈地复为楚国。与前称"大楚兴"及后"怀王孙心为楚王"互应。

71

〔110〕南阳:秦郡,当今河南省西南部及湖北省北部襄河一带地。治宛县,即今河南省南阳市。参看《项羽本纪》校释〔497〕。

〔111〕武关:在今陕西省商洛市东一百八十五里。

〔112〕新蔡:秦所置县,即今河南省新蔡县治。

〔113〕传:递解。咸阳:秦都,已见《项羽本纪》校释〔208〕。

〔114〕车裂:残酷的极刑,以被刑者的四肢及头系缚在五匹马的身上,然后鞭马四出,分裂其尸。徇:示众。

〔115〕方与:春秋宋邑。秦置方与县。唐改名鱼台。故治在今山东省鱼台县北。

〔116〕定陶:见《项羽本纪》校释〔121〕。

〔117〕齐王:指田儋。

〔118〕左、右校:左、右校尉之军。

〔119〕鄱盗:黥布居江中为群盗,陈涉起,布归鄱君吴芮,故称之为鄱盗。相收:与吕臣互相联合。

〔120〕青波:即青陂,在今河南省新蔡县西南,接息县界。

〔121〕王陈:王于陈地。

〔122〕吾欲见涉:直呼陈王的表字,与下"遮道而呼涉"相同。凡此皆表现故人的直率。

〔123〕宫门令:守卫宫门之长。欲缚之:将捆绑这故人。

〔124〕自辩数(shuò 朔):自己声诉与陈涉是有旧谊的。辩,诉也。通作"辨"。数,近也;引申有雅故义。

〔125〕乃置:于是搁起不理。故下云"不肯为通"。置,放下。

〔126〕遮道:拦路。呼涉:大呼陈王的表字。

〔127〕载与俱归:与故人共乘一车,同归府中。

〔128〕见殿屋帷帐:看到宫殿房屋的高大和帐幔的密遮。

〔129〕"夥颐"二句:啊哟!陈涉做大王真阔气啊!夥颐,惊叹之辞。摹拟声音,犹今语之"啊哟"(双声之转)。沈(chén 沉)沈,厚重繁多之貌,犹言"阔气"。

〔130〕"楚人"四句:系作者插语,是解说"客曰……"的。

〔131〕发舒:放纵。

〔132〕故情:从前一切不必告人的轶事。

〔133〕颛妄言:专为胡说。颛,同"专"。

〔134〕轻威:减削威信。轻,减也。

〔135〕中正:掌人事之官,一切考绩升迁都归管领。

〔136〕司过:掌纠察过失,犹后世的监察御史。

〔137〕主司群臣:令朱房、胡武专管伺察同僚的过失。司,同"伺"。

〔138〕至:徇地后还到陈地来复命。

〔139〕令之不是者:徇地诸将中有不从他命令的。是,有从义。

〔140〕苛察:苛刻地毛举细故。

〔141〕其所不善者:朱房、胡武所认为不对的人。

〔142〕弗下吏:不送往法官处审理。辄自治之:朱房、胡武擅自处置也。辄,专擅。

〔143〕置守冢三十家砀:在砀设立保管坟墓的丁役三十户于陈王的葬地。

〔144〕至今:指作者撰写此文的时候,当在汉武帝末年。血食:祭祀用牲,故云"血食"。

〔145〕褚先生:即汉时沛人褚少孙。少孙事经师王式,通《鲁诗》,元帝、成帝之间为博士。因司马迁书有残缺,曾为补《武帝纪》《三王世家》《日者》《龟策列传》等数篇。故传本《史记》中有褚氏附益之文。

〔146〕固塞:承"地形险阻"言。文法:承"兵革刑法"言。枝叶:对"为本"言。

〔147〕贾生之称:犹云贾谊之言。以下所引为贾谊的《过秦论》上篇。贾谊,洛阳人,文帝时为博士。后为长沙王太傅及梁王太傅。所著有《新书》。死时年仅三十三。《史记》有《屈原贾生列传》。过秦之"过"为谴责过失的意义,并非路过或过访的意思。

〔148〕秦孝公:名渠梁,为秦国第三十君,在位二十四年(前361—前338)。据:与"拥"意义相同,字面变异,都是说的"把持"。殽:亦作崤,即今河南省洛宁县西北六十里之崤山,东西绵延三十五里,跨接渑池、陕县

73

两县界。函:即函谷关,已见《项羽本纪》校释〔263〕。雍州之地:包有今陕西、甘肃、青海等处,当时的秦国,仅限于陕、甘迤南一带而已。

〔149〕窥周室:伺便图谋周家的天下。窥,窥伺;暗算。

〔150〕席卷、包举、囊括:都与并吞同意。天下、宇内、四海、八荒:意义也相同,都指包有广大境界的"大一统"的局面。

〔151〕商君:即商鞅,《史记》有《商君列传》。

〔152〕内立法度:在国内改革制度,史称"商鞅变法"。

〔153〕务耕织:尽力于耕织。意在增加生产力量。

〔154〕修守战之备:整顿军备。

〔155〕"外连"句:外使诸侯都来事秦而让他们自相攻伐。衡,同"横"。当时局势,秦常居于主动地位,东出则韩、魏、赵、楚、齐、燕六国都受其害。于是六国南北相结,联盟以拒秦,形成南北关系的纵线,所以叫作"合从(纵)"。秦感不便,乃设法使六国各自相离,一一与秦联结,形成东西关系的横线,所以叫作"连衡(横)"。当时的外交政策,不出从(纵)衡(横)两途。

〔156〕"于是"句:指商君用事后,亲自伐破魏,魏献河西之地以求和。

〔157〕惠文王:名驷,孝公子。武王:名荡,惠文王子。昭王:即昭襄王,名则,武王弟。三君在位共八十七年(前337—前251)。蒙故业:承受孝公之旧业。蒙,承受。因遗策:仍用连衡之政策。因,仍旧。这是说三君相继,积累国力。

〔158〕汉中、巴、蜀:已见《项羽本纪》校释〔367〕、〔368〕。

〔159〕割:割取。膏腴之地:肥沃的土壤,与下"肥饶之地"同。

〔160〕要害:冲要险阻之处。

〔161〕会盟:指缔结从约。谋弱秦:希图削弱秦国。

〔162〕致:招引。

〔163〕合从缔交:缔结从约,加强亲善。

〔164〕相与为一:六国合从为一个集团。

〔165〕孟尝、平原、春申、信陵四君:《史记》都有他们的"列传"。

〔166〕知:同"智"。

〔167〕连衡:《新书》作"离衡",是说四君都为了他们的国家,相约为合"从",来离散秦国的连"衡"。若作连衡,意恰相反了。

〔168〕燕下宜有"楚""齐"二字,当系脱误。

〔169〕之属:"属"与下之徒的"徒"及之伦的"伦"都是意义相同的,犹言等辈。为之谋:言甯越等人为他们定下弱秦的计划。

〔170〕通其意:言齐明等人为他们沟通弱秦的盟约。

〔171〕制其兵:言吴起等人为他们训练弱秦的兵队。

〔172〕仰关而攻秦:秦地形高,故东方之兵须仰向关门而攻秦。

〔173〕延敌:迎战。

〔174〕无亡矢遗镞(zú足)之费:言不必妄耗兵费。镞,箭端的利刃。

〔175〕争割地而赂秦:六国从约既败,不得不割地献媚于秦以求和解。

〔176〕有馀力以制其弊:谓连衡之局已成,秦对六国得以追亡(逃)逐北(败),各个击破。

〔177〕漂橹:极意形容流血之多,可以浮起大盾了。橹,大盾。

〔178〕因利:因从散约败之利。乘便:乘各个击破之便。

〔179〕"施(yì忆)及"二句:传延及于此二王也。施,延也。孝文王,名柱,昭襄王子,在位一年(前250)。庄襄王,名异人,后改名子楚,孝文王子,在位三年(前249—前247)。故云"享国之日浅,国家无事"。

〔180〕始皇:见《项羽本纪》校释〔20〕。

〔181〕奋六世之馀烈:凭借孝公以至庄襄王六世的基业。馀烈,犹遗业。

〔182〕振长策而御宇内:言其控制宇内,好像摇动长鞭来驾御马群。策,马鞭。

〔183〕吞二周:指灭东西周,置三川郡,事在庄襄王时。亡诸侯:指始皇并六国。此连言之。

〔184〕履至尊:登皇帝之位。履,践也;登也。六合:谓上下四方,犹言宇内。

〔185〕敲、朴:都是击人的器具,名词,短的叫敲,长的叫朴。故云"执

75

〔186〕百越:已见《项羽本纪》校释〔393〕。桂林:约当今广西壮族自治区大部。象郡:约当今广西壮族自治区南部、广东省西南部及越南地。其时百越之地并置四郡,尚有南海、闽中。此概言之。

〔187〕俛首系颈:形容他们的屈服。俛,同"俯"。

〔188〕委命下吏:把性命委托给狱官。

〔189〕北筑长城:参看《项羽本纪》校释〔221〕。藩篱:喻边界。

〔190〕却匈奴七百馀里:把当时侵入中国的匈奴逐出七百多里。同时树榆为塞,开广地面数千里。却,推后;拒退。参看《项羽本纪》校释〔223〕。

〔191〕"士亦"句:与上"威振四海"相应,言六国之士忍气吞声,竟不敢作复仇的行动。贯,通弯,《新书》此论正作"弯"。

〔192〕"于是"二句:言李斯"请史官非《秦记》皆烧之。非博士官所职,天下敢有藏《诗》《书》、百家语者,悉诣守、尉杂烧之。有敢偶语《诗》《书》,弃市。以古非今者族。"始皇从之。见《秦始皇本纪》。燔(fán 烦),焚烧。

〔193〕愚黔(qián 箝)首:愚弄人民。《秦始皇本纪》:"更名民曰黔首。"犹周之称黎民。黔,黧黑。

〔194〕堕:毁坏;坠落。

〔195〕"销锋"句:销毁所收的兵器,镕造成为十二个巨大的人像(即重各千石,坐高二丈的翁仲。)锋镝(dī 镝),兵刃的总称。镝,同"镝"。铸,熔金范造。

〔196〕践华为城:据守华山的险峻以为城垣。践,踞也。

〔197〕因河为池:凭借大河的深广以为池隍。因,凭也。

〔198〕"据亿"二句:极意形容它们的险固,故云"以为固"。据亿丈之城,与"践华"应;临不测之溪,与"因河"应。

〔199〕陈利兵而谁何:承上"守要害之处"言,是说露列兵械于要隘,盘查往来的行人。谁,通"谯",何,通"诃"。谁何即谯诃,盘诘喝问。

〔200〕金城千里:喻险固之至,好像有金城环守在千里之外那样的。

〔201〕殊俗:犹异邦。

〔202〕"然而"三句:说明陈涉当时的生活与身份。甕牖(yǒu有),截取破甕的颈口来做窗牖。绳枢,用绳绷缚户枢。氓,同"氓",氓隶犹农奴。迁徙之徒,离乡背井的兵丁、徒役。之子、之人与"之徒"也都是意义相同的。

〔203〕"非有"二句:言陈涉没有贤德可以服人,没有财力可以聚众。仲尼、墨翟,即孔子、墨子,先秦两大学派的首领。故称其贤。陶朱,即范蠡改称的陶朱公;猗顿,春秋鲁人,用煮盐及畜牧起家:两人都是著名的富人。故称其富。

〔204〕蹑足行伍:插足在军队里。蹑,蹈也;登也。俛仰仟佰:就是说屈居千夫长、百夫长。俛仰即俯仰,形容他的屈抑。仟佰,即千百。之间、之中:也是意义相同的变换用法。总之,说陈涉没有凭借来图举大事。

〔205〕"率罢"二句:言陈涉没有精锐众多之兵可以应敌。罢,同"疲"。

〔206〕转而攻秦:言陈涉无所凭借,反而敢于起义攻秦。

〔207〕斩木为兵:削树木以为兵器。揭竿为旗:扬竹竿以为旗帜也,言陈涉初起,绝无利器可以攻战。

〔208〕云会响应:像云那样的会合,声响那样的应答。赢粮:携带粮食。景从:像影子那样跟从实物。景,"影"的本字。

〔209〕"山东"句:极意形容陈涉号召亡秦之易,与前写诸侯攻秦之难对照,益见事势转变的剧烈。山东,关山之东,即殽、函以东地,泛指六国。

〔210〕"且夫"三句:言秦的力量并不是骤然见到缩小与削弱,孝公旧业依然如故,尽可自守的。且,推论之辞。

〔211〕鉏耰(yōu忧)棘矜(qín秦):言用鉏柄和棘树做的矛柄来当兵器。与上"斩木为兵"相应。鉏即锄。耰,鉏柄。矜,矛柄。铦(xiān仙):锋利。句(gōu钩)戟:戈之属。长铩(shā杀):长刃矛。

〔212〕"非铦"句:言谪戍之众不能比齐、楚、燕、赵、韩、魏、宋、卫、中山九国之兵。与上"百万之师"相应。铦,比也。

〔213〕乡时之士:指从前甯越、徐尚等人。与上"六国之士"相应。乡

77

时,即曩时,犹言早先。

〔214〕成败异变:局势转移。

〔215〕度、絜、比、量:都是比较。长、大、权、力:都是比较的对象。

〔216〕不可同年而语:犹言不能相提并论。

〔217〕抑八州:言以雍州之地压抑其他八州(即指山东诸侯)。朝同列:秦本诸侯,而终于使诸侯来朝他了。

〔218〕百有馀年:秦自孝公至始皇统一,其间历百有馀年。

〔219〕"然后"二句:言始皇的图成帝业。六合,喻其广大(上下四方叫六合)。殽、函,喻其巩固(殽、函本是险要的关山)。

〔220〕一夫作难:指陈涉。七庙堕:言秦的宗社就此倾覆。古者天子七庙,(《礼记·王制》:"天子七庙,三昭三穆与大祖之庙而七。")所以这样说。

〔221〕身死人手:指二世为赵高所杀,子婴为项羽所杀。

〔222〕"仁义"句:总结全篇意旨,归过于秦的但恃地险而不务仁义。

留侯世家

留侯张良者,[1]其先韩人也。[2]大父开地,[3]相韩昭侯、宣惠王、襄哀王。[4]父平,相釐王、悼惠王。[5]悼惠王二十三年,[6]平卒。卒二十岁,[7]秦灭韩。良年少,未宦事韩。[8]韩破,良家僮三百人,[9]弟死不葬,悉以家财求客刺秦王,[10]为韩报仇。以大父、父五世相韩故。[11]良尝学礼淮阳,[12]东见仓海君,[13]得力士,[14]为铁椎重百二十斤。[15]秦皇帝东游,[16]良与客狙击秦皇帝博浪沙中,[17]误中副车。[18]秦皇帝大怒,大索天下,[19]求贼甚急,[20]为张良故也。良乃更名姓,亡匿下邳。[21]

良尝闲从容步游下邳圯上,[22]有一老父,[23]衣褐,[24]至良所,直堕其履圯下,[25]顾谓良曰:[26]"孺子!下取履!"[27]良鄂然,[28]欲殴之。[29]为其老,强忍,下取履。父曰:"履我!"[30]良业为取履,因长跪履之。[31]父以足受,[32]笑而去。良殊大惊,随目之。[33]父去里所,[34]复还,曰:"孺子可教矣!后五日平明,[35]与我会此!"良因怪之,跪曰:"诺。"五日平明,良往。父已先在,怒曰:"与老人期,后,何也?"[36]去,[37]曰:"后五日早会!"五日鸡鸣,良往。父又先在,复怒曰:"后,何也?"去,曰:"后五日复早来!"五日,良夜未半往。有顷,[38]父亦来,喜曰:"当如是。"出一编书,[39]曰:"读此则为王者师矣。[40]后十年,兴。[41]十三年,[42]孺子见我,济北谷城山下黄石即我矣。"[43]遂去,无他言。不复见。旦日,视其书,乃《太公兵法》也。[44]良因异之,常习诵读之。[45]居下邳,为任侠。[46]项伯常杀人,从良匿。[47]

后十年,[48]陈涉等起兵,良亦聚少年百馀人。景驹自立为楚假王,[49]在留。良欲往从之,道遇沛公。沛公将数千人,略地下邳西,遂属焉。沛公拜良为厩将。[50]良数以《太公兵法》说沛公,沛公善之,常用其策。良为他人言,皆不省。[51]良曰:"沛公殆天授。"[52]故遂从之,不去见景驹。

及沛公之薛,[53]见项梁。项梁立楚怀王。良乃说项梁曰:"君已立楚后,而韩诸公子横阳君成贤,[54]可立为王,益树党。"[55]项梁使良求韩成,立以为韩王。以良为韩申徒,[56]与韩王将千馀人西略韩地。得数城,秦辄复取之,往来为游兵颍川。[57]沛公之从雒阳南出轘辕,[58]良引兵从沛公,下韩十馀城,击破杨熊军。[59]沛公乃令韩王成留守阳翟,[60]与良俱南,攻下宛,[61]西入武关。[62]沛公欲以兵二万人击秦峣下军,[63]良说曰:"秦兵尚强,未可轻。臣闻其将屠者子,[64]贾竖易动以利,[65]愿沛公且留壁,[66]使人先行,为五万人具食,[67]益为张旗帜诸山上,为疑兵,[68]令郦食其持重宝啖秦将。"[69]秦将果畔,[70]欲连和俱西袭咸阳。[71]沛公欲听之,良曰:"此独其将欲叛耳,恐士卒不从。不从必危,不如因其解击之。"[72]沛公乃引兵击秦军,大破之,遂北至蓝田。[73]再战,秦兵竟败。遂至咸阳,秦王子婴降沛公。

沛公入秦宫,宫室、帷帐、狗马、重宝、妇女以千数,意欲留居之。樊哙谏沛公出舍,〔74〕沛公不听。良曰:"夫秦为无道,故沛公得至此。夫为天下除残贼,宜缟素为资。〔75〕今始入秦,即安其乐,此所谓'助桀为虐'。〔76〕且'忠言逆耳利于行,毒药苦口利于病',〔77〕愿沛公听樊哙言!"沛公乃还军霸上。〔78〕

项羽至鸿门下,欲击沛公,项伯乃夜驰入沛公军,私见张良,欲与俱去。良曰:"臣为韩王送沛公,今事有急,亡去不义。"乃具以语沛公。沛公大惊,曰:"为将奈何?"良曰:"沛公诚欲倍项羽邪?"沛公曰:"鲰生教我距关无内诸侯,秦地可尽王,故听之。"良曰:"沛公自度能却项羽乎?"沛公默然良久,曰:"固不能也。今为奈何?"良乃固要项伯。项伯见沛公。沛公与饮为寿,结宾婚。令项伯具言沛公不敢倍项羽,所以距关者,备他盗也。及见项羽后解,语在项羽事中。〔79〕

汉元年正月,〔80〕沛公为汉王,王巴、蜀。〔81〕汉王赐良金百溢,〔82〕珠二斗,良具以献项伯。汉王亦因令良厚遗项伯,〔83〕使请汉中地。〔84〕项王乃许之,遂得汉中地。汉王之国,良送至褒中,〔85〕遣良归韩。良因说汉王曰:"王何不烧绝所过栈道,〔86〕示天下无还心,以固项王意!"〔87〕乃使良还。行,烧绝栈道。〔88〕

良至韩,韩王成以良从汉王故,项王不遣成之国,从与俱东。良说项王曰:"汉王烧绝栈道,无还心矣。"乃以齐王田荣反书告项王。〔89〕项王以此无西忧汉心,〔90〕而发兵北击齐。项王竟不肯遣韩王,乃以为侯,又杀之彭城。〔91〕良亡,间行归汉王,汉王亦已还定三秦矣。〔92〕复以良为成信侯,〔93〕从东击楚。

至彭城,汉败而还。至下邑,〔94〕汉王下马踞鞍而问曰:〔95〕"吾欲捐关以东等弃之,〔96〕谁可与共功者?"〔97〕良进曰:"九江王黥布,楚枭将,〔98〕与项王有郤;〔99〕彭越与齐王田荣反梁地；﹝100﹞此两人可急使。而汉王之将独韩信可属大事，当一面。﹝101﹞即欲捐之，捐之此三人，则楚可破也。"汉王乃遣随何说九江王布，﹝102﹞而使人连彭越。﹝103﹞及魏王豹反，﹝104﹞使韩信将兵击之，因举燕、代、齐、赵。﹝105﹞然卒破楚者，此三人力也。﹝106﹞张良多病，未尝特将也，﹝107﹞常为画策臣，﹝108﹞时时从汉王。﹝109﹞

汉三年，﹝110﹞项羽急围汉王荥阳，﹝111﹞汉王恐忧，与郦食其谋桡楚权。﹝112﹞食其曰："昔汤伐桀，封其后于杞。﹝113﹞武王伐纣，封其后于宋。﹝114﹞今秦失德弃义，侵伐诸侯社稷，灭六国之后，使无立锥之地。﹝115﹞陛下诚能复立六国后世，﹝116﹞毕已受印，﹝117﹞此其君臣百姓必皆戴陛下之德，莫不乡风慕义，﹝118﹞愿为臣妾。﹝119﹞德义已行，陛下南乡称霸，﹝120﹞楚必敛衽而朝。"﹝121﹞汉王曰："善。趣刻印，先生因行佩之矣。"﹝122﹞食其未行，张良从外来谒。﹝123﹞汉王方食，﹝124﹞曰："子房前！﹝125﹞客有为我计桡楚权者。"具以郦生语告，曰："于子房何如？"﹝126﹞良曰："谁为陛下画此计者，陛下事去矣！"汉王曰："何哉？"张良对曰："臣请藉前箸为大王筹之！"﹝127﹞曰："昔者汤伐桀而封其后于杞者，度能制桀之死命也。今陛下能制项籍之死命乎？"曰："未能也。"﹝128﹞"其不可一也。﹝129﹞武王伐纣封其后于宋者，度能得纣之头也。今陛下能得项籍之头乎？"曰："未能也。""其不可二也。武王入殷，表商容之闾，释箕子之拘，封比干之墓。﹝130﹞今陛下能封圣人之墓，表贤者之闾，式智者之门乎？"﹝131﹞曰："未能也。""其不可三也。发钜桥之粟，散鹿台之钱，﹝132﹞以赐贫穷。今陛下能散府库以赐贫穷乎？"曰："未能也。""其不可四矣。殷事已毕，偃革为轩，﹝133﹞倒置干戈，覆以虎皮，﹝134﹞以示天下不复用兵。今陛下能偃武行文，不复用兵乎？"曰："未能也。""其不可五矣。休马华山之阳,[135]示以无所为。今陛下能休马无所用乎?"曰:"未能也。""其不可六矣。放牛桃林之阴,[136]以示不复输积。[137]今陛下能放牛不复输积乎?"曰:"未能也。""其不可七矣。且天下游士离其亲戚,弃坟墓,去故旧,从陛下游者,徒欲日夜望咫尺之地。[138]今复六国,立韩、魏、燕、赵、齐、楚之后,天下游士各归事其主,从其亲戚,反其故旧、坟墓,陛下与谁取天下乎?其不可八矣。且夫楚唯无强,六国立者复桡而从之,[139]陛下焉得而臣之?[140]诚用客之谋,陛下事去矣!"汉王辍食吐哺,[141]骂曰:"竖儒几败而公事!"[142]令趣销印。

汉四年,[143]韩信破齐而欲自立为齐王,汉王怒。张良说汉王,汉王使良授齐王信印,语在淮阴事中。[144]其秋,汉王追楚至阳夏南,战不利而壁固陵,[145]诸侯期不至。[146]良说汉王,汉王用其计,诸侯皆至,语在项籍事中。[147]

汉六年正月,[148]封功臣。良未尝有战斗功,高帝曰:"运筹策帷帐中,决胜千里外,[149]子房功也。自择齐三万户。"[150]良曰:"始臣起下邳,与上会留,此天以臣授陛下。陛下用臣计,幸而时中,[151]臣愿封留足矣,不敢当三万户。"乃封张良为留侯,与萧何等俱封。六年,上已封大功臣二十馀人,其馀日夜争功不决,未得行封。上在雒阳南宫,从复道望见诸将,[152]往往相与坐沙中语。[153]上曰:"此何语?"留侯曰:"陛下不知乎?此谋反耳。"上曰:"天下属安定,[154]何故反乎!"留侯曰:"陛下起布衣,以此属取天下,[155]今陛下为天子,而所封皆萧、曹故人所亲爱,[156]而所诛者皆生平所仇怨。今军吏计功,以天下不足遍封,此属畏陛下不能尽封,恐又见疑平生过失及诛,[157]故即相聚谋反耳。"上乃忧曰:"为之奈何!"留侯曰:"上平生所憎,群臣所共知,谁最甚者?"上曰:"雍齿与我故,数尝窘辱我。[158]我欲杀之,为其功多,故不忍。"留侯曰:"今急先封雍齿,以示群臣,群臣见雍齿封,则人人自坚矣。"[159]于是上乃置酒,[160]封雍齿为什方侯,[161]而急趣丞相、御史定功行封。群臣罢酒,皆喜曰:"雍齿尚为侯,我属无患矣。"

刘敬说高帝曰:"都关中。"[162]上疑之。左右大臣皆山东人,[163]多劝上都雒阳:"雒阳东有成皋,西有殽、黾,倍河,向伊、雒,其固亦足恃。"[164]留侯曰:"雒阳虽有此固,其中小,不过数百里,田地薄,四面受敌,此非用武之国也。夫关中左殽、函,[165]右陇、蜀,[166]沃野千里,[167]南有巴、蜀之饶,[168]北有胡苑之利,[169]阻三面而守,独以一面东制诸侯。诸侯安定,河、渭漕輓天下,[170]西给京师。[171]诸侯有变,顺流而下,足以委输。[172]此所谓金城千里,天府之国也。[173]刘敬说是也。"于是高帝即日驾,[174]西都关中。留侯从入关。留侯性多病,即道引不食谷,[175]杜门不出岁馀。[176]

上欲废太子,[177]立戚夫人子赵王如意。[178]大臣多谏争,未能得坚决者也。[179]吕后恐,不知所为。[180]人或谓吕后曰:"留侯善画计筴,[181]上信用之。"吕后乃使建成侯吕泽劫留侯,[182]曰:"君常为上谋臣,今上欲易太子,君安得高枕而卧乎?"[183]留侯曰:"始上数在困急之中,幸用臣筴。今天下安定,以爱欲易太子,[184]骨肉之间,虽臣等百馀人何益!"[185]吕泽强要曰:[186]"为我画计。"留侯曰:"此难以口舌争也。顾上有不能致者,[187]天下有四人。四人者年老矣,皆以为上慢侮人,[188]故逃匿山中,义不为汉臣。[189]然上高此四人。[190]今公诚能无爱金玉璧帛,[191]令太子为书,[192]卑辞安车,[193]因使辩士固请，[194]宜来。[195]来，以为客，[196]时时从入朝，令上见之，则必异而问之。[197]问之，上知此四人贤，则一助也。"[198]于是吕后令吕泽使人奉太子书，卑辞厚礼，迎此四人。四人至，客建成侯所。[199]

汉十一年，[200]黥布反，上病，欲使太子将，[201]往击之。四人相谓曰："凡来者，将以存太子。[202]太子将兵，事危矣。"乃说建成侯曰："太子将兵，有功则位不益太子；无功还，则从此受祸矣。且太子所与俱诸将，[203]皆尝与上定天下枭将也，今使太子将之，此无异使羊将狼也，皆不肯为尽力，其无功必矣。臣闻'母爱者子抱'，[204]今戚夫人日夜侍御，[205]赵王如意常抱居前，上曰'终不使不肖子居爱子之上'，[206]明乎其代太子位必矣。君何不急请吕后承间为上泣言：[207]'黥布，天下猛将也，善用兵，今诸将皆陛下故等夷，[208]乃令太子将此属，无异使羊将狼，莫肯为用，且使布闻之，则鼓行而西耳。[209]上虽病，强载辎车，[210]卧而护之，[211]诸将不敢不尽力。上虽苦，为妻子自强。'"[212]于是吕泽立夜见吕后，[213]吕后承间为上泣涕而言，如四人意。上曰："吾惟竖子固不足遣，而公自行耳！"[214]于是上自将兵而东，群臣居守，皆送至灞上。[215]留侯病，自强起，至曲邮，[216]见上曰："臣宜从，病甚。[217]楚人剽疾，愿上无与楚人争锋。"[218]因说上曰："令太子为将军，监关中兵。"[219]上曰："子房虽病，强卧而傅太子。"[220]是时叔孙通为太傅，[221]留侯行少傅事。[222]

汉十二年，[223]上从击破布军归，疾益甚，愈欲易太子。留侯谏，不听。因疾不视事。[224]叔孙太傅称说引古今，[225]以死争太子。[226]上详许之，[227]犹欲易之。及燕，[228]置酒，太子侍。四人从太子，年皆八十有馀，须眉皓白，[229]衣冠甚

85

伟。[230]上怪之,问曰:"彼何为者?"四人前对,各言名姓,曰:"东园公、角里先生、绮里季、夏黄公。"[231]上乃大惊,曰:"吾求公数岁,公辟逃我,[232]今公何自从吾儿游乎?"四人皆曰:"陛下轻士善骂,臣等义不受辱,故恐而亡匿。窃闻太子为人仁孝,恭敬爱士,天下莫不延颈欲为太子死者,[233]故臣等来耳。"上曰:"烦公幸卒调护太子。"[234]

四人为寿已毕,[235]起去。[236]上目送之,召戚夫人指示四人者曰:[237]"我欲易之,彼四人辅之,羽翼已成,难动矣。[238]吕后真而主矣。"[239]戚夫人泣,上曰:"为我楚舞,吾为若楚歌。"[240]歌曰:"鸿鹄高飞,一举千里。羽翮已就,横绝四海。[241]横绝四海,当可奈何!虽有矰缴,尚安所施!"[242]歌数阕,[243]戚夫人嘘唏流涕,[244]上起去,罢酒。竟不易太子者,留侯本招此四人之力也。[245]

留侯从上击代,[246]出奇计马邑下,[247]及立萧何相国,[248]所与上从容言天下事甚众,非天下所以存亡,故不著。[249]留侯乃称曰:[250]"家世相韩,及韩灭,不爱万金之资,为韩报仇强秦,天下振动。今以三寸舌为帝者师,封万户,位列侯,此布衣之极,于良足矣。愿弃人间事,欲从赤松子游耳。"[251]乃学辟谷,道引轻身。[252]会高帝崩,[253]吕后德留侯,[254]乃强食之,[255]曰:"人生一世间,如白驹过隙,[256]何至自苦如此乎!"留侯不得已,强听而食。

后八年卒,[257]谥为文成侯。[258]子不疑代侯。[259]子房始所见下邳圯上老父与《太公书》者,后十三年从高帝过济北,果见谷城山下黄石,取而葆祠之。[260]留侯死,并葬黄石冢。[261]每上冢伏腊,祠黄石。〔262〕留侯不疑,孝文帝五年坐不敬,〔263〕国除。

太史公曰:学者多言无鬼神,然言有物。〔264〕至如留侯所见老父予书,〔265〕亦可怪矣。高祖离困者数矣,〔266〕而留侯常有功力焉,〔267〕岂可谓非天乎!上曰:"夫运筹策帷帐之中,决胜千里外,吾不如子房。"余以为其人计魁梧奇伟,〔268〕至见其图,状貌如妇人好女。〔269〕盖孔子曰:"以貌取人,失之子羽。"〔270〕留侯亦云。〔271〕

注释

〔1〕留侯:张良封于留,故称。留,本春秋宋邑,秦置留县。故治在今江苏省沛县东南。

〔2〕韩:战国七雄之一。春秋时,晋封韩武子于韩原,其后世为晋卿。至韩虔,与赵籍、魏斯分晋立国,是为韩景侯。都阳翟(今河南省禹州市),得晋之南部和中部一带,有今河南省西部、中部和山西省西南一部之地,《史记》有《韩世家》。

〔3〕大父:祖父。

〔4〕韩昭侯:韩国第六君,在位二十六年(前358—前333)。宣惠王:昭侯子,始称王,在位二十一年(前332—前312)。襄哀王:亦作襄王,名仓,宣惠王子,在位十六年(前311—前296)。

〔5〕釐王:亦作僖王,名咎,襄王子,在位二十三年(前295—前273)。悼惠王:亦作桓惠王,釐王子,在位三十四年(前272—前239)。

〔6〕悼惠王二十三年:当公元前250年。

〔7〕卒二十岁:指张平卒后二十年,当韩王安九年,公元前230年,韩为秦所灭。

〔8〕未宦事韩:不曾仕韩为官。

〔9〕家僮三百人:张开地、张平累世为韩相,家极富有,到韩亡时,良

家尚有僮奴三百人。

〔10〕求客：觅取刺客。秦王：即秦始皇政。秦王政二十六年（前221）方改号称皇帝，韩灭时为王政十八年，故尚称秦王。

〔11〕以……故：犹言正为……的缘故。五世相韩：谓历相韩昭侯至悼惠王五世，并不是说张氏五世都作韩相。

〔12〕尝学礼淮阳：曾东往淮阳游学，学习当世通行的典章制度。淮阳，故陈地，今河南省淮阳县。

〔13〕仓海君：当时的隐士。想系仗义之人，故良得在他那里求得力士。

〔14〕力士：勇力之士。即上云求客刺秦王之刺客。

〔15〕铁椎：即铁锤，状如瓜，用来奋击的武器。椎，通"锤"。

〔16〕秦皇帝：始皇二十九年（前218）东游至阳武（今河南省原阳县），时已称皇帝，故曰秦皇帝。

〔17〕狙击：犹袭击。博浪沙：在今河南省原阳县东南。

〔18〕中（zhòng仲）：着也。副车：随从的车辆。《汉官仪》："天子属车三十六乘。"汉承秦制，那么属车便是副车。

〔19〕大索：大举搜索，犹后世的通缉。

〔20〕贼：指刺客。

〔21〕亡匿：逃亡躲藏。下邳：已见《项羽本纪》校释〔80〕。

〔22〕从容：闲暇之状。圯（yí仪）上：指下邳地方跨沂水之上的桥梁。圯，桥梁。东楚谓桥为"圯"。

〔23〕老父（fǔ府）：年老的男子，犹老丈。

〔24〕衣褐：穿短袍，表示他是贫贱之人。褐，短袍，古时为贱者之服。

〔25〕直堕其履圯下：言老父走到张良所立的地方，恰把自己的鞋子掉在桥块下。直，恰当。

〔26〕顾谓良曰：回头对张良说。

〔27〕孺子：犹孩子，直呼孺子，表示他傲而无礼。

〔28〕鄂然：惊讶之状。鄂，通"愕"。

〔29〕殴：打击。

〔30〕履我:犹言给我穿上。履,用作动词,穿着。

〔31〕履之:为老父穿上鞋子。

〔32〕以足受:伸着脚让他穿上。

〔33〕随目之:随着老父的去路,注视着他。目,用作动词,就是注视。

〔34〕里所:里许。犹言约莫一里路。

〔35〕平明:刚天亮的时候。

〔36〕与老人期:与老辈相约。后:后到。

〔37〕去:老父扬长自去。

〔38〕有顷:犹言不久。与"顷之""少顷""俄顷""顷刻"等略同。

〔39〕一编书:在没有写成卷子的书和刻板印成的书以前,书册都用竹简。集合相联的竹简,用皮革的条子或绳子编结起来,成为书册。故云"一编书"。犹后世所谓一卷书或一本书。

〔40〕王者师:帝王之师。

〔41〕后十年:谓今后十年。兴:发作。犹言应验。

〔42〕十三年:谓今后十三年。

〔43〕济北:济水之北。参看《项羽本纪》校释〔404〕。谷城山:一名黄山,在山东省东阿县东北五里。

〔44〕《太公兵法》:梁阮孝绪《七录》载有《太公兵法》一袠,三卷。

〔45〕异之:珍贵此书。常习诵读之:经常熟读此书,反复学习。辨析句读,了解意义,叫"读"。熟读而背得出来,叫"诵"。经常温理,叫"习"。

〔46〕任侠:重然诺,轻死生,为人打抱不平。互相信赖为任,同情援助为侠。

〔47〕项伯:已见《项羽本纪》。常:当作"尝"字解。从良匿:依赖张良帮助,躲过仇家。

〔48〕后十年:后于博浪沙狙击的十年,恰为二世元年(前209)。

〔49〕景驹:楚国的后裔,为秦嘉所立。已见《项羽本纪》及《陈涉世家》。自立为楚假王:盖暂假楚名以资号召。

〔50〕厩(jiù救)将:司军马之官。厩,马房。

〔51〕不省(xǐng醒):不能领会。省,觉悟。

89

〔52〕殆：近也，疑辞，犹"岂"。天授：言其天资高，好像早有所传授的。

〔53〕薛：已见《项羽本纪》校释〔92〕。

〔54〕横阳君：成即韩成。横阳，封邑，今地不详。

〔55〕益树党：言封韩之后更可以增加楚的与国。树，建立。党，党援。

〔56〕申徒：即司徒，本为掌教之官。此则相当于楚之令尹，盖执政之官。

〔57〕往来为游兵颍川：在颍川郡境以内往来打游击。颍川，本韩地，秦置颍川郡，治阳翟（即韩都）。约当今河南省东南大部地。

〔58〕雒阳：即洛阳，已见《项羽本纪》校释〔383〕。轘（huán 环）辕：山名，在河南省偃师县东南，接巩义市、登封界。山路险阻，凡十二曲，将去复还，故曰"轘辕"。今其地犹称轘辕关。

〔59〕杨熊：秦将。

〔60〕阳翟：已见《项羽本纪》校释〔384〕。

〔61〕宛：即今河南省南阳市。已见《项羽本纪》校释〔497〕。

〔62〕武关：秦之南关，在今陕西省丹凤县（龙驹寨）东南。

〔63〕峣（yáo 尧）下军：峣关之下的秦军。峣关，在陕西省蓝田县东南，一名蓝田关，简称蓝关。

〔64〕其将：守峣关之将。屠者子：屠户的儿子。

〔65〕贾（gǔ 股）竖：孳孳为利的商人，即指屠者子。唯其贪得非分，故易动以利。

〔66〕且留壁：姑且留下，坚守自己的壁垒。此先严整自己的阵势。

〔67〕为五万人具食：预备五万人的食粮。此预储着非常奋击时所用的军饷。

〔68〕张旗帜：为疑兵，乱敌人的耳目。此欲分散对方的兵力，所谓备多力分。

〔69〕郦食其（yì jī 异基）：辩士，从沛公，号广野君。后说齐王田广，为所烹。《史记》有《郦生陆贾列传》。啗（dàn 旦）秦将：犹用饵以钓秦将。

90

此为饵敌使懈之计。啗,食也。此当作"喂"解。

〔70〕畔:同"叛"。

〔71〕袭咸阳:乘秦无备,夺取咸阳。咸阳,秦都,已见《项羽本纪》校释〔208〕。

〔72〕因其解(xiè 懈)击之:乘敌懈怠之际击败他。

〔73〕蓝田:秦所置县。故城在今陕西省蓝田县西三十里。

〔74〕樊哙:已见《项羽本纪》。谏沛公出舍:劝沛公出居于秦宫之外。舍,止宿;居住。

〔75〕宜缟素为资:言当一反秦之所为,享用朴素以为号召。资,假借;借口。

〔76〕助桀为虐:当时成语,喻以恶济恶。

〔77〕"忠言"二句:见《孔子家语》。行是行为,病是疾病。

〔78〕霸上:已见《项羽本纪》校释〔266〕。

〔79〕"项羽至鸿门下"一段:撮叙"鸿门宴"经过大略,具详《项羽本纪》。故云"语在项羽事中"。按《史记》一书,把各篇汇成一个整体,所以一事详于彼即略于此。如果我们对于纪事的纪传都理解为一个单篇,是有缺陷的。

〔80〕汉元年:乙未岁,当公元前 206 年。参看《项羽本纪》校释〔412〕。

〔81〕巴、蜀:已详《项羽本纪》校释〔367〕。

〔82〕溢:通"镒"。金属重二十两为镒,百镒,二千两也。

〔83〕厚遗:厚赠。此处当作"行贿"解。

〔84〕使请汉中地:沛公之封汉王,本来但给他巴、蜀,故厚赂项伯以请汉中地。必欲取得汉中,正为可以由此窥取三秦。汉中,已见《项羽本纪》校释〔368〕。

〔85〕褒中:古褒国。汉置褒中县于此。故治在今陕西省汉中市。

〔86〕栈道:山路奇险之处,傍凿山岩,施架板木以通行人的道路,叫作栈道,亦称阁道。

〔87〕"示天"二句:表示给大家看,没有东还的意图。以稳住项王的

心,使他不再疑虑汉王有东下之意。

〔88〕行,烧绝栈道:且行且烧,把所过的栈道都烧断。

〔89〕以齐王田荣反书告项王:详见《项羽本纪》。

〔90〕无西忧汉心:与上"固项王意"相应,使他没有西顾防汉之心。

〔91〕彭城:已见《项羽本纪》校释〔82〕。

〔92〕还定三秦:在当年八月。参看《项羽本纪》校释〔431〕。

〔93〕成信:封号,非封邑,嘉其去楚归汉,能守信义。

〔94〕下邑:秦所置县。故治在今江苏省砀山县东。已见《项羽本纪》校释〔472〕。

〔95〕下马踞鞍:古时行军,常用解下来的马鞍代床榻,故汉王下马踞鞍而问张良。不及就舍细谈,形容他的匆忙。

〔96〕捐关以东等弃之:把函谷以东等地方捐弃掉。捐,弃也。

〔97〕"谁可"句:谁可以与我共图大业呢?连上看,意即谁可与我共功,就把函谷以东等地给他。

〔98〕枭(xiāo骁)将:犹猛将或骁将。

〔99〕有郄:事详《项羽本纪》。郄,同"郤",间隙。

〔100〕彭越与齐王田荣反:亦详《项羽本纪》。

〔101〕可属(zhǔ煮)大事:可以大事相托。属,托付。当一面:可以独力担当一方面的重任。

〔102〕随何:辩士。汉王使他游说九江王归汉。名与陆贾齐称。

〔103〕使人连彭越:另派人往彭越那边约结图楚。

〔104〕魏王豹反:参看《项羽本纪》校释〔477〕。

〔105〕举燕、代、齐、赵:尽得四国故地。事详后《淮阴侯列传》。

〔106〕"然卒"二句:系史公插语,言张良所举之人,终于都能照他的说话实现。

〔107〕特将:独自将兵当一面。

〔108〕画策臣:规划策略之人,犹近代的参谋官。

〔109〕时时从汉王:经常随从汉王。

〔110〕汉三年:丁酉岁,当公元前204年。

〔111〕荥阳:见《项羽本纪》校释〔473〕、〔476〕。

〔112〕谋桡(náo 挠)楚权:打算怎样去削弱楚国的力量。桡,曲木。引申有歪曲、屈折、摇动等意义。

〔113〕封其后于杞:周武王克商,求夏后,得东楼公,封于杞,以奉禹祀。《史记》有《陈杞世家》。此云汤伐桀封其后于杞,盖策士随口凑说,不一定尽符史实。杞,即今河南杞县,参看《项羽本纪》校释〔122〕。

〔114〕封其后于宋:周武王既灭纣,封纣子武庚奉汤祀。武庚后以三监畔,周公旦灭之,成王乃更封纣庶兄微子启为宋公,承商祀。《史记》有《宋世家》。其故都在今河南省商丘市南。此云武王伐纣封其后于宋,其失与上则所举同。

〔115〕无立锥之地:没有可以插一个铁锥尖端那么大的地方。

〔116〕陛下:对天子称陛下自秦始。此时汉王尚未称帝,而郦食其、张良都对他称"陛下",恐非实情,当系史臣追书之辞。

〔117〕毕已受印:言六国之后都已受封佩印。毕,皆也。

〔118〕乡风慕义:言面对这复立六国的风声,大家都会倾慕汉王的德义。乡,通"向"。

〔119〕愿为臣妾:愿服属于汉为臣下。析言之,男为臣,女为妾;统言之,等是臣属也。

〔120〕南乡称霸:犹言南面称尊。

〔121〕敛衽(rèn 认)而朝:言整肃衣裳,毕恭毕敬地朝谒汉王。敛,束也。衽,衣襟。

〔122〕"趣刻"二句:赶快催促刻六国王印,先生出发分封时可以带印前往了。

〔123〕从外来谒:从外边来谒见汉王。

〔124〕方食:正在进餐。

〔125〕子房前:呼张良之字而使他走近前来。

〔126〕于子房何如:犹云,子房!你看怎样?

〔127〕"臣请"句:臣请借汉王面前所用的筷子,为汉王指画形势。藉,借也。箸,夹取食物之具,即今之筷子。此处犹呼"大王",更可证前后

所呼的"陛下"乃是史臣的追书之辞了。

〔128〕未能也:汉王答语。

〔129〕其不可一也:张良接语。此下为汉王与张良的对话,直至"八不可",乃毕其辞。彼此紧接,故略去汉王、张良字样,正所以见对话的紧张。

〔130〕商容:纣时贤人,欲化纣而不能,遂去而伏于太行山。箕子:名胥馀,纣之诸父,谏纣不听,乃佯狂为奴,纣囚之。比干:亦纣之诸父,谏纣三日不去,纣曰,吾闻圣人心有七窍,乃剖视其心。周武王克纣,标榜(表)商容的里门(闾),释放箕子的拘囚,修封比干的坟墓,以示与纣的行为恰相反。

〔131〕圣人:指比干。贤者:指商容。智者:指箕子。此借以喻当世所称道的圣、贤、智者。式:敬也。与"表闾"相应。

〔132〕钜桥:纣积粟之仓,故址在今河北省曲周县东北。鹿台:亦名南单台,为纣储财之所,故址在今河南省淇县。

〔133〕偃(yǎn 掩)革为轩:停罢军用的车辆,改作乘人之用。偃,息也。革,兵车。轩,乘用之车。

〔134〕覆:覆盖;蒙罩。

〔135〕休马华山之阳:承上"殷事已毕"言,把军马散放在华山之阳。华山即今陕西省华阴市南的西岳华山,亦称太华山。山南曰阳。

〔136〕放牛桃林之阴:亦承"殷事已毕"言,把运输军需用的牛只都放牧在桃林之野。桃林塞在今河南省灵宝市,接陕西省潼关县界。山北曰阴。此盖顺口言之,故与"阳"对举,不一定在山之南或山之北。

〔137〕输积:运输与积聚。

〔138〕游士:战国时代遗下的游说之士。故旧:有交谊的老友。咫尺之地:方不盈尺的土地,喻其狭小。咫,八寸。

〔139〕"且夫"二句:言唯当使楚不强,强则六国且屈而从楚了。

〔140〕焉得而臣之:犹言怎么能够压服他们。焉,何也。焉得,与"何得""安得"同义。

〔141〕辍食:停止进食。吐哺:把已经在口中嚼食的东西吐出。

94

〔142〕"竖儒"句:犹言这小子几乎把你老子的事情弄糟了。竖儒,谓此儒生乃竖子耳。犹直言"这小子"。而公,亦作"乃公",犹俚语"你老子"。

〔143〕汉四年:戊戌岁,当公元前203年。

〔144〕语在淮阴事中:谓良所说之辞与授印等行动,具详于《淮阴侯列传》。

〔145〕壁固陵:留营于固陵坚守。固陵已见《项羽本纪》校释〔549〕。

〔146〕诸侯期不至:约韩信、彭越等共击项羽,而信等皆按兵不来会师。

〔147〕语在项籍事中:谓良的说辞与韩信等引兵来会等事,具详于《项羽本纪》。

〔148〕汉六年:庚子岁,汉王即帝位之第二年,当公元前201年。

〔149〕"运筹"二句:言坐在屋内运谋定计,可以取得胜算于千里之外。

〔150〕自择齐三万户:令张良自己择取齐地三万户为封邑。

〔151〕幸而时中(zhòng 仲):谦辞,言侥幸偶得料着耳。

〔152〕复道:雒阳南宫上下有道,故称复道,也叫作阁道。

〔153〕相与坐沙中语:聚坐在旷野沙地之上,互相交头接耳讲话。

〔154〕天下属(zhǔ 煮)安定:言天下近已安定。属,近也。

〔155〕此属:犹此辈。与上"属安定"之属不同。

〔156〕萧、曹故人所亲爱:言萧何、曹参等旧人,都是汉帝向所亲近爱护的人。

〔157〕见疑平生过失及诛:被疑到平常时候的过失,因而牵连到遭受诛杀。

〔158〕雍齿:沛人,从刘邦起兵,旋叛去,为魏守丰不下。已而复归,从战有功。故云与我故(有旧谊),又云数尝窘辱我(每以勇力困辱我)。

〔159〕人人自坚:人人自以为有功可封,不复自疑见罪被杀了。

〔160〕置酒:设筵大宴群臣。与下"罢酒"相应。

〔161〕什方:一作汁方,亦作汁防,又作汁邡,汉所置县,即以封雍齿

95

为侯国。故城在今四川省什邡市南,俗名雍齿城。

〔162〕刘敬:本姓娄,齐人。因献西都关中之策,汉高祖赐姓刘氏,号奉春君。旋封关内侯,号建信侯。《史记》有《刘敬叔孙通列传》。

〔163〕"左右"句:时汉帝左右大臣多丰、沛故旧及齐、楚之人,故云"皆山东人"。

〔164〕"雒阳"句:劝都雒阳的说辞(亦即其理由)。成皋,即虎牢,已见《项羽本纪》校释〔494〕。殽、黾,崤山与渑池水。殽已见《陈涉世家》校释〔148〕。渑池水出河南省熊耳山,流至宜阳县西,叫西度水,东南流,入于洛。倍,同"背",倍河,北背大河。向伊、雒,南面正对着伊水、洛水。四面都有山河之阻,故云"其固亦足恃"。

〔165〕左殽、函:东有殽、函之固。殽、函已详《陈涉世家》校释〔148〕。

〔166〕右陇、蜀:西有陇、蜀之险。陇指陕西省陇县以西的陇山。陇山延接甘肃省清水、镇原、静宁诸县之境,随地异名,有陇坻、陇坂、陇首诸称,向为关中西面的险要,又南连蜀中,相为掎扼,故并称陇、蜀。

〔167〕沃野千里:与上"其中小,不过数百里"对举,喻其宽广。

〔168〕巴、蜀之饶:巴、蜀两郡的富力。巴、蜀已见《项羽本纪》校释〔367〕。

〔169〕胡苑之利:关中北与胡接,依着边塞可以牧养禽兽,又可多致胡马,故云。苑,马牧,犹今牧场。

〔170〕河、渭漕挽天下:言大河及渭水之利,可以供给漕运天下之粟。水运曰漕。挽,同"挽",引也。

〔171〕西给京师:运东方之粟,西来供给京师的需要。京师,即首都。京,大也。师,范也。首都规模宏大,是四方观瞻的模范,故称京师。

〔172〕委输:输送军队和军需品。

〔173〕金城千里,天府之国:皆当时流行的古语,言四塞之国像金城一样的坚固,而富饶便于取给,又像天然的府库。

〔174〕驾:预备车马待发。

〔175〕道引:亦作导引,道家养生之法,谓静居行气,动摇筋骨支节

也,犹今做深呼吸及柔软体操。不食谷:即辟(bì 璧)谷,亦道家语,谓屏除谷食也,犹言不吃烟火食。

〔176〕杜门不出:言闭门不通宾客,亦不出外访友。杜,绝也。

〔177〕上:指汉高祖。太子:即刘盈,后嗣位为惠帝。

〔178〕戚夫人:定陶人,高祖宠姬。高祖死,吕后杀之。赵王如意:高祖九年(前198)封。王四年(前195),亦为吕后所药死。

〔179〕未能得坚决:没有得到明确的决定。

〔180〕不知所为:徬徨不定,无计可施。

〔181〕筴:同"策"。

〔182〕建成侯吕泽:当作建成侯吕释之。按吕泽、吕释之都是吕后之兄,俱于高祖六年(前201)封。泽封周吕侯,释之封建成侯。然则以下所述及之吕泽皆当作释之。劫留侯:强迫张良为吕后策划。劫,强制。

〔183〕安得高枕而卧乎:犹言哪得自图安闲,置身事外呢? 高枕而卧,形容他的安闲。

〔184〕以爱欲易太子:因宠爱之故而想要换立太子。

〔185〕"骨肉"二句:骨肉之间,向来难处,张良虽受汉帝信任,然涉及骨肉之情,良言未必能动听,故云虽百馀人何益。言外有"我一人更不足道"的意思存在着。

〔186〕强要:即劫持。

〔187〕顾:但也。不能致者:不能邀请得到的人。

〔188〕慢侮人:轻易凌辱他人。慢,怠也。侮,辱也。

〔189〕义不为汉臣:因为汉帝慢侮人,所以不愿为汉廷之臣。

〔190〕高此四人:看重这四个人。高,尊也。

〔191〕无爱:即不吝。爱,惜也;吝也。

〔192〕令太子为书:使刘盈自己写成延请四人的书信。

〔193〕卑辞:谦逊自抑的语辞。安车:舒服安稳的车辆。

〔194〕使辩士固请:令能言善辩的人坚决邀请。

〔195〕宜来:在这样的礼数之下,应当肯来的。

〔196〕来:谓四人如果肯来的话。以为客:因以为上客。

97

〔197〕异而问之:惊怪而动问此四人。

〔198〕则一助也:言如能这样做到,那么对于太子的地位是有帮助的。

〔199〕客建成侯所:客居于建成侯府中。

〔200〕汉十一年:乙巳岁,当公元前196年。

〔201〕欲使太子将:意欲命太子为将。

〔202〕"凡来"二句:言所以来到这里的用意,无非要保全太子的地位。

〔203〕与俱诸将:同行偕往击布的诸将领。俱,偕同。

〔204〕母爱者子抱:当时成语,言爱其母必时抱其子。《韩非子·备内篇》引语曰"其母好者其子抱",语盖本此。

〔205〕侍御:奉侍在侧,意即常在身边。

〔206〕不肖子:指太子。爱子:指赵王。

〔207〕承间为上泣言:抓住一个机会向汉帝哭诉。承间,犹伺隙。

〔208〕故等夷:旧时行辈相等的人。

〔209〕"且使"二句:言如果黥布闻太子将,则无所畏忌而公然西来犯关中了。此语真能动汉帝之心。

〔210〕强:勉也。辎车:有帷帐蔽护的车辆。

〔211〕护之:监诸将。

〔212〕自强:自己挣扎一下。

〔213〕立夜见吕后:立即于当夜进见吕后,以四人所教之言告诉她。

〔214〕惟:思也。竖子固不足遣:这小子(指太子)本不够当此差使。而公自行耳:老子自己走一趟罢。

〔215〕灞上:即霸上,已见《项羽本纪》校释〔266〕。

〔216〕曲邮:是一处行路歇脚的地方,在今陕西省西安市临潼区东七里。

〔217〕"臣宜"二句:言本当从帝东征,因病得厉害,只能不去了。

〔218〕楚人:指黥布所部。剽疾:轻捷。无与争锋:不必与楚人争一日之利。是役,汉帝竟为流矢所中。

〔219〕"令太"二句:这是张良乘机保全太子的谋略。时以三万人军霸上,一以固关中根本之地;一以安太子,为不击黥布之事找一解释。

〔220〕傅太子:翼护太子治事。傅,辅导。

〔221〕叔孙通:薛人,为博士,号稷嗣君。汉王为皇帝,通为制朝仪,拜奉常,徙太子太傅。《史记》有《刘敬叔孙通列传》。为太傅:即指为太子太傅之官。

〔222〕行少傅事:兼代太子少傅之职。太傅不领官属,少傅却是主领东宫官属的。

〔223〕汉十二年:丙午岁,当公元前195年。

〔224〕因疾不视事:称病请假。

〔225〕称说引古今:称引古今得失之迹以为劝说之辞。

〔226〕以死争太子:抵死苦争,以期保全太子。

〔227〕详许之:佯为应允不废太子。详,通"佯"。

〔228〕及燕:俟有宴会之时。燕,通"宴"。

〔229〕皓(hào昊)白:白得发亮。皓,日出貌,引申为光明洁白之义。

〔230〕甚伟:伟有盛、大、美、奇、异诸义。此云甚伟,则专用奇古义。

〔231〕东园公、甪(lù禄,汲古本作"角")里先生、绮里季、夏黄公:四人因避秦乱,隐于商山(在陕西省商县东),称"商山四皓"。

〔232〕辟逃我:避藏不见,逃避我的征召。辟,同"避"。

〔233〕延颈:伸长了脖子,喻企望。欲为太子死者:是情愿为太子出死力的。

〔234〕幸卒调护太子:好好地、始终其事地调护太子。

〔235〕为寿已毕:侍宴称寿既了。

〔236〕起去:起身辞去。

〔237〕"上目"二句:汉帝眼看此四人起去,呼戚夫人来前,指此四人给她看。

〔238〕难动矣:正与前"一助也"相应。

〔239〕吕后真而主矣:吕后真是你的主人了。补足"难动"之意。

〔240〕楚舞、楚歌:戚姬,定陶人,故楚地,故令她作楚舞,而己作楚歌

99

以和之。

〔241〕羽翮已就:即羽翼已成。横绝四海:喻往来飞越,无所阻碍。绝,径渡。

〔242〕矰缴(zēng zhuó 憎灼):弋射的工具,用来仰射飞鸟而可以引绳自收的。矰,短箭。缴,系短箭的绳。尚安所施:犹言还有什么地方可以下手呢!

〔243〕歌数阕:唱了几遍。参看《项羽本纪》校释〔567〕。阕,曲终。

〔244〕嘘唏:通"歔欷",叹声。

〔245〕"竟不"二句:司马迁插语,总结留侯计存太子的经过。

〔246〕从上击代:指汉十年代相陈豨反,从高帝亲征事。

〔247〕马邑:本秦之马邑城,汉置马邑县于此。故治在今山西省朔州市东北四十里桑干河北岸。

〔248〕立萧何相国:时萧何未为相国,张良劝高帝立之,故云。

〔249〕不著:不曾书写在史册上。著,录也;书也。

〔250〕称:宣言。

〔251〕"称曰"以下:都是留侯委婉避祸之辞。时韩信、彭越、黥布、陈豨诸人都已被诛,故良处处表示知足,并假托求仙以期自脱。赤松子,相传是仙人(有人说是神农氏的雨师)。

〔252〕"乃学"二句:即假托求仙之事。

〔253〕会:适逢。崩:天子死曰崩。

〔254〕德留侯:感留侯的德惠。与计存太子事相应。

〔255〕强食(sì 饲)之:坚劝留侯令进食也。与上"辟谷"相应。

〔256〕白驹过隙:喻光阴迅速,如快马那样地驰过墙隙。

〔257〕后八年卒:据《高祖功臣侯者年表》,良以高帝六年封,卒于吕后二年,距高帝之崩恰九年。此云"后八年卒",岂强而后食也费了一年的工夫? 当存疑。

〔258〕谥为文成侯:按《谥法》,施德为文,立政安民曰成。留侯之谥文成,意盖取此。

〔259〕子不疑代侯:良子张不疑袭封为留侯。

〔260〕葆祠之：宝爱这块黄石而祠享它。葆，同"宝"。

〔261〕黄石冢：今江苏省沛县东六十里微山之侧有张良墓。

〔262〕"每上"二句：每逢上冢（扫墓）及伏、腊（伏日、腊日之祭）之时，并祠黄石。

〔263〕孝文帝：名恒，高帝中子，初封代王。吕后死，大臣迎立之。元年壬戌，在位二十三年（前179—前157）。《史记》有《孝文帝本纪》。其五年丙寅岁，当公元前175年。坐不敬：因犯不敬之罪。按《年表》，不疑代立十年，坐与门大夫吉谋杀楚内史，当死，赎为城旦（一种刑罚名，就是罚作筑城等苦役），国除。

〔264〕有物：犹言有精怪。物，物怪。

〔265〕予书：即指授《太公兵法》。予，授与。

〔266〕离困者数矣：遭到的困难不止一次了。如鸿门会，韩、彭期而不至等等，都是的。离，同"罹"，遭遇。

〔267〕常有功力焉：言于此等困难处，常有力量帮助解决的。

〔268〕"余以"句：我以为此人大概是高大雄伟足以惊人的。计，猜测之辞，近于"大概"。

〔269〕见其图：见到留侯的画像。如妇人好女：谓模样娇弱，像个妇女。恰与想象相反。

〔270〕以貌取人，失之子羽：言若以貌论人，则子羽必且见恶于人了。语出《韩非子·显学篇》，太史公引来证明"以貌取人"的不是。子羽，孔子弟子澹台灭明之字，状貌甚恶，而有贤德。

〔271〕留侯亦云：太史公自谓于留侯也当作"失之子羽"之叹了。

孙子吴起列传[1]（节选）

孙子武者，[2]齐人也。[3]以兵法见于吴王阖庐。[4]阖庐曰："子之十三篇，吾尽观之矣，[5]可以小试勒兵乎？"[6]对曰："可。"阖庐曰："可试以妇人乎？"曰："可。"于是许之，出宫中美女，得百八十人。孙子分为二队，以王之宠姬二人各为队长，皆令持戟。[7]令之曰："汝知而心与左右手、背乎？"[8]妇人曰："知之。"孙子曰："前，则视心；左，视左手；右，视右手；后，即视背。"妇人曰："诺。"约束既布，[9]乃设铁钺，[10]即三令五申之。[11]于是鼓之右，[12]妇人大笑。孙子曰："约束不明，申令不熟，将之罪也。"复三令五申而鼓之左，妇人复大笑。孙子曰："约束不明，申令不熟，将之罪也；既已明而不如法者，吏士之罪也。"[13]乃欲斩左、右队长。吴王从台上观，见且斩爱姬，[14]大骇。趣使使下令曰：[15]"寡人已知将军能用兵矣。寡人非此二姬，食不甘味，愿勿斩也！"孙子曰："臣既已受命为将，将在军，君命有所不受。"[16]遂斩队长二人以徇。[17]用其次为队长，[18]于是复鼓之。妇人左右、前后、跪起皆中规矩绳墨，[19]无敢出声。[20]于是孙子使使报王曰："兵既整齐，王可试下观之，唯王所欲用之，[21]虽赴水火犹可也。"吴王曰："将军罢休就舍，[22]寡人不愿下观。"孙子曰:"王徒好其言,不能用其实。"于是阖庐知孙子能用兵,卒以为将。西破强楚,入郢;[23]北威齐、晋,[24]显名诸侯;孙子与有力焉。[25]

　　孙武既死,后百馀岁有孙膑。[26]膑生阿、鄄之间。[27]膑亦孙武之后世子孙也。孙膑尝与庞涓俱学兵法。[28]庞涓既事魏,得为惠王将军,[29]而自以为能不及孙膑,乃阴使召孙膑。[30]膑至,庞涓恐其贤于己,疾之,[31]则以法刑断其两足而黥之,欲隐勿见。[32]齐使者如梁,[33]孙膑以刑徒阴见,[34]说齐使。[35]齐使以为奇,窃载与之齐。[36]齐将田忌善而客待之。[37]

　　忌数与齐诸公子驰逐重射。[38]孙子见其马足不甚相远,马有上、中、下辈。[39]于是孙子谓田忌曰:"君弟重射,[40]臣能令君胜。"田忌信然之,与王及诸公子逐射千金。及临质,[41]孙子曰:"今以君之下驷与彼上驷,取君上驷与彼中驷,取君中驷与彼下驷。"既驰三辈毕,而田忌一不胜而再胜,卒得王千金。于是忌进孙子于威王。[42]威王问兵法,遂以为师。[43]

　　其后魏伐赵,[44]赵急,请救于齐。齐威王欲将孙膑,[45]膑辞谢曰:"刑馀之人不可。"[46]于是乃以田忌为将,而孙子为师,[47]居辎车中,[48]坐为计谋。[49]田忌欲引兵之赵,孙子曰:"夫解杂乱纷纠者不控捲,救斗者不搏撠。[50]批亢擣虚,形格势禁,[51]则自为解耳。今梁、赵相攻,轻兵锐卒必竭于外,[52]老弱罢于内;[53]君不若引兵疾走大梁,[54]据其街路,[55]冲其方虚,[56]彼必释赵而自救。是我一举解赵之围而收弊于魏也。"[57]田忌从之,魏果去邯郸,[58]与齐战于桂陵,[59]大破梁军。

　　后十三岁,[60]魏与赵攻韩,[61]韩告急于齐。齐使田忌将而往,直走大梁。魏将庞涓闻之,去韩而归,齐军既已过而西矣。〔62〕孙子谓田忌曰："彼三晋之兵，〔63〕素悍勇而轻齐,齐号为怯;善战者因其势而利导之。〔64〕兵法,百里而趣利者蹶上将,五十里而趣利者军半至。〔65〕使齐军入魏地为十万灶,明日为五万灶,又明日为三万灶。"〔66〕庞涓行三日,大喜,曰："我固知齐军怯,入吾地三日,士卒亡者过半矣。"〔67〕乃弃其步军，〔68〕与其轻锐倍日并行逐之。〔69〕孙子度其行，〔70〕暮当至马陵。〔71〕马陵道陕，〔72〕而旁多阻隘，〔73〕可伏兵,乃斫大树白而书之曰"庞涓死于此树之下"。〔74〕于是令齐军善射者万弩，〔75〕夹道而伏，〔76〕期曰：〔77〕"暮见火举而俱发。"庞涓果夜至斫木下,见白书,乃钻火烛之。〔78〕读其书未毕，〔79〕齐军万弩俱发,魏军大乱相失。〔80〕庞涓自知智穷兵败,乃自刭，〔81〕曰："遂成竖子之名！"〔82〕齐因乘胜尽破其军,虏太子申以归。〔83〕孙膑以此名显天下,世传其兵法。〔84〕

注释

〔1〕古书中凡记事、立论和解释经典的文字都叫作"传",并不限于专记一人的事迹。专记人物为一传的,便是司马迁作《史记》所创始的列传。列传有记一人的专传,有记数人的合传,也有"以类相从"(把行事相类的或性质相同的归在一起)的类传。这篇便是合传。

〔2〕子:为古代对钦敬人物的尊称,孔子、墨子、庄子、孟子等都是适当的例子。孙武的称孙子,其例同。并其名称之,故曰孙子武。

〔3〕齐:西周姜姓封国,为太公吕望之后。有今山东省泰山以北全部和河北省天津南,卫河东,沿渤海一带地。《史记》有《齐太公世家》。

〔4〕吴:西周姬姓封国,相传为太伯之后。传至寿梦,始称王,见于《春秋》。吴王阖庐:寿梦之孙,初名光。吴全盛时,有今江苏省全部、安徽省南部和山东省南部、安徽省北部的一小部。《史记》有《吴太伯世家》。

〔5〕十三篇:今本《孙子》,曹操(魏武帝)作注的一本最著名。有《始

计》《作战》《谋攻》《军形》《兵势》《虚实》《军事》《九变》《行军》《地形》《九地》《火攻》《用间》十三篇。

〔6〕小试:小规模地试验,意指操演阵势。勒兵:用兵法部勒军队。

〔7〕戟(jǐ挤):古兵器,戈之属,当时战争中常用武器。

〔8〕"汝知"句:你知道你的心口,你的左、右手和你的背心么?而,与"汝"同。

〔9〕约束:期约节制之意,就是纪律。既布:即指上文"前,视心;……后视背"的期约已宣布明白。

〔10〕铁(fū肤):斫刀;钺(yuè悦):大斧,军中行刑之具。

〔11〕三令五申之:把前面已经宣布明白的约束,重复交代清楚。"三""五"虚用数字,反复再三之意。

〔12〕鼓之右:击鼓传令使向右行进。

〔13〕不如法:不依照约束,犹言不听令。吏士:什伍之长,当时即指两个队长。

〔14〕且:将要。

〔15〕趣(cù促)使使下令:急派使者传下命令。

〔16〕"孙子"三句:《孙子·九变篇》:"将受命于君,君命有所不受。"曹操注:"苟便于事,不拘君命。"此语实本于司马穰苴对齐景公所说的"将在军,君令有所不受"。

〔17〕徇(xùn殉):巡行示众。

〔18〕用其次:挨次拔用第二人。

〔19〕中(zhòng仲)规矩绳墨:即一切合式。中,合适。规矩绳墨,本为匠人求圆、作方、取直所用的工具,此借喻约束律令。

〔20〕无敢出声:即寂静无哗,正与上面两番大笑对照。

〔21〕唯王所欲用之:随大王的意怎么使用他们都成。与上面"中规矩绳墨"和下面"虽赴水火犹可"相应。唯,尽管;任便;如意。

〔22〕罢休就舍:犹言你且到客舍去歇息罢。表示无可奈何的口气。

〔23〕楚:西周芈(mǐ米)姓封国,最初受封的是鬻熊之后熊绎。传至熊通,称武王,初见于《春秋》。渐次兼并江、汉间诸国,至春秋末年,占有今湖北

省全部、湖南省北部、河南省南部、安徽省北部(到战国时已兼包吴、越,疆域尤大)。中原诸国都惧怕它,故称强楚。《史记》有《楚世家》。郢(yǐng颖):楚都,即今湖北省江陵县北十里的纪南城。熊通的子孙平王居迁都于江陵县东南,仍称郢。入郢,指公元前506年(周敬王十四年,楚昭王十年,吴王阖庐九年)伍子胥导吴伐楚,五战入郢事。此郢即江陵县东南的故郢城。

〔24〕北威齐、晋:指公元前484年(周敬王三十六年、吴王夫差十二年、齐简公元年)吴救鲁伐齐,战于艾陵,齐师败绩事,和公元前482年(周敬王三十八年、吴王夫差十四年、晋定公三十年)吴、晋相会于黄池争长事。晋,西周姬姓封国,武王子叔虞之后。春秋时为北方强国,迭与秦、楚争霸。全盛时,有今山西省中南大部、河北省西南大部、陕西省泾水以东大部、河南省西部和北部一小部。《史记》有《晋世家》。

〔25〕"显名"二句:伐楚入郢在阖庐时,北威齐、晋在夫差时,《春秋》俱不见孙武为将。此处以"与有力焉"虚点一笔,大概是说吴势之强,实在是无形中受到孙武兵法的赐与。

〔26〕孙膑:不传其名。因为他被庞涓截去两脚而后成就显名的,世便以刑徒的称呼相传以为绰号。膑,刖也,断足之刑。

〔27〕生阿、鄄(juàn倦)之间:言自幼生长于两邑之间。阿,齐邑,即今山东省阳谷县东北五十里的阿城镇。(参看《项羽本纪》校释〔113〕)鄄,卫邑,后入齐,即今山东省鄄城县。

〔28〕庞涓:魏人。

〔29〕魏:战国七雄之一。毕万之后,世为晋卿。传至魏斯,与韩、赵分晋立国,是为魏文侯。都安邑,得晋之东南和西部地,其孙魏䓨始称王,徙都大梁(今河南省开封市),是为魏惠王。惠王徙都后,改国为梁,故其后"梁""魏"杂称。下文"梁、赵相攻"和"大破梁军"的梁,都指魏;孟子见梁惠王,即魏惠王。《史记》有《魏世家》。

〔30〕阴使召孙膑:暗地派人招孙膑,做他自己的辅佐。

〔31〕贤于己:才能胜过自己。疾之:妒忌孙膑。疾,嫌恶;忌恨。

〔32〕"则以"二句:谓庞涓假借罪名,处孙膑以刖刑,并刺其面,是要他不能行动,不得见人,即所谓"欲隐勿见"。黥,刺面,即墨刑。

〔33〕齐:这时派使者到大梁去的齐,已非春秋时的姜齐了。姜齐传至康公,被田和所篡,仍号齐国(后人亦称田齐,以区别于姜齐)。田和的孙儿田因齐始称王,是为齐威王,齐遂列为战国七雄之一。占有今山东省全部和河北省的东南一小部地。他在位四十六年(前378—前333)。《史记》有《田敬仲完世家》。

〔34〕以刑徒阴见:以罪犯的身份暗地里见到齐使。

〔35〕说齐使:以兵法或技能向齐使游说。

〔36〕窃载与之齐:偷偷地同载车中,带往齐国。

〔37〕田忌:齐之宗族。善而客待之:信服孙膑之能,而以客礼款待他。

〔38〕"忌数"句:田忌屡次与诸公子赛马打赌。重射,即很丰的赌注。

〔39〕上、中、下辈:辈,等也。上、中、下三等,即下文的上驷、中驷、下驷,上文的"马足"就是指马的足力。

〔40〕弟重射:言尽可下重注,与下文"千金"相应。弟,但也,亦作"第",引申有尽义。

〔41〕临质:临场比赛。质,对也。

〔42〕进:荐进。

〔43〕以为师:尊以为师,即师事之。与后文"孙子为师"的"师"不同,详见〔47〕。

〔44〕赵:战国七雄之一。赵夙之后,世为晋卿。传至赵籍,与韩、魏分晋立国,是为赵烈侯。都邯郸,得晋北部之地。《史记》有《赵世家》。

〔45〕欲将孙膑:欲以孙膑为将。

〔46〕刑馀之人:谓遭受过刑戮的人。不可:谦辞。实亦不欲显居其名,好瞒过庞涓的耳目罢了。

〔47〕孙子为师:以孙膑为参谋,虽居田忌之次,实即所谓军师。

〔48〕居辎(zī 滋)车中:仍不欲使敌方知道罢了。辎车,有邸(车篷)之车。所以别于无邸之軿。

〔49〕坐为计谋:暗中策划。

〔50〕解杂乱纷纠者不控捲:言理乱丝只能用手徐徐解开,不能抓紧了拳头使劲的。杂乱纷纠谓乱丝。控是抓紧。捲与"拳"通。救斗者不搏

107

撆:言劝解斗殴,只能善为分解,不能插手帮打的。撆,与"击"同。

〔51〕批亢擣虚:谓撇开敌人充实的处所,冲击敌人空虚的地方,即所谓避实击虚。批,抛撇。亢,充满。擣,冲击。形格势禁:言敌人实际上发生了矛盾,在运用上必然有所顾忌的。格,扞格。禁,顾忌。

〔52〕轻兵:行动迅疾的战士。锐卒:精锐的战士。互文同义。

〔53〕罢:与"疲"同。与上"竭"字合看,即所谓内外交疲。

〔54〕疾走大梁:赶快冲向大梁。疾,快速。走,趋向。

〔55〕据其街路:截断他的交通线。

〔56〕方虚:正当空虚的地区。

〔57〕收弊于魏:坐收魏军自弊之效。

〔58〕去邯郸:解围离去赵都。

〔59〕桂陵:魏地,在今山东省菏泽市东北二十里。

〔60〕十三岁:按桂陵之役在公元前353年(周显王十六年、齐威王二十六年、魏惠王十八年),马陵之役在公元前341年(周显王二十八年、齐威王三十八年、魏惠王三十年)。其间相去恰十三年。

〔61〕韩:战国七雄之一。春秋时,晋封韩武子于韩原,其后世为晋卿。至韩虔,与赵、魏分晋立国,是为韩景侯。都阳翟(今河南省禹州市),得晋之南部和中部一带地。《史记》有《韩世家》。

〔62〕既已过而西:言齐国趋向大梁的兵,已过齐界,西入魏境了。

〔63〕三晋:本泛指赵、魏、韩。此处却侧重魏兵。

〔64〕"素悍"三句:因魏兵以齐兵为怯,齐兵遂伪装胆怯逃亡,诱令魏兵上当。此即因其势而利导之。

〔65〕"百里"二句:言一日夜追逐胜利于百里之外,则赶到的疲乏不堪,掉队的很多,给养供应不及,虽上将必有挫折之虞;即使追逐五十里,尚恐前后不相接,军队一半能到,一半便不能呢。此引《孙子·军争篇》语而少变其文。趣,同"趋"。蹶,挫跌。

〔66〕"使齐"三句:逐日减灶,佯示胆怯而撤退。

〔67〕亡者过半:逃亡的士兵已超过半数。

〔68〕步军:即步兵。

〔69〕轻锐:轻兵锐卒。倍日并行逐之:两日的路程并一日赶,穷追奔逃的敌人。

〔70〕度其行:估计庞涓追兵的行程。度,估量。

〔71〕暮当至马陵:当晚可以赶到马陵。马陵,魏地,在今河北省大名县东南十里。

〔72〕陕:山间隘道也,为"峡"之本字,亦通作"狭",与陕西的"陕"字从两"入"者不同。

〔73〕阻隘:险阻峻隘的地方。

〔74〕斫大树白而书之:削去大树的外皮,即在露出的白木上写字。书,写也,动词。

〔75〕善射者万弩:选能射的弩手一万人。

〔76〕夹道而伏:分头埋伏在近旁的阻隘之处。

〔77〕期曰:汲古本作"期日"。按期,约也。期日即刻日,仅为约期;期曰则约期之中兼带说话了。自以期曰之义为长。

〔78〕钻火烛之:取火来照这树上的字。古人钻木取火,后虽有刀燧之利,仍沿旧称曰钻火。烛,照亮。

〔79〕读其书:读白木上所写的字。书,名词,指写的字。未毕,尚未读完。

〔80〕相失:溃散乱窜,彼此失去联系。

〔81〕刭:割颈自杀。参看《项羽本纪》校释〔535〕。

〔82〕遂成竖子之名:犹言成就了这小子的声名了。参看《项羽本纪》校释〔348〕。

〔83〕太子申:魏惠王之太子。申既被虏死于齐,惠王乃立公子赫为太子,后继位为魏襄王(亦作梁襄王)。

〔84〕世传其兵法:杜佑《通典·兵典二》:孙膑曰:"用骑有十利……"《太平御览》二百八十二引《战国策》:齐孙膑谓王曰:"凡伐国之道,攻心为上,务先伏其心……"世传其兵法,今仅存此而已。(编者按:1972年山东临沂银雀山一号汉墓出土了大量竹简,其中有《孙膑兵法》,经整理,竹简书虽非全本,但有十五篇可以确定为《孙膑兵法》的文章。)

魏公子列传

　　魏公子无忌者,魏昭王少子,[1]而魏安釐王异母弟也。[2]昭王薨,[3]安釐王即位,封公子为信陵君。[4]是时范睢亡魏相秦,[5]以怨魏齐故,[6]秦兵围大梁,[7]破魏华阳下军,[8]走芒卯。[9]魏王及公子患之。

　　公子为人仁而下士,[10]士无贤不肖,皆谦而礼交之,[11]不敢以其富贵骄士。士以此方数千里争往归之,[12]致食客三千人。[13]当是时,诸侯以公子贤,多客,不敢加兵谋魏十馀年。公子与魏王博,[14]而北境传举烽,[15]言"赵寇至,且入界"。[16]魏王释博,[17]欲召大臣谋。公子止王曰:"赵王田猎耳,[18]非为寇也。"复博如故。王恐,心不在博。居顷,[19]复从北方来传言曰:"赵王猎耳,非为寇也。"魏王大惊,曰:"公子何以知之?"公子曰:"臣之客有能深得赵王阴事者,[20]赵王所为,客辄以报臣,[21]臣以此知之。"是后魏王畏公子之贤能,[22]不敢任公子以国政。[23]

　　魏有隐士曰侯嬴,年七十,家贫,为大梁夷门监者。[24]公子闻之,往请,欲厚遗之。[25]不肯受,曰:"臣脩身絜行数十年,[26]

终不以监门困故而受公子财。"[27]公子于是乃置酒大会宾客。坐定,公子从车骑,[28]虚左,[29]自迎夷门侯生。[30]侯生摄敝衣冠,[31]直上载公子上坐,[32]不让,欲以观公子。公子执辔愈恭。[33]侯生又谓公子曰:"臣有客在市屠中,[34]愿枉车骑过之。"[35]公子引车入市,侯生下见其客朱亥,俾倪故久立,[36]与其客语,微察公子。[37]公子颜色愈和。[38]当是时,魏将相宗室宾客满堂,待公子举酒。[39]市人皆观公子执辔。[40]从骑皆窃骂侯生。[41]侯生视公子色终不变,乃谢客就车。[42]至家,[43]公子引侯生坐上坐,遍赞宾客,[44]宾客皆惊。[45]酒酣,公子起,为寿侯生前。[46]侯生因谓公子曰:[47]"今日嬴之为公子亦足矣。[48]嬴乃夷门抱关者也,[49]而公子亲枉车骑,自迎嬴于众人广坐之中,[50]不宜有所过,[51]今公子故过之。然嬴欲就公子之名,故久立公子车骑市中,过客以观公子,[52]公子愈恭。市人皆以嬴为小人,而以公子为长者能下士也。"于是罢酒,侯生遂为上客。侯生谓公子曰:"臣所过屠者朱亥,此子贤者,世莫能知,故隐屠间耳。"公子往数请之,[53]朱亥故不复谢。[54]公子怪之。[55]

魏安釐王二十年,[56]秦昭王已破赵长平军,[57]又进兵围邯郸。公子姊为赵惠文王弟平原君夫人,数遗魏王及公子书,[58]请救于魏。魏王使将军晋鄙将十万众救赵。秦王使使者告魏王曰:"吾攻赵,旦暮且下,而诸侯敢救者,已拔赵,必移兵先击之。"魏王恐,使人止晋鄙,留军壁邺,[59]名为救赵,实持两端以观望。[60]平原君使者冠盖相属于魏,[61]让魏公子曰:[62]"胜所以自附为婚姻者,[63]以公子之高义,[64]为能急人之困,[65]今邯郸旦暮降秦,而魏救不至,安在公子能急人之困也![66]且公子纵轻胜,[67]弃之降秦,[68]独不怜公子姊邪!"公

111

子患之,数请魏王及宾客辩士说王万端。[69]魏王畏秦,终不听公子。公子自度终不能得之于王,[70]计不独生而令赵亡。[71]乃请宾客,约车骑百馀乘,[72]欲以客往赴秦军,与赵俱死。

行过夷门,见侯生,具告所以欲死秦军状。辞决而行,[73]侯生曰:"公子勉之矣!老臣不能从。"公子行数里,心不快,曰:"吾所以待侯生者备矣,[74]天下莫不闻,今吾且死,而侯生曾无一言半辞送我,我岂有所失哉!"[75]复引车还问侯生。侯生笑曰:"臣固知公子之还也。"[76]曰:[77]"公子喜士,名闻天下。今有难,无他端而欲赴秦军,[78]譬若以肉投馁虎,[79]何功之有哉!尚安事客![80]然公子遇臣厚,[81]公子往而臣不送,以是知公子恨之复返也。"公子再拜,因问。侯生乃屏人间语曰:[82]"嬴闻晋鄙之兵符常在王卧内,[83]而如姬最幸,[84]出入王卧内,力能窃之。嬴闻如姬父为人所杀,如姬资之三年,[85]自王以下欲求报其父仇,莫能得。如姬为公子泣,[86]公子使客斩其仇头,敬进如姬。如姬之欲为公子死,无所辞,顾未有路耳。[87]公子诚一开口请如姬,如姬必许诺,则得虎符夺晋鄙军,[88]北救赵而西却秦,[89]此五霸之伐也。"[90]公子从其计,请如姬。如姬果盗晋鄙兵符与公子。

公子行,侯生曰:"将在外,主令有所不受,以便国家。[91]公子即合符,[92]而晋鄙不授公子兵而复请之,[93]事必危矣。臣客屠者朱亥可与俱,此人力士。晋鄙听,大善;不听,可使击之。"于是公子泣,侯生曰:"公子畏死邪?何泣也?"公子曰:"晋鄙嚄唶宿将,[94]往恐不听,必当杀之,是以泣耳,[95]岂畏死哉!"于是公子请朱亥。[96]朱亥笑曰:"臣迺市井鼓刀屠者,[97]而公子亲数存之,[98]所以不报谢者,以为小礼无所用,今公子有急,[99]此乃臣效命之秋也。"[100]遂与公子俱。公子过谢侯生。

侯生曰："臣宜从,老不能;请数公子行日,以至晋鄙军之日,[101]北乡自刭以送公子。"[102]公子遂行。

至邺,矫魏王令代晋鄙。[103]晋鄙合符,疑之,举手视公子曰:[104]"今吾拥十万之众,屯于境上,国之重任,今单车来代之,何如哉?"[105]欲无听。朱亥袖四十斤铁椎,[106]椎杀晋鄙,[107]公子遂将晋鄙军。勒兵下令军中曰:[108]"父子俱在军中,父归;兄弟俱在军中,兄归;独子无兄弟,归养。"[109]得选兵八万人,[110]进兵击秦军。秦军解去,遂救邯郸,存赵。赵王及平原君自迎公子于界,平原君负韊矢为公子先引。[111]赵王再拜曰:[112]"自古贤人未有及公子者也。"当此之时,平原君不敢自比于人。[113]公子与侯生决,[114]至军,[115]侯生果北乡自刭。

魏王怒公子之盗其兵符,矫杀晋鄙,公子亦自知也。[116]已却秦存赵,[117]使将将其军归魏,[118]而公子独与客留赵。赵孝成王德公子之矫夺晋鄙兵而存赵,[119]乃与平原君计,以五城封公子。公子闻之,意骄矜而有自功之色。[120]客有说公子曰:[121]"物有不可忘,[122]或有不可不忘。夫人有德于公子,公子不可忘也;公子有德于人,愿公子忘之也。且矫魏王令,夺晋鄙兵以救赵,于赵则有功矣,于魏则未为忠臣也。公子乃自骄而功之,[123]窃为公子不取也。"于是公子立自责,[124]似若无所容者。[125]赵王埽除自迎,[126]执主人之礼,引公子就西阶。[127]公子侧行辞让,[128]从东阶上。[129]自言罪过,[130]以负于魏,无功于赵。[131]赵王侍酒至暮,口不忍献五城,以公子退让也。公子竟留赵。赵王以鄗为公子汤沐邑,[132]魏亦复以信陵奉公子。公子留赵。

公子闻赵有处士毛公藏于博徒,薛公藏于卖浆家,[133]公子

113

欲见两人，两人自匿不肯见公子。公子闻所在，乃间步往从此两人游，[134]甚欢。平原君闻之，谓其夫人曰："始吾闻夫人弟公子天下无双，[135]今吾闻之，乃妄从博徒卖浆者游，公子妄人耳。"[136]夫人以告公子。公子乃谢夫人去，曰："始吾闻平原君贤，故负魏王而救赵，以称平原君。[137]平原君之游，徒豪举耳，[138]不求士也。[139]无忌自在大梁时，尝闻此两人贤，至赵，恐不得见。以无忌从之游，尚恐其不我欲也，[140]今平原君乃以为羞。其不足从游！"[141]乃装为去。[142]夫人具以语平原君。平原君乃免冠谢，[143]固留公子。平原君门下闻之，半去平原君归公子。天下士复往归公子。公子倾平原君客。[144]

公子留赵十年不归。秦闻公子在赵，日夜出兵东伐魏。魏王患之，使使往请公子。公子恐其怒之，[145]乃诫门下：[146]"有敢为魏王使通者，死。"[147]宾客皆背魏之赵，[148]莫敢劝公子归。毛公、薛公两人往见公子曰："公子所以重于赵，名闻诸侯者，徒以有魏也。[149]今秦攻魏，魏急而公子不恤，[150]使秦破大梁而夷先王之宗庙，[151]公子当何面目立天下乎？"语未及卒，[152]公子立变色，告车趣驾归救魏。[153]

魏王见公子，相与泣，[154]而以上将军印授公子，公子遂将。[155]魏安釐王三十年，[156]公子使使遍告诸侯。[157]诸侯闻公子将，各遣将将兵救魏。公子率五国之兵破秦军于河外，[158]走蒙骜。[159]遂乘胜逐秦军至函谷关，[160]抑秦兵，[161]秦兵不敢出。当是时，公子威振天下，诸侯之客进兵法，公子皆名之，[162]故世俗称《魏公子兵法》。[163]秦王患之，乃行金万斤于魏，[164]求晋鄙客，令毁公子于魏王曰：[165]"公子亡在外十年矣，今为魏将，诸侯将皆属，诸侯徒闻魏公子，不闻魏王。公子亦欲因此时定南面而王,诸侯畏公子之威,方欲共立之。"秦数使反间,伪贺公子得立为魏王未也。[166]魏王日闻其毁,不能不信,后果使人代公子将。

公子自知再以毁废,[167]乃谢病不朝,[168]与宾客为长夜饮,[169]饮醇酒,[170]多近妇女。日夜为乐饮者四岁,[171]竟病酒而卒。[172]其岁,魏安釐王亦薨。秦闻公子死,使蒙骜攻魏,拔二十城,初置东郡。[173]其后秦稍蚕食魏,[174]十八岁而虏魏王,[175]屠大梁。[176]

高祖始微少时,[177]数闻公子贤。及即天子位,每过大梁,常祠公子。[178]高祖十二年,[179]从击黥布还,[180]为公子置守冢五家,[181]世世岁以四时奉祠公子。[182]

太史公曰:吾过大梁之墟,[183]求问其所谓夷门,夷门者,城之东门也。天下诸公子亦有喜士者矣,[184]然信陵君之接岩穴隐者,不耻下交,有以也。[185]名冠诸侯不虚耳。[186]高祖每过之而令民奉祠不绝也。

注释

〔1〕魏昭王:名遫,魏国第五君,在位十九年(前295—前277)。

〔2〕魏安釐王:名圉,魏国第六君,在位三十四年(前276—前243)。釐,同"僖"。

〔3〕薨(hōng 轰):古代公侯死去叫作薨。

〔4〕信陵:魏邑,古葛伯之国,故城在今河南省宁陵县西十里。

〔5〕范睢亡魏相秦:《史记》有《范睢蔡泽列传》。

〔6〕以怨魏齐故:因怨恨魏齐的缘故。"以"和"故"彼此呼应,以……故,即因……之故。

115

〔7〕大梁:魏都,今河南省开封市。已见《项羽本纪》校释〔88〕和《孙子吴起列传》校释〔29〕。

〔8〕华阳:山名,在今河南省新密市境。

〔9〕芒卯:魏将,为秦所败走,故云走芒卯。按秦攻败芒卯围大梁在公元前275年(秦昭襄王三十二年,魏安釐王二年);秦破魏华阳下军在公元前273年(秦昭襄王三十四年,魏安釐王四年)。其时秦魏冉为相,下距范睢相秦尚隔十年,这上面说是"以怨魏齐故",叙事似有舛错。

〔10〕仁而下士:仁厚而待士谦虚。

〔11〕"士无"二句:对士无论贤与不贤,一概以礼相待。此即上面"仁而下士"的说明。

〔12〕"士以"句:周围数千里内的游士争先投向信陵君。

〔13〕致:招徕。

〔14〕博:局戏。即赌棋。

〔15〕举烽:发警报。古代报警的设备,据《集解》引文颖说:"作高木橹(像楼那样的高架),橹上作桔槔(像风车那样可以低昂的长木臂),桔槔头兜零(像筐子那样可以盛东西的),以薪置其中,谓之烽。常低之(盛薪的兜零常低着于地面)。有寇,即火燃举之(昂起来)以相告。"

〔16〕且入界:即将进入魏国的北界。

〔17〕释博:放下赌博的东西。

〔18〕田猎:即打猎,亦作佃猎,或作畋猎。

〔19〕居顷:停不多时。与"居有顷顷""顷之"等相当。

〔20〕深得赵王阴事:很精细地获得赵王的秘密。

〔21〕辄以报臣:陆续地报告我。辄,每常;频数。

〔22〕是后:此时以后,犹言从此。畏,惧怕。引申有妒忌义。

〔23〕"不敢"句:不敢把国家的大政交托给信陵君。

〔24〕夷门:大梁东门名。监者:看守城门的人。

〔25〕往请:使人前往问候。欲厚遗之:要送一份厚礼给他。

〔26〕脩身絜行:谓修养品性和检点行为。

〔27〕"终不"句:到底不能因困于监门的缘故而接受公子的私财。

〔28〕从车骑:带着随从的车马。

〔29〕虚左:空出尊位。古代乘车以左位为尊。

〔30〕自迎:亲自迎接。侯生:即侯嬴。生本先生的省称,引申之,凡士人都可称生。

〔31〕摄敝衣冠:拂拭一下破烂的衣冠。摄,整理。

〔32〕直上:略不推辞,径行上车。载公子上坐:即坐于公子空出的左首尊位上。

〔33〕执辔(pèi 佩)愈恭:握着御车的马缰,愈见恭敬。辔,驾马的缰绳。

〔34〕在市屠中:在市井的屠户中,意即市场的屠户。参看下〔97〕。

〔35〕枉车骑过之:央烦你的车马到屠户那边去访问他。枉,屈辱。

〔36〕俾倪(pì nì 僻逆)故久立:斜着眼睛,有意地久立在那里。俾倪,通作"睥睨",不正视貌。

〔37〕微察:暗地里考验。与上"俾倪"相应。

〔38〕颜色愈和:面上的神色更见和悦。

〔39〕待公子举酒:等待公子到来开始饮酒。此写公子府中情形,是一层。

〔40〕"市人"句:市中人都看到公子为侯生当缰。此写市中的观众景象,另是一层。

〔41〕"从骑"句:公子的随从人等都暗地里恨骂侯生。此写随从人的怨怒,又是一层。

〔42〕谢客就车:辞别朱亥,重登上公子所乘的车。

〔43〕至家:到公子的府中。

〔44〕坐上坐:坐于上首的座位上。上一"坐"字是动词。"上坐"之"坐"是名词,通作"座"。遍赞宾客:一一向宾客介绍侯生而盛称他的贤德。

〔45〕皆惊:蜀本作"雷惊"。意谓突出意外,如听到焦雷那样的震惊。似嫌穿凿。

〔46〕为寿侯生前:在侯生面前上寿。此为当时敬礼,参看《项羽本

117

纪》校释〔287〕。

〔47〕因谓公子：趁公子近前上寿的时候对公子有所陈说。

〔48〕为公子亦足矣：难为你也够了。

〔49〕"嬴乃"句：我是夷门上抱着门栓的人啊。在当时，看职司启闭城门的人是贱役，故与上"难为"（或羞辱）相应。关，用来固护门户的东西，即门栓（俗也作闩）。

〔50〕众人广坐之中：当着大众的面前。

〔51〕不宜有所过：不当有过分的礼节。

〔52〕过客以观公子：过访屠户中的朋友（屠户在当时也看作贱役的）来考验你的度量。

〔53〕往数请之：前往朱亥那里屡次致意问候。数读入声，下面"数遗魏王及公子书""数请魏王""数过存之""秦数使反闲""数闻公子贤"的数，读音都与此同。

〔54〕故不复谢：故意不答谢。

〔55〕怪之：疑怪朱亥的行径。

〔56〕魏安釐王二十年：甲辰岁，当周赧王五十八年，秦昭襄王五十年，赵孝成王九年，公元前257年。

〔57〕秦昭王：即昭襄王。赵长平军破在前三年，故云"已破"。

〔58〕"数遗"句：屡次送信给魏安釐王和信陵君。

〔59〕壁邺：扎营在邺地。壁，动词。邺，魏地，近赵边。故城在今河北省临漳县西南，接河南省安阳县界。

〔60〕持两端以观望：执行两面政策来看望形势。

〔61〕冠盖相属（zhǔ 煮）：言使者往来不绝。冠是冠冕，盖是车盖，喻使者的威仪服饰。属，连缀。

〔62〕让：消责；埋怨。

〔63〕自附为婚姻：自愿托结为姻亲。附，托也。混言之，嫁娶好合叫婚姻；析言之，妇家叫婚，婿家叫姻；故妇之父母和婿之父母互相称谓叫婚姻。

〔64〕高义：高度的道义。

〔65〕急人之困：解救别人的困难。急用作动词，有解急救患义。

〔66〕"安在"句：哪里见得出公子能够解救别人的困难呢！安，何也。安在即何在。

〔67〕纵轻胜：即使看不起我赵胜。纵，纵令；即使。轻，不重视。

〔68〕弃之降秦：丢开他，让他去投降秦国。此之字即指赵胜自己。

〔69〕数请魏王：公子自己屡次请求魏王。宾客辩士说王：公子使人游说魏王。万端：犹万般，就是用尽种种说法。

〔70〕自度：自己估量。终不能得之于王：到底不能取得魏王的允许。之字指救赵事。

〔71〕"计不"句：决计不独自苟存而使赵国灭亡。计，计划；盘算。引申有决定义。

〔72〕约：凑集。

〔73〕辞决而行：说完了话，就分别而去。

〔74〕备：周到。

〔75〕失：缺失。与"备"相应。

〔76〕固知：本就知道。

〔77〕曰：指侯生说，表示顿一顿后，接下去说。

〔78〕无他端：没有别的法儿。端，方法。

〔79〕馁（něi 内上声）：饥饿。

〔80〕尚安事客：还用得到宾客么！

〔81〕遇：待遇。

〔82〕屏人间语：遣开旁人，趁空当儿进言。

〔83〕兵符：调遣军马的凭证，参看下〔88〕。卧内：寝室。

〔84〕如姬：魏王的侍妾。最幸：最得宠任。幸，宠信。

〔85〕资之三年：积恨三年。资，积蓄。之字指杀父的仇恨。

〔86〕为公子泣：为父仇未伸的事泣告公子。

〔87〕无所辞：犹言不会推辞。顾未有路耳：犹言但没有报答的机会罢了。顾，但是。

〔88〕得虎符夺晋鄙军：取得调兵易将的虎符，矫命夺取晋鄙的兵权。

119

虎符之制,范铜为虎形,中剖为两,彼此相合,以其半授奉使之人,以其半留内;凡有后命,即用留内的半符,持往传达;符合,乃得施行。

〔89〕卻秦:打退秦兵。

〔90〕五霸之伐:五霸那样的功勋。五霸为当时称道的齐桓公、晋文公之类,不必确指是谁。伐,名词,功业;勋名。

〔91〕"侯生"四句:《孙子·九变篇》:"将受命于君,合众聚军,君命有所不受。"故侯生推揣此意而预料地说,将在外,主令有所不受,以便国家。

〔92〕即合符:即使把虎符核对得相合了。即与前"纵轻胜"之纵相当。

〔93〕不授公子兵而复请之:不把兵权交给公子而重向魏王请示。此处请字有对质的意义,与请求、邀请等意义都不同。

〔94〕嚄唶(huò zé 货啧)宿将:犹言叱咤风云的老将。嚄唶,呼喝示威之貌。嚄,大笑;唶,大叫。宿将,积有威望的将军。宿,陈也;老也。

〔95〕是以泣耳:正因痛惜损失老将而哭泣。

〔96〕请朱亥:邀请朱亥同行。

〔97〕廼:古"乃"字。市井鼓刀屠者:市场中操刀宰牲的屠夫。市井之说不一,《管子·小匡》注:"立市必四方,若造井之制,故曰市井。"可从。鼓,动也。

〔98〕亲数存之:亲自屡次来照顾我。存,问候;恤助。之字指朱亥自己。此语与前"故不复谢"相应,故下接云"所以不报谢者,以为小礼无所用"。

〔99〕有急:有急难之事。急,名词。

〔100〕效命之秋:贡献生命的适当时候。效,呈献。秋为一年中禾谷收成的季节,引申为适当之时。

〔101〕"请数"二句:计算公子在路行程,到达晋鄙军中的日期。

〔102〕"北乡"句:向北自刎来报谢公子。此送字有报答义。北乡,面向北方。乡,同"向"。赵在魏之北,故如此说。

〔103〕矫魏王令代晋鄙:凭着虎符,假传魏王的命令,叫公子代替晋

鄙为将军。

〔104〕举手视公子:正显出晋鄙的轻慢不信的态度。

〔105〕"今单"二句:现在你不带随护的兵卒,单身来接替我这重任,什么道理呢? 单车,单单只有乘坐的车辆。之字指晋鄙自己。

〔106〕袖:动词,藏在衣袖之中。铁椎:已见《留侯世家》校释〔15〕。

〔107〕椎杀:用椎击杀。

〔108〕勒兵:检阅部队。

〔109〕归养:回家奉养父母。

〔110〕选兵:经挑选够格的兵卒。

〔111〕负韊(lán 兰)矢为公子先引:背着弓箭、箭袋,在前引路。所谓执鞭坠镫,极意形容平原君的卑躬屈节。韊,盛矢之器。

〔112〕再拜:连施两拜,是古代较为隆重的礼节。也可作拜了又拜解。

〔113〕不敢自比于人:犹言不敢跟人家相比。此人字指魏公子。本来四君并称,至此,平原君自惭不能比信陵君了。

〔114〕与侯生决:自从与侯生相别。

〔115〕至军:公子行抵晋鄙军中之日。此二语与前"请数公子行日"诸语相应。

〔116〕亦自知也:言公子也自己知道有负国负兄的罪过的。

〔117〕卻:退,使退。

〔118〕使将将其军:前"将"字,名词;后"将"字,动词。

〔119〕德:感激。

〔120〕意骄矜:心意中存着骄傲夸张的念头。有自功之色:脸上显露着自以为有功的神色。矜,夸耀。

〔121〕客有说(shuì 睡)公子:门客中有人向公子进言。

〔122〕物有不可忘:犹言事有不可忘者。物,事也。

〔123〕自骄而功之:以背魏救赵为有功而自骄自满也。之字指窃符杀鄙,救赵自荣诸事。

〔124〕立自责:立刻自己责备自己。

121

〔125〕似若无所容者:好像没有地方可以容身的样子。

〔126〕埽除自迎:洒扫街道,亲自迎接公子。

〔127〕"执主"二句:古代升堂的礼节:主人从东阶上,宾客从西阶上。赵王执主人之礼,故引公子就西阶。就,凑近。

〔128〕侧行辞让:偏侧着身子前进,一路表示谦让。

〔129〕从东阶上:自谦降等,就主人的阶位一同升堂。

〔130〕自言皋过:自陈有罪恶在身。皋,古"罪"字。

〔131〕"以负"二句:即罪过的理由。以,因为。负,违背。此两语为概括的叙述,不是公子自己口头所说的话。

〔132〕鄗(hào昊):本春秋晋邑,战国时属赵。即今河北省高邑县。汤沐邑:本是古代天子赐给诸侯来朝的斋戒自洁的地方。此则指供养生活的取资所在。

〔133〕处士:有学行而隐居不仕的人。毛公、薛公:史佚其名。《汉书·艺文志》名家者流有毛公九篇,或即其人。藏:隐蔽;容身。博徒:聚赌的人。卖浆家:出卖酒浆的店家。

〔134〕游:交游,即往来交好。

〔135〕始:初也。犹"早先"或"从前"。天下无双:世上没有比并的人。无双犹绝对。

〔136〕妄人:失去常度的人。上云"妄从博徒卖浆者游",即说他不加辨别而胡乱结交。

〔137〕称:遂也;当也。与上"闻平原君贤"相应,有"报称"义,意谓因其贤,故宁可负魏救赵以顺遂他的心愿。

〔138〕徒豪举耳:犹言但以宾客众自豪罢了。一说:"豪者举之,不论德行。"(见会注本《正义》引刘伯庄说)

〔139〕不求士也:不是真诚地争取有学行的人士的。

〔140〕不我欲:倒装句,即不要我。

〔141〕其不足从游:等于说:"殆不足从游乎。"其,拟议不定的副词,相当于"殆"。不足从游,犹言不够朋友,意谓不配跟他在一块儿了。游下当添一"乎"字看。

〔142〕乃装为去:遂整理行装,作离去赵国的准备。

〔143〕免冠谢:摘去帽子前往谢罪。古人摘帽露顶是表示自己认罪。

〔144〕"公子"句:公子把平原君的门客都倾倒在自己的门下了。倾,注也。

〔145〕恐其怒之:恐怕魏王追恨他从前窃符杀将的事件。

〔146〕诫门下:警告门下诸客,有所嘱咐。诫,警告;叮嘱。

〔147〕"有敢"二句:有人敢于为魏王的使者通报传达的处死。

〔148〕"宾客"句:言公子原来的门客都是跟着公子背弃魏国而来到赵国的。故接云"莫敢劝公子归"。之,往也;到也。

〔149〕徒以有魏也:言理由很单纯,只因有一个魏国存在罢了。

〔150〕不恤:不加顾惜,即无动于衷。

〔151〕夷先王之宗庙:平毁魏国先世的祖庙。夷,平也。

〔152〕语未及卒:话没有说完。

〔153〕告车趣(cù 促)驾:吩咐管车的人,赶快套起马来,预备动身。告,嘱也。趣,催督。驾,装备好车马。

〔154〕相与泣:互相面对着垂泣。极意形容彼此悔悟之情。

〔155〕遂将:乃正式为魏国的上将军。

〔156〕魏安釐王三十年:甲寅岁,当赵孝成王十九年,韩桓惠王二十六年,齐王建十八年,楚考烈王十六年,燕王喜八年,秦庄襄王三年,公元前247年。

〔157〕使使遍告诸侯:派遣使者把公子为将之事一一告知赵、韩、齐、楚、燕诸国。

〔158〕五国之兵:即指赵、韩、齐、楚、燕援魏的军队。河外:当时黄河以南的通称。

〔159〕蒙骜:蒙恬的祖父,秦国的上卿。

〔160〕函谷关:已详《项羽本纪》校释〔263〕。

〔161〕抑秦兵:压使秦兵不敢东出函谷关。抑,按捺;压住。

〔162〕皆名之:都占而有之。名,占也,例如"名田"。正因占有之故,所以下文云"故世俗称《魏公子兵法》"。

〔163〕《魏公子兵法》：刘歆《七略》有《魏公子兵法》，二十一篇，图七卷。《汉书·艺文志》兵家兵形势的记录同，惟作"图十卷"，误。

〔164〕行：使用。

〔165〕"求晋"二句：访求公子仇人晋鄙的门客使他们向魏安釐王进谗言毁损公子。曰字以下至，"欲共立之"便是毁损公子的谗言。

〔166〕"伪贺"句：假装不知而来魏国称贺公子，问他已否立为魏王。未也，犹否耶。

〔167〕"公子"句：此与前面"不敢任公子以国政"遥应。公子本因见忌于魏王而不任国政，及窃符救赵，流亡在外十年，终因秦患紧迫而得返国重为将相。今又因中谗而被收兵权，是明明废置不用了。故云再以毁废。

〔168〕谢病不朝：托言有病，不复朝参魏王。

〔169〕长夜饮：谓酣饮达旦。

〔170〕醇酒：色纯味厚的美酒。

〔171〕四岁：四周年。

〔172〕竟病酒而卒：终于因为害酒病而死。竟，毕竟。时在魏安釐王三十四年，当秦王政四年，公元前243年。

〔173〕东郡：略当今河北省南端偏东一小部和山东省西部一带地。

〔174〕稍蚕食魏：渐渐地像蚕食桑叶那样侵蚀魏土。

〔175〕"十八"句：秦王政二十二年（公元前225年）灭魏国，虏魏王假，上距信陵君之死恰为十八年。故云。

〔176〕屠大梁：屠杀大梁城中的军民。

〔177〕始微少时：当初没有得意的时候。微少就是微贱。

〔178〕常祠公子：常常用牲醴来祭公子。常与"每"相应，犹言每过大梁即祭公子。

〔179〕高祖十二年：丙午岁，当公元前195年。

〔180〕从击黥布还：自从击破黥布之后，还京路过大梁。

〔181〕置守冢五家：拨五户人家专为公子守冢。冢，坟墓。

〔182〕"世世"句：令后世每岁于春、夏、秋、冬四季定期谨祭公子。此

与上文"常祠公子"相应,本是临时的,而现在成为经常的了。

〔183〕大梁之墟:大梁的废址。与前"屠大梁"相应,足见当时残破毁损之惨。

〔184〕亦有喜士者矣:指信陵君外的孟尝、平原、春申诸君也多有好客的。

〔185〕接岩穴隐者,不耻下交:指纳交于侯嬴、朱亥、毛公、薛公诸人。岩穴不一定指深山穷谷,犹言人家所不大注意到的各个角落。有以也:叹美他能掌握待士的道理。

〔186〕名冠诸侯不虚耳:言公子的声名能够盖在当时诸侯之上,确有他实在的道理,并非浪得虚名。

廉颇蔺相如列传

廉颇者,赵之良将也。赵惠文王十六年,[1]廉颇为赵将伐齐,大破之,取阳晋,[2]拜为上卿,以勇气闻于诸侯。蔺相如者,赵人也,为赵宦者令缪贤舍人。[3]赵惠文王时,得楚和氏璧。[4]秦昭王闻之,[5]使人遗赵王书,愿以十五城请易璧。[6]赵王与大将军廉颇诸大臣谋:欲予秦,秦城恐不可得,徒见欺;[7]欲勿予,即患秦兵之来。[8]计未定,求人可使报秦者,[9]未得。宦者令缪贤曰:"臣舍人蔺相如可使。"王问"何以知之?"对曰:"臣尝有罪,窃计欲亡走燕。[10]臣舍人相如止臣曰:[11]'君何以知燕王?'臣语曰:'臣尝从大王与燕王会境上,燕王私握臣手曰:"愿结友。"[12]以此知之,故欲往。'相如谓臣曰:'夫赵强而燕弱,而君幸于赵王,[13]故燕王欲结于君。今君乃亡赵走燕,[14]燕畏赵,其势必不敢留君,而束君归赵矣。[15]君不如肉袒伏斧质请罪,[16]则幸得脱矣。'[17]臣从其计,大王亦幸赦臣。臣窃以为其人勇士,有智谋,宜可使。"[18]于是王召见,问蔺相如曰:"秦王以十五城请易寡人之璧,可予不?"[19]相如曰:"秦强而赵弱,不可不许。"王曰:"取吾璧,不予我城,奈何?"相如曰:"秦以城求璧而赵不许,曲在赵。[20]赵予璧而秦不予赵城,曲在秦。均之二策,宁许以负秦曲。"[21]王曰:"谁可使者?"相如曰:"王必无人,臣愿奉璧往使,[22]城入赵而璧留秦,城不入,臣请完璧归赵。"[23]赵王于是遂遣相如奉璧西入秦。

秦王坐章台见相如,[24]相如奉璧奏秦王。[25]秦王大喜,传以示美人及左右,[26]左右皆呼万岁。[27]相如视秦王无意偿赵城,[28]乃前曰:[29]"璧有瑕,请指示王!"[30]王授璧。相如因持璧却立倚柱,[31]怒发上冲冠,[32]谓秦王曰:"大王欲得璧,使人发书至赵王,赵王悉召群臣议,皆曰:'秦贪,负其强以空言求璧,[33]偿城恐不可得。'议不欲予秦璧。臣以为布衣之交尚不相欺,况大国乎。且以一璧之故,逆强秦之欢,[34]不可。于是赵王乃斋戒五日,[35]使臣奉璧,拜送书于庭。[36]何者,严大国之威以修敬也。[37]今臣至,大王见臣列观,[38]礼节甚倨;[39]得璧传之美人,以戏弄臣,臣观大王无意偿赵王城邑,故臣复取璧。大王必欲急臣,[40]臣头今与璧俱碎于柱矣。"相如持其璧睨柱,[41]欲以击柱。秦王恐其破璧,乃辞谢固请,[42]召有司案图,[43]指从此以往十五都予赵。[44]相如度秦王特以诈详为予赵城,[45]实不可得,乃谓秦王曰:"和氏璧,天下所共传宝也,[46]赵王恐,不敢不献。[47]赵王送璧时,斋戒五日,今大王亦宜斋戒五日,设九宾于廷,[48]臣乃敢上璧。"[49]秦王度之,终不可强夺,遂许斋五日,舍相如广成传。[50]相如度秦王虽斋,决负约不偿城,[51]乃使其从者衣褐怀其璧,从径道亡,[52]归璧于赵。[53]

秦王斋五日后,乃设九宾礼于庭,引赵使者蔺相如。[54]相如至,谓秦王曰:"秦自缪公以来二十馀君,未尝有坚明约束者也。[55]臣诚恐见欺于王而负赵,[56]故令人持璧归,间至赵矣。[57]且秦强而赵弱,大王遣一介之使至赵,[58]赵立奉璧来;

今以秦之强而先割十五都予赵,赵岂敢留璧而得罪于大王乎！臣知欺大王之罪当诛,臣请就汤镬,[59]惟大王与群臣孰计议之！"[60]秦王与群臣相视而嘻。[61]左右或欲引相如去。[62]秦王因曰:"今杀相如,终不能得璧也,而绝秦、赵之欢,不如因而厚遇之,[63]使归赵,赵王岂以一璧之故欺秦邪！"卒廷见相如,[64]毕礼而归之。[65]相如既归,赵王以为贤大夫使不辱于诸侯,[66]拜相如为上大夫。[67]秦亦不以城予赵,赵亦终不予秦璧。

其后秦伐赵,[68]拔石城。[69]明年,复攻赵,杀二万人。秦王使使者告赵王,欲与王为好会于西河外渑池。[70]赵王畏秦,欲毋行。[71]廉颇、蔺相如计曰:[72]"王不行,示赵弱且怯也。"赵王遂行,相如从。廉颇送至境,与王诀曰:[73]"王行,度道里会遇之礼毕,[74]还,[75]不过三十日。三十日不还,则请立太子为王,以绝秦望。"[76]王许之,遂与秦王会渑池。秦王饮酒酣,[77]曰:"寡人窃闻赵王好音,[78]请奏瑟！"[79]赵王鼓瑟。[80]秦御史前书曰:[81]"某年月日,秦王与赵王会饮,令赵王鼓瑟。"蔺相如前曰:"赵王窃闻秦王善为秦声,[82]请奏盆缻秦王,[83]以相娱乐！"[84]秦王怒,不许。于是相如前进缻,因跪请秦王。秦王不肯击缻。相如曰:"五步之内,相如请得以颈血溅大王矣！"[85]左右欲刃相如,[86]相如张目叱之,[87]左右皆靡。[88]于是秦王不怿,为一击缻。[89]相如顾召赵御史书曰:"某年月日,秦王为赵王击缻。"秦之群臣曰:"请以赵十五城为秦王寿！"[90]蔺相如亦曰:"请以秦之咸阳为赵王寿！"[91]秦王竟酒,[92]终不能加胜于赵。[93]赵亦盛设兵以待秦,[94]秦不敢动。

既罢归国,[95]以相如功大,拜为上卿,位在廉颇之右。[96]廉颇曰:"我为赵将,有攻城野战之大功,而蔺相如徒以口舌为劳，[97]而位居我上，且相如素贱人，[98]吾羞，不忍为之下。"[99]宣言曰："我见相如，必辱之。"相如闻，不肯与会。相如每朝时，常称病，不欲与廉颇争列。[100]已而相如出，[101]望见廉颇，相如引车避匿。[102]于是舍人相与谏曰：[103]"臣所以去亲戚而事君者，[104]徒慕君之高义也。[105]今君与廉颇同列，[106]廉君宣恶言而君畏匿之，恐惧殊甚，[107]且庸人尚羞之，况于将相乎！[108]臣等不肖，[109]请辞去！"蔺相如固止之，[110]曰："公之视廉将军孰与秦王？"[111]曰："不若也。"相如曰："夫以秦王之威，而相如廷叱之，[112]辱其群臣，相如虽驽，独畏廉将军哉！[113]顾吾念之，[114]强秦之所以不敢加兵于赵者，徒以吾两人在也。今两虎共斗，其势不俱生，[115]吾所以为此者，[116]以先国家之急而后私仇也。"廉颇闻之，肉袒负荆，[117]因宾客至蔺相如门谢罪，[118]曰："鄙贱之人，[119]不知将军宽之至此也。"[120]卒相与驩，[121]为刎颈之交。[122]

是岁，廉颇东攻齐，破其一军。居二年，[123]廉颇复伐齐几，[124]拔之。后三年，廉颇攻魏之防陵、安阳，[125]拔之。后四年，蔺相如将而攻齐，[126]至平邑而罢。[127]其明年，赵奢破秦军阏与下。[128]

赵奢者，赵之田部吏也。[129]收租税而平原君家不肯出租。[130]奢以法治之，[131]杀平原君用事者九人。[132]平原君怒，将杀奢。奢因说曰：[133]"君于赵为贵公子，今纵君家而不奉公则法削，[134]法削则国弱，国弱则诸侯加兵。[135]诸侯加兵，是无赵也，君安得有此富乎！以君之贵，奉公如法则上下平，[136]上下平则国强。国强则赵固，而君为贵戚，岂轻于天下邪！"[137]平原君以为贤，言之于王。[138]王用之治国赋，[139]国赋大平,民富而府库实。[140]

秦伐韩,军于阏与。王召廉颇而问曰:"可救不?"对曰:"道远险狭,难救。"[141]又召乐乘而问焉,[142]乐乘对如廉颇言。又召问赵奢,奢对曰:"其道远险狭,譬之犹两鼠斗于穴中,将勇者胜。"[143]王乃令赵奢将,救之。兵去邯郸三十里,[144]而令军中曰:[145]"有以军事谏者死!"[146]秦军军武安西,[147]秦军鼓噪勒兵,武安屋瓦尽振。[148]军中候有一人言急救武安,[149]赵奢立斩之。坚壁,[150]留二十八日不行,复益增垒。[151]秦间来入,[152]赵奢善食而遣之。[153]间以报秦将,秦将大喜,曰:"夫去国三十里而军不行,乃增垒,阏与非赵地也。"[154]赵奢既已遣秦间,乃卷甲而趋之,[155]二日一夜至,[156]令善射者去阏与五十里而军。[157]军垒成,秦人闻之,悉甲而至。[158]军士许历请以军事谏。[159]赵奢曰:"内之!"[160]许历曰:"秦人不意赵师至此,其来气盛,[161]将军必厚集其阵以待之。[162]不然,必败。"赵奢曰:"请受令!"[163]许历曰:"请受铁质之诛!"[164]赵奢曰:"胥后令!"[165]邯郸许历复请谏曰:[166]"先据北山上者胜,后至者败。"[167]赵奢许诺,即发万人趋之。[168]秦兵后至,争山不得上,赵奢纵兵击之,大破秦军。秦军解而走,[169]遂解阏与之围而归。赵惠文王赐奢号为马服君,[170]以许历为国尉。[171]赵奢于是与廉颇、蔺相如同位。[172]

后四年,赵惠文王卒,子孝成王立。[173]七年,[174]秦与赵兵相距长平。[175]时赵奢已死,而蔺相如病笃。[176]赵使廉颇将攻秦,秦数败赵军,赵军固壁不战。[177]秦数挑战,廉颇不肯。[178]赵王信秦之间,[179]秦之间言曰:"秦之所恶,[180]独畏马服君赵奢之子赵括为将耳。"赵王因以括为将,代廉颇。蔺相如曰:"王以名使括,[181]若胶柱而鼓瑟耳。[182]括徒能读其父书传,[183]不知合变也。"[184]赵王不听,遂将之。[185]

赵括自少时学兵法,言兵事,以天下莫能当。[186]尝与其父奢言兵事,奢不能难,[187]然不谓善。[188]括母问奢其故,[189]奢曰:"兵,死地也,而括易言之。[190]使赵不将括即已,[191]若必将之,破赵军者必括也。"及括将行,[192]其母上书言于王曰:"括不可使将。"王曰:"何以?"对曰:"始妾事其父,[193]时为将,[194]身所奉饭饮而进食者以十数,[195]所友者以百数,[196]大王及宗室所赏赐者尽以予军吏士大夫,[197]受命之日,不问家事。[198]今括一旦为将,[199]东向而朝,[200]军吏无敢仰视之者,[201]王所赐金帛,归藏于家,而日视便利田宅,可买者买之。[202]王以为何如其父?[203]父子异心,愿王勿遣!"[204]王曰:"母置之,吾已决矣!"[205]括母因曰:"王终遣之,[206]即有如不称,[207]妾得无随坐乎!"[208]王许诺。[209]

赵括既代廉颇,悉更约束,[210]易置军吏。[211]秦将白起闻之,[212]纵奇兵,[213]详败走,[214]而绝其粮道,[215]分断其军为二,士卒离心。[216]四十馀日,军饿,赵括出锐卒自搏战,[217]秦军射杀赵括。括军败,数十万之众遂降秦,秦悉阬之。[218]赵前后所亡凡四十五万。[219]明年,秦兵遂围邯郸岁馀,几不得脱。[220]赖楚、魏诸侯来救,迺得解邯郸之围。[221]赵王亦以括母先言,竟不诛也。[222]

自邯郸围解五年,而燕用栗腹之谋,[223]曰"赵壮者尽于长平,其孤未壮",[224]举兵击赵。赵使廉颇将,击,大破燕军于鄗,[225]杀栗腹,遂围燕,燕割五城请和,乃听之。赵以尉文封廉颇为信平君,[226]为假相国。[227]

廉颇之免长平归也,失势之时,[228]故客尽去。[229]及复用为将,客又复至。廉颇曰:"客退矣!"[230]客曰:"吁!君何见之晚也!〔231〕夫天下以市道交,〔232〕君有势,我则从君;〔233〕君无势,则去。此固其理也,有何怨乎!"〔234〕居六年,赵使廉颇伐魏之繁阳,〔235〕拔之。

赵孝成王卒,子悼襄王立,〔236〕使乐乘代廉颇。廉颇怒,攻乐乘,乐乘走。廉颇遂奔魏之大梁。〔237〕其明年,赵乃以李牧为将而攻燕,拔武遂、方城。〔238〕廉颇居梁久之,魏不能信用。赵以数困于秦兵,赵王思复得廉颇,廉颇亦思复用于赵。赵王使使者视廉颇尚可用否。廉颇之仇郭开多与使者金,令毁之。〔239〕赵使者既见廉颇,廉颇为之一饭斗米,肉十斤,〔240〕被甲上马,〔241〕以示尚可用。赵使还报王曰:"廉将军虽老,尚善饭,〔242〕然与臣坐,顷之三遗矢矣。"〔243〕赵王以为老,遂不召。楚闻廉颇在魏,阴使人迎之。〔244〕廉颇一为楚将,无功,曰:"我思用赵人。"〔245〕廉颇卒死于寿春。〔246〕

李牧者,赵之北边良将也。常居代雁门,〔247〕备匈奴。〔248〕以便宜置吏,〔249〕市租皆输入莫府,为士卒费。〔250〕日击数牛飨士,〔251〕习射骑,〔252〕谨烽火,〔253〕多间谍,〔254〕厚遇战士。〔255〕为约曰:〔256〕"匈奴即入盗,急入收保,有敢捕虏者斩!"〔257〕匈奴每入,烽火谨,辄入收保,不敢战。如是数岁,亦不亡失。〔258〕然匈奴以李牧为怯,虽赵边兵亦以为吾将怯。〔259〕赵王让李牧,李牧如故。〔260〕赵王怒,召之,使他人代将。

岁余,匈奴每来,出战。〔261〕出战,数不利,失亡多,边不得田畜。〔262〕复请李牧。牧杜门不出,固称疾。〔263〕赵王乃复强起使将兵。〔264〕牧曰:"王必用臣,臣如前,乃敢奉令。"〔265〕王许之,李牧至,如故约。匈奴数岁无所得,终以为怯。边士日得赏赐而不用,皆愿一战。于是乃具选车得千三百乘,〔266〕选骑得万三千匹,[267]百金之士五万人,[268]彀者十万人,[269]悉勒习战。[270]大纵畜牧,人民满野。[271]匈奴小入,详北不胜,以数千人委之。[272]单于闻之,[273]大率众来入,[274]李牧多为奇陈,[275]张左右翼击之,[276]大破杀匈奴十馀万骑。灭襜褴,[277]破东胡,[278]降林胡,[279]单于奔走。[280]其后十馀岁,匈奴不敢近赵边城。

赵悼襄王元年,[281]廉颇既亡入魏,赵使李牧攻燕,拔武遂、方城。居二年,庞煖破燕军,[282]杀剧辛。[283]后七年,秦破赵,杀将扈辄于武遂,[284]斩首十万,赵乃以李牧为大将军,击秦军于宜安,[285]大破秦军,走秦将桓齮,[286]封李牧为武安君。[287]居三年,秦攻番吾,[288]李牧击破秦军,南距韩、魏。[289]

赵王迁七年,[290]秦使王翦攻赵,[291]赵使李牧、司马尚御之。[292]秦多与赵王宠臣郭开金,为反间,言李牧、司马尚欲反,赵王乃使赵葱及齐将颜聚代李牧。[293]李牧不受命,[294]赵使人微捕得李牧,[295]斩之。废司马尚。[296]后三月,王翦因急击赵,大破杀赵葱,虏赵王迁及其将颜聚,遂灭赵。

太史公曰:知死必勇,非死者难也,处死者难。[297]方蔺相如引璧睨柱,[298]及叱秦王左右,势不过诛,[299]然士或怯懦而不敢发,[300]相如一奋其气,威信敌国,[301]退而让颇,名重太山,[302]其处智勇,可谓兼之矣![303]

注释

〔1〕赵惠文王:名何,武灵王之子,为赵国第七君,在位三十三年(前298—前266)。其十六年戊寅岁,当齐襄王元年,公元前283年。

〔2〕阳晋:卫邑,后属齐,故城在今山东省菏泽市西北四十七里。

〔3〕蔺(lìn吝)相如:赵人。宦者令:宫中太监的首领。舍人:派有职事的门客。

〔4〕和氏璧:楚和氏得玉璞(美玉包孕在石中叫璞)于山中,献之厉王。王使玉人(琢玉的匠工)相之,曰,石也。王以为诳,刖和氏之左足。武王立,又献之,玉人又曰,石也,乃更刖其右足。文王立,和氏抱其璞哭于山中。王使玉人理璞,果得宝玉,因命曰和氏之璧。见《韩非子·和氏篇》。但和氏璧既为赵宝,何以得入赵,未详。

〔5〕秦昭王:即昭襄王,名则(一作稷),秦国第三十三君,在位五十六年(前306—前251)。

〔6〕"愿以"句:情愿把十五座城池给赵国,请换取这和氏璧。

〔7〕徒见欺:白白地受骗。上面"欲予秦"的予和下面许多予都作给与解。

〔8〕"即患"句:恐怕秦兵马上会来。

〔9〕"求人"句:要想挑选一个能够派到秦国去回答换取和氏璧那件事的人。

〔10〕"窃计"句:私下打算要逃到燕国去。

〔11〕止臣:劝我不要去。

〔12〕愿结友:情愿结为朋友。

〔13〕君幸于赵王:你正得宠于赵王。幸,宠幸。

〔14〕"今君"句:现在你是失宠于赵而逃奔燕国。正与"幸于赵王"打一对照。

〔15〕束君归赵:把你拘起来送还赵国。束,捆缚。归,引渡。

〔16〕肉袒:解衣露膊。伏斧质请罪:表示服罪请求就刑。斧质就是斧钺和碪质。碪质,即莝碪,铡草之具。

〔17〕则幸得脱矣:这样就能侥幸得到赦免了。则就是即,古多通用。

〔18〕宜可使:应该可以当这差使。宜,适当;应该。

〔19〕不:否定副词,当作可否的否字用。

〔20〕曲在赵:理曲在赵的方面。曲是直的反面。

〔21〕"均之"二句:等是两条路,宁可答应了秦的请求而让它负理曲

的责任。均是相等。

〔22〕奉璧往使:捧护此璧,出使到秦国去。

〔23〕完璧归赵:把和氏璧丝毫无缺地归还赵国。完是完整,有原封不动的意义。

〔24〕坐章台见相如:高坐在离宫的台观之上接见相如。这就明示不在正朝延见,有蔑视来使的意思。章台,秦离宫(犹别墅)中台观之一,故址在今陕西省西安市故城西南隅。

〔25〕奏:呈献。

〔26〕"传以"句:以次传递给姬妾和左右的近侍,使她(他)们都得观赏此璧。

〔27〕"左右"句:看到和氏璧的都为秦王的得意而欢呼称贺。呼万岁,参看《项羽本纪》校释〔493〕。

〔28〕"相如"句:相如看秦王的神情没有把十五城偿还给赵国的意思。

〔29〕乃前:于是走上前去。

〔30〕"璧有"二句:璧上还有点毛病,请让我指给大王看。瑕,玉上的小赤点。玉以纯白无疵为贵,有小赤点便是毛病。

〔31〕却立倚柱:退立几步,把身子靠在庭柱上。

〔32〕怒发上冲冠:夸张之辞,要强调相如的愤怒,便说他的头发因愤怒而竖起,竟把戴在头上的帽子也冲开了去。

〔33〕"负其"句:依恃他的国力强大而用空话来索取和氏璧。

〔34〕"逆强"句:触伤强秦的感情。逆,拂逆,有拗折触伤的意义。

〔35〕斋戒:犹言"致敬"。古人于祭祀之先,必斋戒,沐浴更衣,不饮酒,不茹荤,以为这样可以壹其心志,接通鬼神。此云斋戒,就是肃然致敬的意思。

〔36〕拜送书于庭:亲送国书于朝会之所。庭,正式听政的朝堂。

〔37〕"何者"二句:为什么要这样做呢,为的尊重大国的威望,所以这样毕恭毕敬啊。严,庄敬;尊重。修有加意小心的意义。

〔38〕见臣列观:与上面"坐章台见相如"相应,言接见我在一般的园

囷台观之间。列观即一般的台观亭榭。

〔39〕礼节甚倨:秦王不在朝堂正式延见相如,显与赵王的"拜送书于庭"敬慢悬殊,故云。倨是傲慢轻忽。

〔40〕急臣:逼迫我。

〔41〕睨柱:斜看着庭柱。睨,不正视,参看《魏公子列传》校释〔36〕。

〔42〕辞谢固请:陈谢自己的不是,坚请他不要这样做。

〔43〕召有司案图:召唤该管版图(国家的疆域图和户籍)的官吏来查看图册。有司,官吏的通称。因官吏各有职守,故云有司。

〔44〕"指从"句:在图册上指出从这儿到那儿的十五座城划给赵国。

〔45〕特以诈详为予赵城:故意装作要把这几座城偿给赵国。予赵城,就是以城予赵。

〔46〕天下所共传宝:大家公认的宝贝。

〔47〕"赵王"二句:赵王既得和氏璧,当然宝爱,但怕秦王的强暴,不得不放手,故云。

〔48〕设九宾于廷:就是备大礼相迎。九宾即九仪,由傧者(招待员)九人以次传呼接引上殿。是《周礼》大行人所掌的朝聘之礼,实为当时外交上最隆重的仪节。宾指傧(亦作傧)相。

〔49〕上璧:献上此璧。

〔50〕舍相如广成传:款留相如住在广成宾馆中。舍,止宿。传,传舍,即宾馆。广成盖邑里名。

〔51〕决负约:必然背约。

〔52〕从者:相如带去的随员。衣褐:变服改装。怀其璧:把和氏璧藏在怀中。从径道亡:经由小路里逃走。

〔53〕归璧于赵:护送和氏璧还赵国。

〔54〕引:招接;延请。

〔55〕坚明约束:牢固确切的信用。

〔56〕见欺于王而负赵:被大王所欺而对不起赵国。

〔57〕间至赵矣:现已送回赵国去了。间,顷间。

〔58〕遣一介之使:派一个使臣。介,通个,单独之义。

〔59〕请就汤镬:意即受烹。

〔60〕孰:同"熟"。

〔61〕相视而嘻:互相对看而发出惊怪的声息。嘻,恨怒之声。

〔62〕引相如去:拉相如去就烹。

〔63〕"不如"句:倒不如趁此机会款待他。

〔64〕"卒廷"句:终于设九宾,以大礼延见相如。

〔65〕"毕礼"句:完成大礼之后遣送相如归赵国。毕,完成。

〔66〕"赵王"句:赵王以为相如是个称职的大夫,出使于外国,能够不玷辱他所奉的使命。盖相如奉命使秦,应该已经取得大夫的身份(当时奉使出国的外交官例须大夫为之,决不能仍看作缪贤的舍人),故下接云"拜相如为上大夫",分明有超拜(拔升)的意义。

〔67〕拜:授官。上大夫:大夫位列中的最高一级,仅次于卿。

〔68〕"其后"句:指赵惠文王十八年(秦昭襄王二十六年,公元前281年)秦兵来伐事。

〔69〕拔:攻取。石城:故城在今河南省林州市西南八十五里。

〔70〕好会:友好的会见。渑(miǎn 勉)池亦作黾池,本战国韩邑,后属秦。汉置渑池县,沿至于今。故城与渑池水源南北相对,在今河南省渑池县西十三里。渑池地当西河之南,自赵言之,故云西河外。按秦拔石城在赵惠文王十八年,渑池之会在二十年,那么"秦王使使者……"之上宜更有"明年"二字,才合于事实。

〔71〕欲毋行:想要不去。

〔72〕计:商议。

〔73〕与王诀:与王分别时有所期约。

〔74〕"度道"句:预计前往的路程直到会谈完毕的时间。度,揣想;估计。

〔75〕还:并计会毕回到赵国的时间。

〔76〕"则请"二句:言预拟立太子为王,正所以断绝秦国万一拘留赵王来要挟索诈的希望。

〔77〕酣:畅适。

〔78〕好音:喜欢音乐。

〔79〕奏瑟:弹瑟。奏是弹奏。瑟是与琴并称的乐器,身较琴长大,通常配用二十五弦。

〔80〕鼓瑟:亦即弹瑟。鼓是弹动。上面"请奏瑟",尚未实施;此云鼓瑟,则实际弹起来了。

〔81〕"秦御"句:秦国的御史走向前来写道。御史在战国时为专掌图籍,记载国家大事的史官。前面"召有司案图"的有司也就是御史。

〔82〕秦声:表现秦地特殊风格的歌唱,犹楚歌、吴讴之类。

〔83〕"请奏"句:愿献盆缻给秦王,请你击缻以为歌时的节拍。奏,进献。缻即缶,盛酒浆的瓦器。

〔84〕以相娱乐:用来彼此酬答,互相取乐。

〔85〕"五步"二句:五步之内,请让我把颈血洒污你大王了罢!溅,染污。血溅大王,明明说要杀秦王了。

〔86〕欲刃相如:要把刀剑来刺相如。刃是刀锋,此处用作动词。

〔87〕张目叱之:睁大了眼睛呵斥他们。

〔88〕靡:吓倒。

〔89〕"于是"二句:秦王心里虽不高兴,却为了相如的胁持,勉强在盆缻上打了一下。

〔90〕"请以"句:请赵国把十五座城送给秦王,作为献礼。

〔91〕"请以"句:请秦国把国都送给赵王作献礼。

〔92〕竟酒:终席。竟,完毕。

〔93〕加胜于赵:盖过赵国。

〔94〕盛设兵以待秦:严整兵卫,防备秦国的动静。

〔95〕既罢归国:渑池之会既经结束,蔺相如奉赵王回到赵国。

〔96〕"位在"句:秦、汉以前以右为尊,在廉颇之右就是在廉颇之上。那时廉颇先已拜上卿,蔺相如渑池会后始以功大拜上卿,朝会时的位次乃排在廉颇之右,故引起廉颇的不平。

〔97〕徒以口舌为劳:仅能依靠口舌为功。

〔98〕素贱人:相如出身于宦者令之门,故云。素贱,一向是低微的。

〔99〕"吾羞"二句:吾感到羞辱,受不了做他的下手。

〔100〕争列:争位次的先后。

〔101〕已而:时间副词,犹言"后来"。用与"旋""嗣"同。

〔102〕引车避匿:拉转车子回避他。

〔103〕舍人相与谏:相如的门下舍人大家都表示抗议。谏是劝阻,此有抗议的意义。

〔104〕"臣所"句:犹言吾离开了亲属而投托到你的门下来自有道理的。所以,就是"有所以",含有"自有道理"或"自有缘故"之意。

〔105〕"徒慕"句:单单为了仰慕你的崇高的义气啊。慕,羡慕;景仰。高义,崇高的正义感,此有勇敢不屈之意。

〔106〕同列:同位。廉、蔺同为上卿,阶位相同,故称同列。

〔107〕恐惧殊甚:犹言胆怯过度。殊甚就是特别过度。殊,特殊。甚,过当。

〔108〕"且庸"二句:一般人尚且以过度胆怯为羞耻,何况身为将相的人呢。之字指"恐惧殊甚"。

〔109〕不肖:谦辞,犹称鄙陋或不贤。但此处却带有兀傲自尊的意味。

〔110〕固止之:坚留他们。

〔111〕"公之"句:你们看廉将军比秦王谁强?

〔112〕廷叱之:在秦廷之上当众呵斥他。

〔113〕"相如"二句:我虽愚劣,岂是怕廉将军的么!驽,愚笨;拙劣。独,反诘副词,与"宁""岂"相当。

〔114〕顾吾念之:但吾考虑了那件事。顾作但解。之指忍辱退让那件事。

〔115〕不俱生:不都能活命。

〔116〕"吾所"句:句法与前〔104〕所说的相同。为此,做此忍辱退让的举动。

〔117〕肉袒负荆:解衣露膊,背着荆杖,表示服罪领责之意。荆是荆棘的枝条,可以为鞭。

139

〔118〕"因宾"句:通过了宾客的关系到相如门上去请罪。因,依靠。此有绍介义。为了不好意思直接登门,所以才这样做。

〔119〕鄙贱之人:自谦之辞,这里却表示了愧悔的意思。从前以为"相如素贱人",现在觉得自己有点惭愧了。

〔120〕"不知"句:不料你宽容我到这样的地步啊! 当时的上卿职兼将相,故相如亦得有将军之称。

〔121〕卒相与欢:终于彼此交欢。

〔122〕为刎颈之交:竟成了誓同生死的至交。刎颈之交,言要齐生死(要约同生同死),虽刎颈也没有悔恨的。刎,参看《项羽本纪》校释〔598〕。

〔123〕居二年:隔了二年,是赵惠文王二十三年,当齐襄王八年,公元前276年。

〔124〕几:邑名,在今河北省大名县东南。按《赵世家》,惠文王二十三年,廉颇将,攻魏之几邑,取之。但《齐世家》及《年表》都不载此事。疑几邑介齐、魏之间,时或属齐,时或属魏的。

〔125〕防陵:在今河南省安阳市南二十里,因防水为名。安阳故城在今安阳市东南四十三里。二邑相近,故并拔之。按赵拔魏防陵、安阳在惠文王二十四年,此处云后三年,梁玉绳以为当作"后一年",该是对的。

〔126〕后四年:赵惠文王二十八年,当齐襄王十三年,公元前271年。蔺相如将而攻齐:相如为将,向齐进攻。

〔127〕至平邑而罢:兵到平邑便停止了(还没有出境)。平邑,赵地,即今河南省南乐县东北七里的平邑村。

〔128〕阏与:战国韩邑,后属赵,地在今山西省和顺县西北。

〔129〕田部吏:征收田租的官吏。

〔130〕平原:本是齐国西境的一个邑,战国时属赵。汉置平原县。故治在今山东省平原县南二十五里。赵胜初封于此,故称平原君。

〔131〕以法治之:用当时的法律处理平原君家不肯出租之罪。

〔132〕用事者:当权管事的人。

〔133〕因说(shuì睡):趁辩诉的当儿向平原君陈说。

〔134〕"今纵"句:放任你家而不尊重公家,那么国家法律的效力就削减了。

〔135〕诸侯加兵:别国就要用兵力来逼胁。

〔136〕上下平:公家私家都得到公平合理的处置。

〔137〕岂轻于天下邪:难道就会被天下人轻视么!与上"诸侯加兵"对照。

〔138〕言之于王:举荐给赵王。

〔139〕用之治国赋:任用赵奢来管理国家的赋税。

〔140〕民富而府库实:民间富足而国库充实。就是所谓"上下平"。

〔141〕"道远"二句:言离邯郸路远而其地又夹在山险的狭道中,实在不容易施救的。

〔142〕"又召"句:问廉颇后再召乐乘来问阏与到底可不可以得救。乐乘,燕将乐毅的族人,时去燕留赵,后来赵封他为武襄君。

〔143〕"譬之"二句:好比两只耗子在洞穴中打架,哪个狠些,哪个就赢。譬之犹就是譬如。

〔144〕"兵去"句:领兵离开国都邯郸仅三十里,便停扎下来。

〔145〕令军中:下一道严令于军营中。

〔146〕"有以"句:敢有为着军事而前来进言的处死刑。

〔147〕"秦军"句:那时秦军扎在武安城之西。下军字是动词。武安,赵邑,即今河北省武安市,地在邯郸之西。

〔148〕"秦军"二句:极意形容秦军声势的盛大,言他们鼓譟勒兵(击鼓操练)的时候,连武安城内所有房屋上面盖着的瓦片尽都振动。

〔149〕"军中"句:军中有一军候(司侦探敌情的人)请急救武安。

〔150〕坚壁:坚守营盘。

〔151〕复益增垒:加筑营墙。

〔152〕秦间来人:秦国派一间谍混进营来。

〔153〕"赵奢"句:赵奢明知间谍故意纵令还报,所以好好地以饮食待他,然后遣送他出去。

〔154〕去国三十里:即指去邯郸三十里。古时以都城所在称国门,去

国就是离开都门。阏与非赵地也:言这样胆怯不进,阏与地方必然不是赵国所有的了。

〔155〕卷甲而趋之:束甲轻装,迅速地趋向敌人。

〔156〕二日一夜至:疾趋二日一夜赶到阏与的近旁。

〔157〕去阏与五十里而军:离阏与五十里扎营。

〔158〕悉甲而至:全军赶来。

〔159〕请以军事谏:犯令求请陈说军情。

〔160〕内之:放他进来。内,同"纳"。

〔161〕"秦人"二句:二句有省文,意为秦军原先不料赵师能至此,现闻赵师已至,激怒而来对敌,气势必然旺盛。

〔162〕"将军"句:将军必须要把队伍集中起来等待他们。厚集,有重点集中的意义。

〔163〕请受令:接受他的说法。

〔164〕"请受"句:请照前令的军法处斩。

〔165〕胥后令:且待后命。胥,与"须"通用,就是等待。等待后命,明明宽恕他,不用前令了。

〔166〕邯郸:二字据《索隐》说,当为"欲战"(即临战或将战)。言临战时许历重复请谏。《通鉴》将此二字属上读,就是把"胥后令邯郸"联为一句。梁玉绳引钱大昕说,也认此五字当为一句。邯郸为赵都,胥后令邯郸,是说须待赵王来发落,也可通。

〔167〕"先据"二句:言先能据守阏与北面的山头的可以获胜,后来的便失却险隘而必致失败了。

〔168〕"即发"句:马上发兵万人赶上去,占领阏与的北山。

〔169〕解而走:被打散而败走。

〔170〕马服君:以马服山为封号。马服山在邯郸西北,当时盖有国家镇山之意。

〔171〕国尉:仅次于将军的军官,相当于后来的都尉。

〔172〕同位:就是同列,参看前〔106〕。

〔173〕后四年:赵奢破秦军于阏与下在惠文王二十九年辛卯岁(前

270），三十三年,惠文王死,孝成王立,故云"后四年"。

〔174〕七年:当为六年之讹。因长平之败在辛丑岁,正当孝成王六年。

〔175〕长平:在今山西省高平市。

〔176〕病笃:病已严重。笃,重也。

〔177〕固壁:就是坚壁,参看上〔150〕。

〔178〕不肯:不理秦国的挑战。

〔179〕信秦之间:听信秦国间谍所放的谣言。

〔180〕秦之所恶:秦国所忌的人物。恶,憎厌;畏忌。

〔181〕以名使括:但取赵括的声名来任用他。

〔182〕胶柱鼓瑟:喻但守死法,不能活用。鼓瑟成调,全在弦的缓急适宜;弦的缓急,全在柱的运转。倘把柱胶住不动,那么弦就不能调缓急,只有死板的声音,没有丝毫活法了。柱就是瑟上卷弦的轸子。

〔183〕"括徒"句:赵括只会读他父亲遗留给他的书本。书传就是留传的书本。言赵括只能读死书。

〔184〕不知合变:不懂得活用应变。

〔185〕遂将之:遂以赵括为将。

〔186〕以天下莫能当:以为天下没有人能够抵得过他的。

〔187〕不能难:驳不倒他。难,驳难。

〔188〕不谓善:不以为然。

〔189〕问奢其故:等于问奢以其故,就是把既不能驳倒他又不以为然的缘故问赵奢。

〔190〕"兵死"三句:用兵本来是极其危险的场合,而赵括却轻忽地看待它。易,轻忽。

〔191〕不将括即已:不以赵括为将则罢了。即,通"则",参看前〔17〕。

〔192〕及括将行:等到赵括领兵将要出发的时候。

〔193〕始妾事其父:当初我嫁给他父亲的时候。

〔194〕时为将:那时他父亲正奉命为将。

143

〔195〕"身所"句：亲自捧着饮食的东西而进献给那些被供养的有几十个。身是亲身。以十数，数以十计。此指军中被尊礼的人，视同师。

〔196〕"所友"句：当朋友看待的有几百个。此指军中被优遇的人，仅次于师。

〔197〕尽以予军吏士大夫：悉数分送给僚属和那些被尊礼、优遇的人们。军吏，指帐下的僚属。士大夫，指那些以十数、以百数的被优待的人物。

〔198〕"受命"二句：接受将兵出征的那日起，便不问家里的私事。

〔199〕一旦为将：犹言一朝做了大将。一旦有忽然之义。

〔200〕东向而朝：自己坐在高位上接受僚属的朝见。古以东向为尊。

〔201〕"军吏"句：所属的军吏没有敢抬头直看赵括的。

〔202〕"而日"二句：每天打听哪里有便宜合适的田地房屋，可以买的就买下来。

〔203〕"王以"句：大王以为他哪一项像他的父亲？以上括母把赵奢和赵括的作风列举给赵王听了，所以有此反诘的话。

〔204〕勿遣：不要派他担此重任！

〔205〕"母置"二句：你且搁下勿谈罢，我已决定派他去了。

〔206〕王终遣之：大王一定要派他去。

〔207〕即有如不称：犹言"则如有不称"。意即倘有不能称职之处。"即""则"通用，已详前。

〔208〕"妾得"句：我能不连坐么！随坐就是连坐。

〔209〕王许诺：赵王答应她，赵括即有不称，可以免除连坐她。

〔210〕悉更约束：把原来的章程办法尽都改了。

〔211〕易置军吏：撤换了许多僚属。

〔212〕白起闻之：白起得到了这些情报。

〔213〕纵奇兵：调遣军队不做正面的战斗，而做包抄埋伏等行动。

〔214〕详败走：佯为败走。详，通"佯"。

〔215〕绝其粮道：截断赵军输送军粮的道路。

〔216〕士卒离心：赵括初至军，措置失宜，已令群僚不安，今为秦军冲

断联络,粮秣不继,士卒当然要离心了。

〔217〕出锐卒自搏战:亲身带着精锐的部队向敌搏斗。

〔218〕秦悉阬之:秦军尽把赵国的降卒围歼丛埋掉。

〔219〕"赵前"句:长平战役的起讫期间,赵国前后损失的兵员共计有四十五万人。与上"数十万之众遂降秦,秦悉阬之"对看,明明不是四十五万人一次被阬的。

〔220〕几不得脱:几乎免不了亡国。几,近也。脱,免也。

〔221〕"赖楚"二句:言幸亏魏公子无忌的窃符救赵和楚国春申君的将兵声援,方能解除国都的被围。迺,古"乃"字。

〔222〕竟不诛:终于履行前诺,不曾连坐。

〔223〕"自邯"二句:言秦解邯郸之围后五年,燕国听它的国相栗腹的计划来图谋赵国。按邯郸围解在赵孝成王九年甲辰岁(当秦昭襄王五十年,前257年),栗腹图赵在燕王喜四年庚戌岁(当赵孝成王十五年,前251年),其间恰为五年。

〔224〕"曰赵"二句:即栗腹计谋之言。意谓赵国的丁壮都死于长平之役,他们遗留下来的孤儿还没长成,未能补充兵役的。按《燕召公世家》:"王喜四年,……命相栗腹约欢赵,以五百金为赵王酒。还报燕王曰:'赵王壮者皆死长平,其孤未壮,可伐也。'王召昌国君乐问问之。对曰:'赵四战之国,其民习兵,不可伐。'王曰:'吾以五而伐一。'对曰:'不可。'燕王怒。群臣皆以为可。卒起二军,车二千乘,栗腹将而攻鄗。"

〔225〕鄗(hào 皓):本为晋邑,那时属赵。故城在今河北省柏乡县北。

〔226〕信平君:封号。尉文,据徐广说是邑名,但未详何地。

〔227〕假相国:暂摄相国。其时蔺相如当已死去,故以廉颇代为相国。

〔228〕失势之时:失去势位的当儿,指被赵括接代,在长平交卸归去的事。

〔229〕故客尽去:旧时门下的宾客尽都辞廉颇而去。

〔230〕客退矣:嫌恶之辞,犹言你们都请回罢!

〔231〕"吁君"二句：唉！你的见识何等的落后啊！

〔232〕"夫天"句：言当时的交友之道，到处都像市场上的交易，有利则大家奔凑拢去。

〔233〕我则从君：我即跟你走。"则""即"通用。下面的"则去"也就是即去。

〔234〕"此固"二句：这本是交易之道的常理，又有什么怨恨呢！

〔235〕居六年：过了六年，为赵孝成王二十一年丙辰岁（当公元前245年）。繁阳故城在今河南省内黄县东北。

〔236〕悼襄王：名偃，赵国第九君，在位九年（前244—前236）。

〔237〕奔魏之大梁：逃奔到魏国的首都。大梁即今河南省开封市。

〔238〕武遂：即今河北省保定市徐水区遂城镇。方城：故城在今河北省固安县南。

〔239〕"廉颇"二句：廉颇的仇人郭开多送贿赂给奉使的人，叫他说廉颇的短处。

〔240〕"廉颇"二句：为了表示健康，一顿饭用斗米十斤肉。

〔241〕被（pī 霹）甲上马：披着铠甲，纵身上马。

〔242〕尚善饭：饭量还好。善饭犹"健饭"。

〔243〕"顷之"句：使者谤毁廉颇之辞。意谓一会儿拉了三回屎。遗矢就是拉屎。

〔244〕阴使人迎之：楚国偷偷地派人到魏国去迎接廉颇。

〔245〕我思用赵人：我打算使用赵国人。足见异国之人不听他使用，因而有此慨叹。

〔246〕"廉颇"句：廉颇终于没有回到祖国，死在楚国的寿春。寿春，即今安徽省寿县。那时楚畏秦逼，从郢都迁避到这里来，仍叫它做郢，事实上成了楚国的首都了。

〔247〕代雁门：代地的雁门郡。战国时，赵就代地所置。地当今山西省西北部宁武以北一带。

〔248〕备匈奴：防备匈奴。

〔249〕以便宜置吏：因实际需要可以自委属吏。换言之，军中官吏的

进退由他全权支配。

〔250〕"市租"二句：城市的税收都径送到李牧的帐下，作为养兵的经费。莫，通"幕"，莫府即幕府，本是将帅出征时随地驻屯的大帐。后世便把大将或地方最高长官的公署也叫作幕府了。

〔251〕"日击"句：每日宰杀好几条牛供给军士的食用。击是宰杀。飨是供养。

〔252〕习射骑：练习射箭和骑马。

〔253〕谨烽火：小心把守着警报台。烽火是古时的警报台，参看《魏公子列传》校释〔15〕。

〔254〕多间谍：多派侦察敌情的人员。

〔255〕厚遇战士：优待战斗员。

〔256〕为约：申明约束，就是发出的号令。

〔257〕"匈奴"三句：即约束的号令，意谓匈奴即使侵入边境来掠夺，我兵应立即把人马物资收拾起来退入堡垒中固守，有人敢于逞勇捕捉敌人的立刻处斩。虏指匈奴，当时称北族为"虏"。

〔258〕亦不亡失：也没有什么损失。

〔259〕"虽赵"句：即使是赵国自己的守边官兵也以为我们的将帅太胆小了。

〔260〕"赵王"二句：赵王责备李牧不出兵应战，李牧还是维持老样子。

〔261〕"匈奴"二句：新将的作风。意谓匈奴每来侵盗，新将必出兵跟它作战。

〔262〕"出战"四句：出兵作战，屡次不能胜利，损失多，边境骚扰，不能耕作和放牧。田是耕种，畜是畜牧。

〔263〕固称疾：坚决地托言有病。

〔264〕乃复：犹一再，承上"复请李牧"言。强起使将兵：勉强使李牧出来，叫他带兵。

〔265〕"臣如"二句：如许我仍照从前的办法，方才敢接受你的命令。

〔266〕具：齐备。选车：经过挑选合格的兵车。

147

〔267〕选骑:经选合格的马匹。

〔268〕百金之士:谓勇士。裴骃引《管子》:"能破敌擒将者赏百金",即其证。

〔269〕彀者:能张弓引满的人,意即善射之士。

〔270〕悉勒习战:把这些人选的人尽都组织起来,训练他们的作战的技能。

〔271〕人民满野:畜牧的人在边境的田野里遍满了。

〔272〕"详北"二句:假败下来,把数千人丢给匈奴。详,通"佯"。北,败走。委,抛弃。

〔273〕单于闻之:匈奴的君主知道了赵国边境放牧满野和自己手下又虏获了对方数千人等消息。

〔274〕大率众来入:大举带领兵众来侵入赵国的边境。

〔275〕多为奇陈:多纵奇兵,参看前〔213〕。陈,同"阵"。

〔276〕"张左"句:两面包抄,像翅膀那样扑去,痛打单于。

〔277〕襜褴(dān lán 丹兰):代北胡国。

〔278〕东胡:为北族乌丸之祖,别派叫作鲜卑,因在匈奴之东,故名。

〔279〕林胡:也是北族的别派,地当今河北省张家口市的北面。

〔280〕奔走:奔逃远去。

〔281〕赵悼襄王元年:丁巳岁,当公元前244年。

〔282〕庞煖(xuān 宣):赵将。

〔283〕剧辛:本赵人,仕燕为将,庞煖素与辛交好,至是,擒而杀之。

〔284〕扈辄:赵将,与汉张耳时的扈辄不是一人。

〔285〕宜安:故城在今河北省石家庄市藁城区西南。

〔286〕走秦将桓齮(yǐ 蚁):赶走杀扈辄的敌将。

〔287〕武安君:封于武安邑,故城在今河北省武安市西。

〔288〕番吾:今河北省平山县南。

〔289〕南距韩、魏:时韩、魏都已听命于秦,威胁赵国,故李牧破秦军后同时抵御韩、魏。距,同"拒"。

〔290〕赵王迁:悼襄王子,即赵国第十君幽缪王,在位八年(前235—

前228),被秦国所虏。其七年壬申岁,当秦王政十八年,公元前229年。

〔291〕王翦:见《项羽本纪》校释〔5〕。时将兵攻赵,已下井陉(即今河北省井陉县东北井陉山上的井陉关,亦名土门关),赵国的国势岌岌可危了。

〔292〕司马尚:赵将,赵王命他与李牧合力抵敌王翦。御是抵敌。之指王翦。

〔293〕赵葱:赵王的族人。代李牧:接收李牧的兵权,代他为将。

〔294〕不受命:不接受交代的命令。

〔295〕微捕得李牧:缉拿到李牧。微,缉访。捕得,捉住。

〔296〕废司马尚:撤销司马尚的职位。废就是罢斥。

〔297〕"知死"三句:"知死必勇",古之成语,意谓既知到了必死的境地,反而会鼓起勇气来的。史公解释说,不是安心受死的是难事,而是如何处理这一死的却真难呢。

〔298〕方:当其时。

〔299〕势不过诛:在势不过被杀罢了。

〔300〕"然士"句:但是一般人往往胆怯而不敢发作的。怯懦,因胆怯而表现懦弱。

〔301〕威信(shēn 伸)敌国:把自己的气概伸张给敌国人看,而且使他畏服。信,通"伸"。

〔302〕名重太山:使自己的名誉重于太山。太山即泰山,当时以为宇内最高最尊的山,与天上的北斗星同等看待。

〔303〕"可谓"句:可以说是兼全智勇了。就是说他智勇双全。

刺客列传(节选)

　　荆轲者,卫人也,其先乃齐人。徙于卫,卫人谓之庆卿。[1]而之燕,[2]燕人谓之荆卿。荆卿好读书击剑,[3]以术说卫元君,[4]卫元君不用。其后秦伐魏,置东郡,[5]徙卫元君之支属于野王。[6]荆轲尝游过榆次,[7]与盖聂论剑。[8]盖聂怒而目之,[9]荆轲出。人或言复召荆卿,[10]盖聂曰:"曩者吾与论剑,有不称者,[11]吾目之。试往,是宜去,不敢留。"[12]使使往之主人,[13]荆卿则已驾而去榆次矣。[14]使者还报,盖聂曰:"固去也!吾曩者目摄之。"[15]荆轲游于邯郸,鲁句践与荆轲博,[16]争道,[17]鲁句践怒而叱之,荆轲嘿而逃去,遂不复会。

　　荆轲既至燕,爱燕之狗屠及善击筑者高渐离。[18]荆轲嗜酒,日与狗屠及高渐离饮于燕市,酒酣以往,[19]高渐离击筑,荆轲和而歌于市中,[20]相乐也。已而相泣,旁若无人者。[21]荆轲虽游于酒人乎,然其为人沉深好书;[22]其所游诸侯,尽与其贤豪长者相结。[23]其之燕,燕之处士田光先生亦善待之,[24]知其非庸人也。[25]

　　居顷之,会燕太子丹质秦亡归燕。[26]燕太子丹者,故尝质于赵,而秦王政生于赵,其少时与丹驩。及政立为秦王,而丹质于秦。秦王之遇燕太子丹不善,[27]故丹怨而亡归。归而求为报秦王者,国小,力不能。其后秦日出兵山东以伐齐、楚、三晋,稍蚕食诸侯,[28]且至于燕。[29]燕君臣皆恐祸之至。太子丹患之,问其傅鞠武。[30]武对曰:"秦地遍天下,威胁韩、魏、赵氏,北有甘泉、谷口之固,南有泾、渭之沃,擅巴、汉之饶,右陇、蜀之山,左关、殽之险,[31]民众而士厉,[32]兵革有馀。[33]意有所出,[34]则长城之南,易水以北,未有所定也。[35]奈何以见陵之怨,欲批其逆鳞哉!"[36]丹曰:"然则何由?"[37]对曰:"请入图之!"[38]居有间,秦将樊於期得罪于秦王,亡之燕,太子受而舍之。[39]鞠武谏曰:"不可!夫以秦王之暴,而积怨于燕,足为寒心,又况闻樊将军之所在乎!是谓'委肉当饿虎之蹊'也,[40]祸必不振矣![41]虽有管、晏,不能为之谋也。[42]愿太子疾遣樊将军入匈奴以灭口。[43]请西约三晋,南连齐、楚,北购于单于,[44]其后迺可图也。"[45]太子曰:"太傅之计,旷日弥久,[46]心惛然,[47]恐不能须臾。[48]且非独于此也,[49]夫樊将军穷困于天下,归身于丹,丹终不以迫于强秦而弃所哀怜之交,置之匈奴,是固丹命卒之时也。[50]愿太傅更虑之!"[51]鞠武曰:"夫行危欲求安,造祸而求福,计浅而怨深,连结一人之后交,[52]不顾国家之大害,此所谓资怨而助祸矣。[53]夫以鸿毛燎于炉炭之上,必无事矣。[54]且以雕鸷之秦,行怨暴之怒,岂足道哉![55]燕有田光先生,其为人智深而勇沉,可与谋。"太子曰:"愿因太傅而得交于田先生,可乎?"鞠武曰:"敬诺。"出见田先生,道"太子愿图国事于先生也"。田光曰:"敬奉教。"乃造焉。[56]太子逢迎,却行为导,跪而蔽席。[57]田光坐定,左右无人,太子避席而请曰:[58]"燕、秦不两立,[59]愿先生留意也!"[60]田光曰:"臣闻'骐骥盛壮之时,一日而驰千里;至其衰老,驽马先之。'[61]今太子闻光盛状之

151

时,[62]不知臣精已消亡矣![63]虽然光不敢以图国事,所善荆卿可使也。"[64]太子曰:"愿因先生得结交于荆卿,可乎?"田光曰:"敬诺。"即起趋出。太子送至门,戒曰:[65]"丹所报,先生所言者,[66]国之大事也,愿先生勿泄也!"田光俛而笑,[67]曰:"诺。"偻行见荆卿,[68]曰:"光与子相善,燕国莫不知。今太子闻光壮盛之时,不知吾形已不逮也,[69]幸而教之曰:'燕、秦不两立,愿先生留意也。'光窃不自外,[70]言足下于太子也,[71]愿足下过太子于宫。"荆轲曰:"谨奉教。"田光曰:"吾闻之,长者为行,不使人疑之。[72]今太子告光曰:'所言者国之大事也,愿先生勿泄。'是太子疑光也。夫为行而使人疑之,非节侠也。"[73]欲自杀以激荆卿,曰:"愿足下急过太子,言光已死,明不言也。"因遂自刎而死。

荆轲遂见太子,言田光已死,致光之言。[74]太子再拜而跪,膝行流涕,[75]有顷而后言曰:[76]"丹所以诫田先生毋言者,[77]欲以成大事之谋也。今田先生以死明不言,岂丹之心哉!"荆轲坐定,太子避席顿首曰:"田先生不知丹之不肖,[78]使得至前,敢有所道,[79]此天之所以哀燕而不弃其孤也。[80]今秦有贪利之心,而欲不可足也。[81]非尽天下之地,臣海内之王者,其意不厌。[82]今秦已虏韩王,尽纳其地。[83]又举兵南伐楚,北临赵;[84]王翦将数十万之众距漳、邺,[85]而李信出太原、云中。[86]赵不能支秦,必入臣,[87]入臣则祸至燕。燕小弱,数困于兵,[88]今计举国不足以当秦。[89]诸侯服秦,莫敢合从。[90]丹之私计,[91]愚以为诚得天下之勇士使于秦,阚以重利;[92]秦王贪,其势必得所愿矣。[93]诚得劫秦王,使悉反诸侯侵地,若曹沫之与齐桓公,则大善矣。则不可,[94]因而刺杀之。彼秦大将擅兵于外而内有乱,[95]则君臣相疑,以其间诸侯得合从,[96]其破秦必矣。此丹之上愿,[97]而不知所委命,[98]惟荆卿留意焉!"[99]久之,荆轲曰:"此国之大事也,臣驽下,[100]恐不足任使。"[101]太子前顿首,固请毋让,[102]然后许诺。于是尊荆卿为上卿,舍上舍。[103]太子日造门下,[104]供太牢具,[105]异物间进,[106]车骑美女恣荆轲所欲,[107]以顺适其意。

久之,荆轲未有行意。[108]秦将王翦破赵,虏赵王,[109]尽收入其地,进兵北略地至燕南界。太子丹恐惧,乃请荆轲曰:"秦兵旦暮渡易水,[110]则虽欲长侍足下,[111]岂可得哉!"荆轲曰:"微太子言,臣愿谒之。[112]今行而毋信,[113]则秦未可亲也。夫樊将军,秦王购之金千斤,邑万家。诚得樊将军首与燕督亢之地图,[114]奉献秦王,秦王必说见臣,[115]臣乃得有以报。"[116]太子曰:"樊将军穷困来归丹,丹不忍以己之私而伤长者之意,愿足下更虑之!"荆轲知太子不忍,乃遂私见樊於期,[117]曰:"秦之遇将军可谓深矣,[118]父母宗族皆为戮没。[119]今闻购将军首金千斤,邑万家,将奈何?"於期仰天太息流涕曰:[120]"於期每念之,[121]常痛于骨髓,[122]顾计不知所出耳!"[123]荆轲曰:"今有一言可以解燕国之患,报将军之仇者,何如?"於期乃前曰:[124]"为之奈何?"荆轲曰:"愿得将军之首以献秦王,秦王必喜而见臣,臣左手把其袖,右手揕其匈,[125]然则将军之仇报,而燕见陵之愧除矣。[126]将军岂有意乎?"[127]樊於期偏袒搤捥而进曰:[128]"此臣之日夜切齿腐心也,[129]乃今得闻教!"[130]遂自刎。太子闻之,驰往,伏尸而哭,极哀。既已不可奈何,乃遂盛樊於期首,函封之。[131]

于是太子豫求天下之利匕首,[132]得赵人徐夫人匕首,[133]取之百金,使工以药淬之。[134]以试人,血濡缕,人无不立死者。[135]乃装为遣荆卿。[136]燕国有勇士秦舞阳,年十三,杀人,人不敢忤视。[137]乃令秦舞阳为副。[138]荆轲有所待,欲与俱;[139]其人居远未来,而为治行。[140]顷之,未发。[141]太子迟之,[142]疑其改悔,乃复请曰:"日已尽矣,荆卿岂有意哉?[143]丹请得先遣秦舞阳。"荆轲怒叱太子曰:"何太子之遣,往而不反者,竖子也![144]且提一匕首入不测之强秦,[145]仆所以留者,待吾客与俱,今太子迟之,请辞决矣!"[146]遂发。太子及宾客知其事者,皆白衣冠以送之。[147]至易水之上,既祖,取道,[148]高渐离击筑,荆轲和而歌,为变徵之声,[149]士皆垂泪涕泣。又前而为歌曰:"风萧萧兮易水寒,壮士一去兮不复还!"[150]复为羽声忼慨,[151]士皆瞋目,[152]发尽上指冠。[153]于是荆轲就车而去,终已不顾。[154]

遂至秦,持千金之资币物,厚遗秦王宠臣中庶子蒙嘉。[155]嘉为先言于秦王曰:[156]"燕王诚振怖大王之威,[157]不敢举兵以逆军吏,[158]愿举国为内臣,比诸侯之列,[159]给贡职如郡县,[160]而得奉守先王之宗庙。恐惧不敢自陈,[161]谨斩樊於期之头,及献燕督亢之地图,函封,燕王拜送于庭,使使以闻大王,[162]惟大王命之!"[163]秦王闻之大喜,乃朝服设九宾,[164]见燕使者咸阳宫。[165]荆轲奉樊於期头函,而秦舞阳奉地图匣,[166]以次进。[167]至陛,秦舞阳色变振恐,群臣怪之。荆轲顾笑舞阳,[168]前谢曰:[169]"北蕃蛮夷之鄙人,[170]未尝见天子,故振慴。[171]愿大王少假借之,[172]使得毕使于前!"[173]秦王谓轲曰:"取舞阳所持地图。"轲既取图奏之,[174]秦王发图,[175]图穷而匕首见。[176]因左手把秦王之袖,而右手持匕首揕之。[177]未至身,秦王惊,自引而起,袖绝。[178]拔剑,剑长,操其室。[179]时惶急,剑坚,故不可立拔。[180]荆轲逐秦王,[181]秦王环柱而走。群臣皆愕,[182]卒起不意,尽失其度。[183]而秦法,群臣侍殿上者不得持尺寸之兵;[184]诸郎中执兵皆陈殿下,非有诏召不得上。[185]方急时,不及召下兵,以故荆轲乃逐秦王,而卒惶急无以击轲,[186]而以手共搏之。[187]是时,侍医夏无且以其所奉药囊提荆轲也。[188]秦王方环柱走,卒惶急不知所为,左右乃曰:"王负剑!"[189]负剑,遂拔以击荆轲,断其左股。[190]荆轲废,[191]乃引其匕首以擿秦王。[192]不中,中桐柱。[193]秦王复击轲,轲被八创。[194]轲自知事不就,[195]倚柱而笑,箕踞以骂曰:[196]"事所以不成者,以欲生劫之,必得约契以报太子也。"[197]于是左右既前杀轲,[198]秦王不怡者良久。[199]已而论功,[200]赏群臣及当坐者各有差,[201]而赐夏无且黄金二百溢,[202]曰:"无且爱我,乃以药囊提荆轲也。"

于是秦王大怒,益发兵诣赵,诏王翦军以伐燕。十月而拔蓟城。[203]燕王喜、太子丹等尽率其精兵东保于辽东。[204]秦将李信追击燕王急,代王嘉乃遗燕王喜书曰:[205]"秦所以尤追燕急者,以太子丹故也。今王诚杀丹献之秦王,秦王必解,[206]而社稷幸得血食。"[207]其后李信追丹,丹匿衍水中,[208]燕王乃使使斩太子丹,欲献之秦。[209]秦复进兵攻之。后五年,[210]秦卒灭燕,虏燕王喜。其明年,秦并天下,立号为皇帝。

于是秦逐太子丹、荆轲之客,[211]皆亡。[212]高渐离变名姓为人庸保,[213]匿作于宋子。[214]久之,作苦,[215]闻其家堂上客击筑,傍偟不能去。[216]每出言曰:[217]"彼有善不善。"[218]从者以告其主,[219]曰:"彼庸乃知音,窃言是非。"[220]家丈人召使前击筑,[221]一坐称善,赐酒。而高渐离念久隐畏约无穷时,[222]乃退,出其装匣中筑与其善衣,[223]更容貌而前。[224]举坐客皆惊,下与抗礼,[225]以为上客。使击筑而歌,客无不流涕而去者。宋子传客之,[226]闻于秦始皇。秦始皇召见,人有识

155

者,乃曰:"高渐离也。"秦皇帝惜其善击筑,[227]重赦之,[228]乃矐其目。[229]使击筑,未尝不称善。稍益近之,高渐离乃以铅置筑中,[230]复进得近,举筑朴秦皇帝,[231]不中。于是遂诛高渐离,终身不复近诸侯之人。

鲁句践已闻荆轲之刺秦王,私曰:"嗟乎!惜哉其不讲于刺剑之术也![232]甚矣吾不知人也![233]曩者吾叱之,彼乃以我为非人也!"[234]

太史公曰:世言荆轲,其称太子丹之命,[235]"天雨粟,马生角"也,[236]太过。[237]又言荆轲伤秦王,皆非也。[238]始公孙季功、董生与夏无且游,[239]具知其事,为余道之如是。[240]自曹沫至荆轲五人,此其义或成或不成,[241]然其立意较然,不欺其志,[242]名垂后世,岂妄也哉![243]

注释

〔1〕庆卿:齐有庆氏,荆轲之先代为齐人,或本姓庆,故卫人呼为庆卿。卿,当时尊美人家的称呼,犹相尊称"子"。

〔2〕而之燕:后又北往燕国。之,前往。

〔3〕击剑:讲究击刺的剑术。

〔4〕以术说卫元君:即以剑术向卫元君游说。卫元君,卫国第四十一君,在位二十二年(前251—前230)。此时卫国早已沦为魏国的附庸了。

〔5〕"其后"二句:在秦王政五年(魏景湣王元年,前242)。东郡约当今河北、河南、山东三省交界一带地(主要部分为卫国故地)。

〔6〕"徙卫"句:秦置东郡之明年(前241),又拔魏之朝歌(故城在今河南省淇县东北,时为卫都),卫元君遂徙于野王。此云徙卫元君之支属于野王,其实不仅支属而已。野王即今河南省沁阳市。

〔7〕榆次:本春秋时晋榆邑,初属魏,战国时属赵,改名榆次。汉置

县。即今山西省晋中市榆次区。

〔8〕论剑:谈说剑术。

〔9〕怒而目之:因议论不合而怒视之。目之,对荆轲瞪眼。

〔10〕"人或"句:有人请盖聂重招荆轲来谈。

〔11〕曩(nǎng攘)者:往昔,犹言早先。不称:不合。

〔12〕"是宜"二句:这样看,他应该走了,不敢留在这里的。

〔13〕"使使"句:派人去到荆轲居停的主人(房东)那里。之,至也。

〔14〕"荆卿"句:荆轲已经乘车离开榆次了。

〔15〕目摄之:我的眼光已把他收服了。摄,整治;收取。

〔16〕鲁句践:大概慕越王之名而取此名的,是个深通剑术的人。观篇末的说话便可明白。博:赌博。

〔17〕争道:在赌局上争取赢路。

〔18〕善击筑(zhú竹)者:擅长击筑的人。筑,像琴那样的乐器,也配弦。但不用手指弹动,而用竹子来打击发音的。

〔19〕酒酣以往:半醉以后。往,后也。

〔20〕和(hè贺):以声相应,跟着唱。

〔21〕"旁若"句:好像身旁没有别的人似的。

〔22〕"荆轲"二句:荆轲虽然跟那班酒徒混在一起,但他的行为举动却是稳重沉着,而且还是喜欢读书的。

〔23〕"其所"二句:他所游历到的各地(诸侯之境),都跟当地的知名之士相结交。

〔24〕处士:已详《魏公子列传》校释〔133〕。善待之:很好地看待荆轲。

〔25〕非庸人:不是平常庸俗的人。

〔26〕会:适逢。太子丹:燕王喜之子。秦王政即位,丹质于秦(留秦当抵押品)。王喜二十三年(秦王政十五年,前232),丹自秦逃归。时荆轲已入燕。亡:逃亡。

〔27〕"秦王"句:秦王对待燕丹没有礼貌。

〔28〕蚕食:逐渐侵蚀,像蚕食桑叶似的。

157

〔29〕且至于燕:将要触及燕国来了。且,将也。

〔30〕傅:师傅之官,参看《留侯世家》校释〔221〕、〔222〕。

〔31〕"北有"数句:是说秦国的地势险要。

〔32〕民众而士厉:人口多而战士强。厉,勇猛。

〔33〕兵革有馀:军备充裕。

〔34〕意有所出:犹言意图向外发展。

〔35〕"则长"三句:言燕国不能稳定了。长城指当时燕北边的长城(西自造阳〔河北怀来县〕,东连襄平〔辽宁辽阳县北〕,大部在今河北、辽宁两省境内)。易水源出河北省易县西,东流至定兴县西南,与拒马河合,即古武水,当时为燕南巨川,与滹沱并称。

〔36〕"奈何"二句:何苦因被欺的怨恨便要去触犯他的凶锋呢!见,被也。陵,欺陵。批,触动。相传龙的喉下有逆鳞,触到它,便要杀人。见《韩非子·说难篇》。在当时已为流行语,用以喻暴君的凶恶。

〔37〕然则何由:那么该走哪条路呢?

〔38〕入图之:仔细打算。入有内义;深义。

〔39〕受而舍之:接受他的投奔,留他住下来。舍,馆舍,此处当动词用。

〔40〕委肉当饿虎之蹊(xī西):引用当时的成语。委,弃置。蹊,径路。言抛肉在饿虎出入的路口,必然不能幸免的。

〔41〕不振:无救。振,救也。

〔42〕"虽有"二句:虽有管仲、晏婴那样的贤人也不能替你出主意的。

〔43〕疾遣:赶快送出。灭口:消灭人家的借口。

〔44〕购于单于:与匈奴的君长连和。购,通"媾",和好。单于,匈奴君王的称呼。

〔45〕"其后"句:然后始可计划如何去对付秦国。廼,古"乃"字。

〔46〕旷日弥久:延搁的日子太久。旷,空也。旷日犹空耗日子。弥,延长。

〔47〕惛然:忧思昏烦之状。

〔48〕"恐不"句:言忧烦欲死,恐怕不能更延顷刻了。须臾犹顷刻。

〔49〕"且非"句:进一层说,言不但忧烦不能忍此须臾而已。

〔50〕"是固"句:言果如是,我的生命也完结了。

〔51〕更虑之:重新考虑。

〔52〕后交:将来的交情。

〔53〕"此所"句:这正合于增加怨恨,催动祸患的话头了。资,增益。助,助力。

〔54〕必无事矣:必然没有什么了。

〔55〕雕鸷(zhì 制):猛禽之属,以喻秦国的凶暴。岂足道哉:还有什么可说呢!意义与上面"必无事矣"相同。

〔56〕乃造焉:于是田光往太子丹之门请见。造,前往。

〔57〕逢迎:迎上前去。卻行为导:徐徐后退,引导田光。蔽:拂拭。

〔58〕避席:离开自己的座席,表示不敢安坐。

〔59〕不两立:不能并存。

〔60〕留意:留心;在念。此有指示、援助的意义。

〔61〕"骐骥"四句:当时成语。骐骥,良马。驽马,劣马。先之,跑到骐骥的前面去。

〔62〕盛状之时:或作"盛壮之时"。

〔63〕精:精力。消亡:消耗亡失。

〔64〕"所善"句:吾所熟识的荆卿可以当得起这个使命的。

〔65〕戒:叮嘱。此有禁约之意。

〔66〕丹所报:我告诉你的心事。先生所言:你推荐荆卿的话。

〔67〕俛:同"俯"。

〔68〕偻行:曲背而行,状其衰老。

〔69〕吾形已不逮:我的身体已够不上了。形,形体。逮,及也。

〔70〕窃不自外:不自见外,犹言不客气。

〔71〕"言足"句:把你举荐给太子了。

〔72〕"长者"二句:老成人所做的行为,不应该让别人怀疑的。

〔73〕节侠:犹好汉。节是品节,侠是义侠。

〔74〕致光之言:传达田光临死之言。

159

〔75〕膝行流涕:跪着前进,淌下眼泪来。

〔76〕有顷:不久,一会儿。

〔77〕诫:同"戒"。

〔78〕不肖:谦辞,犹言不贤。

〔79〕"使得"二句:让我在你跟前能够有所表达。

〔80〕"此天"句:与《范雎传》"是天所以幸先王而不弃其孤也"语气正同。但秦昭王对范雎说时,其父武王已死,故自称"孤";太子丹时,其父王喜尚存,何得称"孤"!所以《索隐》说"或记者失辞"。

〔81〕欲不可足:欲望是不会满足的。

〔82〕"非尽"三句:不尽吞天下的土地,征服海内的诸王(六国之王),他的意愿是不会满足的。厌,通"餍",餍足。

〔83〕"今秦"句:秦王政十七年(前230)遣内史腾(《六国表》作胜〔编者按:繁体作"勝"〕)攻灭韩,虏韩王安,尽收韩地,改建为颍川郡。纳,收取。王安,韩第十一君,在位九年(前238—前230)。

〔84〕临赵:逼近赵国。临,近也。

〔85〕距漳、邺:到达赵国的南境。距,抵也。漳、邺,今河北省临漳县和河南省安阳县之间的一带地方。

〔86〕李信:秦将。出太原、云中:是说秦兵从那两地东出侵赵。太原,今山西省太原市。云中,今内蒙古自治区托克托县。战国时为赵之西境要地。

〔87〕"赵不"二句:赵国抵挡不了秦国,必然向秦投降。支,支撑。

〔88〕数困于兵:屡次被兵事所困苦。

〔89〕"今计"句:现在计算起来,把整个的燕国的力量也不够抵挡秦国。

〔90〕"诸侯"二句:韩、赵诸国既已被秦征服,其他的诸国不敢再联合起来抗秦了。

〔91〕私计,个人的打算。

〔92〕阚(kuī盔)以重利:用丰厚的利益歆动他。阚,示也。此有使他欲羡的意义。

〔93〕"秦王"二句:正因为秦王贪心重,必然上钩,而我可以取得我所心愿的效果了。

〔94〕则不可:即使不答应。"则""即"两字古通用。可,允可。

〔95〕擅兵:专揽兵权。内有乱:指被刺后的动乱。

〔96〕"以其"句:趁这疑乱的当儿,各国便都敢联合起来对付秦国了。

〔97〕上愿:最高的愿望。

〔98〕委命:委托。此有以性命相托的意义。

〔99〕惟:愿也。

〔100〕驽下:谦辞,言才质下劣,像驽马那样的不中用。

〔101〕不足任使:不配担当这委命的任务。

〔102〕固请毋让:坚决请他不要推辞。

〔103〕舍上舍:住上等的馆舍。

〔104〕日造门下:每天到荆轲住的地方问候。

〔105〕供太牢具:参看《项羽本纪》校释〔484〕。

〔106〕异物间进:时常把珍异的东西送给荆轲。间进,隔不多时必有进献。

〔107〕恣荆轲所欲:畅足荆轲的欢心。恣,纵放;酣畅。

〔108〕未有行意:没有起身赴秦的动静。

〔109〕"秦将"二句:秦王政十九年(前228),王翦破赵,虏赵王迁。迁即幽缪王,赵之第十君,在位八年(前235—前228)。

〔110〕旦暮渡易水:早晚间就要渡过易水来了。

〔111〕长侍足下:经常侍奉你。

〔112〕"微太"二句:没有太子的动问,我也要请求行动了。微,无也。谒,请也。

〔113〕行而毋信:前去秦国而没有取信的物证。行,前往。毋,通"无"。信,信物。

〔114〕督亢:燕国南界的肥沃之地,在今河北省易县东南。当时想佯献给秦王,故先绘送地图。

〔115〕说见臣:乐于接见我。说,同"悦"。

161

〔116〕乃得有以报:于是可以有所报效你了。

〔117〕私见:背着太子丹前往会见。

〔118〕"秦之"句:秦国对待你可算得酷毒了。遇,待遇。深,刻酷。

〔119〕戮没:杀戮和没收。重要的都被杀戮,较轻的被没收为官奴婢。

〔120〕太息:深深地叹息。

〔121〕每念之:每次想到这戮没之惨。

〔122〕痛于骨髓:犹痛入骨髓。髓,骨中的脂膏。

〔123〕"顾计"句:但是想不出什么法子罢了。

〔124〕乃前:于是挺身而前。有兴奋之意。

〔125〕揕(zhèn 阵)其匈:直刺他的胸膛。揕,攮刺。匈,"胸"的本字。

〔126〕愧:羞也。此作耻辱解。

〔127〕岂有意乎:问他同意不同意,犹言宁有这样的想法么。

〔128〕"樊於"句:樊於期把衣袖脱下一边来,露出右腕,用左手捏着它,然后发言。极状愤怒的样子。袒,露出。搤,同"扼"。捥,同"腕"。进曰就是发言。

〔129〕切齿:齿牙相磨。腐心:恨得好像那颗心也熬煎得腐烂了。

〔130〕"乃今"句:如今方才得到你的开导。

〔131〕"乃遂"二句:于是把樊於期的首级装在匣子里封藏起来。盛,装置。函,匣子。

〔132〕"于是"句:那时太子已预先在各处访求到锋利的短剑。豫,通"预"。天下,犹言遍地。

〔133〕徐夫人:收藏利匕首的人。因名气大了,便叫匕首为"徐夫人匕首"。

〔134〕以药淬(cuì 悴)之:用毒药炼染在匕首的锋刃上。烧红了铁浸向水内叫淬。

〔135〕"血濡"二句:只要丝那么一缕的血渗出来,人便没有不立刻死去的。濡,渗润。

〔136〕装:整治行装。

〔137〕忤视:反目相看。忤,逆也。

〔138〕为副:充当荆轲的助手。

〔139〕"荆轲"二句:荆轲另有所约的人正等待他来,想要同他一块儿去。俱,偕也。

〔140〕为治行:替他整备行装。

〔141〕"顷之"二句:耽搁了一会儿没有动身。发,行也。

〔142〕迟之:嫌他拖延。

〔143〕"日已"二句:太阳要没了,你有动身的意思么?

〔144〕"何太"三句:犹言怎么你这样支派呢!一去而不能好好地回来复命(意即不能完成任务)的,那才是真小子啊!

〔145〕不测:吉凶莫测,意思偏重在凶险一面。

〔146〕请辞决矣:愿即分手离开罢!

〔147〕白衣冠:凶丧之服。知其难还,故像送丧那样的送他;同时也存在着激励的意义。

〔148〕既祖:既已饯行。取道:上路。古代远行,必祭道路之神,将行,饮酒,叫作"祖"。故饯行称祖道。

〔149〕"为变"句:古代乐器演奏,按音律的高下,分宫、商、角、变徵、徵、羽、变宫七声,就是后世笛色所用的合、四、上、一、尺、工、凡,也就是西乐所用的 C、D、E、F、G、A、B 七调。变徵之声,相当于管笛的一字调,西乐的 F 调。此调适于悲歌,故下云"士皆垂泪涕泣"。

〔150〕前而为歌:边走向前去边歌唱着。萧萧:形容风的拂动之声。兮:参看《项羽本纪》校释〔566〕。

〔151〕羽声:相当于工字调,西乐的 A 调,较变徵更高,故其音感更见忼慨。忼慨犹愤激,已详《项羽本纪》校释〔565〕。

〔152〕瞋目:瞪眼。已详《项羽本纪》校释〔317〕。

〔153〕发尽上指冠:意同"怒发冲冠",参看《廉颇蔺相如列传》校释〔32〕。

〔154〕终已不顾:始终头也不回。

〔155〕千金之资币物：价值千金的礼物。厚遗：厚赠，就是送很重的贿赂。中庶子：本为掌公族之官。战国时，大夫之家有中庶子，有舍人，是中庶子稍高于舍人。

〔156〕为先：替燕使荆轲作先容（预先介绍）。

〔157〕"燕王"句：燕王实在惧怕大王的威严。诚，实也。振，动荡。怖，畏惧。

〔158〕军吏：指秦王派去的将士。

〔159〕内臣：内属之臣。比诸侯之列：排在朝秦的诸侯的队伍里。

〔160〕"给贡"句：纳贡应差像直属的郡县一样。

〔161〕不敢自陈：不敢擅自陈说。

〔162〕"使使"句：特地派了使臣来报知大王。

〔163〕"惟大"句：请大王示下。

〔164〕九宾：已详《廉颇蔺相如列传》校释〔48〕。

〔165〕"见燕"句：在宫廷中接见燕国的使臣。

〔166〕奉："捧"的本字。

〔167〕以次进：荆轲为正使，在前，秦舞阳为副使，在后，挨着次序前进。

〔168〕"荆轲"句：言荆轲镇定，故意回头（顾）讪笑舞阳。

〔169〕前谢：走上前去向见怪的群臣谢罪。

〔170〕北蕃蛮夷：自贬的谦辞。鄙人：鄙野的人，犹言没有见过世面的粗夫。

〔171〕振慴(shè 社)：犹振怖。慴，已见《项羽本纪》校释〔44〕。

〔172〕少假借之：稍为宽恕他一下。假借有迁就的意义。

〔173〕"使得"句：让他能够在大王面前完成他的使命。

〔174〕取图奏之：把地图献给秦王。奏，奉献。

〔175〕发图：打开地图来看。

〔176〕"图穷"句：地图翻看将完，所藏的匕首露出来了。见，同"现"。

〔177〕揕：刺。

〔178〕"自引"二句：(秦王)自己抽身起立,把袖子挣断了。

〔179〕"剑长"二句：因剑太长,仅抓住了剑鞘。室,鞘子。

〔180〕"剑坚"二句：剑紧插在鞘内,牢固得不能立刻拔出来。坚,紧也。故,通"固"。

〔181〕逐：追赶。

〔182〕皆愕：都愣住了。愕,惊愕。

〔183〕"卒起"二句：事起仓猝,出其不意,都失去了常态。

〔184〕秦法：秦国的制度。不得持尺寸之兵：不许携带些许武器。尺寸言其微细。

〔185〕"诸郎"二句：许多带兵器的侍卫人员都排列在殿陛的下面,没有旨意宣召是不能上殿的。郎中,属郎中令,掌宫殿掖门户,是守卫宫禁的近侍人员。

〔186〕无以击轲：没有什么武器来抵击荆轲。

〔187〕以手共搏之：殿上的群臣,大家用空手来殴打荆轲。

〔188〕侍医：随侍的医官。提：投击。

〔189〕王负剑：提醒秦王之辞,犹言大王,你把剑背在背上啊。因佩剑太长不能立拔,使推至背上则前面短就容易拔出了。

〔190〕左股：左腿。

〔191〕废：残废。

〔192〕引：抽起。擿：同"掷"。

〔193〕桐柱：或作"铜柱"。匕首掷入铜柱未免夸张,似以桐柱为近理。

〔194〕创：伤口。参看《项羽本纪》校释〔592〕。

〔195〕就：成就。

〔196〕箕踞以骂：蹲坐在地上肆骂。微屈其膝而坐,状正如箕,故叫作箕踞。古人以为这样是倨傲不敬的表现。

〔197〕"以欲"二句：与前面"诚得劫秦王,使悉反诸侯侵地,若曹沫之与齐桓公则大善矣"相应。因欲生劫秦王,得到秦王反还侵地的诺言(约契)来回报燕丹,留了一手,遂致蹉失刺杀秦王的机会,故上云"事所以

165

不成者"。

〔198〕前杀轲:上前去把荆轲杀了。

〔199〕不怡者良久:不舒服了好多时。

〔200〕论功:考核擒杀刺客之功。同时也追究失职的人。看下文自明。

〔201〕"赏群"句:按当赏当罚(坐罪)的情况,分别轻重来处分它。差,等级;差别。

〔202〕溢:或作"镒"。

〔203〕十月:秦王政二十一年(燕王喜二十九年,前226)的十月。蓟城:燕都,相传即今北京市德胜门外的土城关,亦称蓟门,又名蓟丘。

〔204〕辽东:指今辽宁省东南境一带地,在辽水之东,故以为名。秦灭燕后置辽东郡。

〔205〕代王嘉:即赵公子嘉,秦破邯郸,虏赵王迁,公子嘉乃自立为代王。其后亦为秦所虏。

〔206〕必解:一定可以和解。

〔207〕社稷幸得血食:犹言国命可以侥幸地延续下去。社稷,本土谷之神,古代以为国家的象征。宰牲祭享,故云血食。

〔208〕衍水:辽东水名,不详何地。

〔209〕欲献之秦:"欲"字疑系衍文。《秦始皇本纪》明言"得太子丹之首",是实已献出了的。

〔210〕后五年:秦王政二十五年(燕王喜三十三年,前222)灭燕,上距破蓟城之时跨连五年,故云。

〔211〕"于是"句:于是秦国追捕丹、轲的羽党。逐,追究缉捕。

〔212〕皆亡:都逃散亡匿了。

〔213〕为人庸保:替人家做帮佣。

〔214〕匿作:变姓名为人帮佣。宋子:本赵邑,汉曾建宋子县,故治在今河北省赵县北二十五里。

〔215〕作苦:操作得辛苦的时候。

〔216〕"傍偟"句:在那里转来转去舍不得走开。傍偟,犹徘徊。

〔217〕每出言曰：往往脱口而出地说道。

〔218〕"彼有"句：那边击筑的声音有的合调，有的不合调。

〔219〕"从者"句：同道的佣工把这"有善有不善"的话告知他的主人。

〔220〕"彼庸"二句：那个佣工倒是知音的人，背地里评论筑音有的对有的不对。是非就是善、不善。

〔221〕家丈人：那一家的主人翁。

〔222〕"而高"句：而高渐离心里想，这样长久地隐藏畏缩是没有了结的时候的。

〔223〕"出其"句：把久藏在行装匣中的筑和他平常穿的漂亮衣服拿出来。

〔224〕"更容"句：改装整容而走向前来。

〔225〕下与抗礼：走下座来，用平等的礼节去接待他。无分尊卑叫抗礼。

〔226〕"宋子"句：宋子一地的大户轮流招待他，都以为上客。

〔227〕惜：爱也。

〔228〕重赦之：特别饶恕高渐离，没有杀死他。

〔229〕矐（huò货）其目：弄瞎他的眼睛。矐，失明。一说，用马屎的烟把他熏瞎的。

〔230〕以铅置筑中：用铅镕灌在筑中。用意在使它坚实可以击人。

〔231〕朴：通"扑"，撞击。

〔232〕"惜哉"句：可惜他不能精通刺剑的手段啊。讲，讲究；精研。

〔233〕"甚矣"句：太过分了，我实在没有了解他。

〔234〕"曩者"二句：从前我因为赌博争胜而呵叱他，他当然不以我为他的同志而逃去不再会面了。以上三语，好像深悔当时错认了荆轲，没有把击刺之术教给他。

〔235〕"世言"二句：当世流传的荆轲故事中，每称道太子丹的命运好像有天助似的。以下就是这天命的传说。

〔236〕"天雨"二句：《燕丹子》："太子丹质于秦，秦王遇之无礼，不得

167

意,欲归。秦王不听,谬言曰:'令乌头白,马生角乃可。'丹仰天叹焉,即为之乌头白,马生角。王不得已,遣之。为机发桥(暗藏机关,使桥断坏),欲陷丹。过之,为不发(机关失灵而没有发作)。"《风俗通》:"燕太子丹天为雨粟,乌头白,马生角。"这些传说都是称述太子丹之命,故太史公引之云"天雨粟,马生角"也。

〔237〕太过:天命之说,太无凭准,故太史公直断以为太过。

〔238〕皆非也:总结之辞,就是说天命传说和刺伤秦王都不是实在的。

〔239〕"始公"句:从前公孙季功和董生都曾同夏无且交游的。

〔240〕"为余"句:公孙和董是太史公的朋友,把夏无且所谈的实况告诉他,故云。

〔241〕"此其"句:他们的行义(志愿)有成功的也有不成功的。

〔242〕"然其"二句:然而他们所立的志愿都很明白,而且都没有辱没了志愿。较,明白。欺,亏待。

〔243〕"名垂"二句:声名传流到后世来,岂是虚妄的么!垂,流传。妄,欺谎。

淮阴侯列传

淮阴侯韩信者，淮阴人也。[1]始为布衣时，贫，无行不得推择为吏；[2]又不能治生商贾。[3]常从人寄食饮，[4]人多厌之者。常数从其下乡南昌亭长寄食，[5]数月，亭长妻患之，乃晨炊蓐食。[6]食时信往，不为具食。信亦知其意，怒，竟绝去。信钓于城下，诸母漂，[7]有一母见信饥，饭信，竟漂数十日。[8]信喜，谓漂母曰："吾必有以重报母。"母怒曰："大丈夫不能自食，[9]吾哀王孙而进食，[10]岂望报乎！"淮阴屠中少年有侮信者，曰："若虽长大，好带刀剑，中情怯耳。"[11]众辱之曰：[12]"信能死，刺我；不能死，出我袴下。"[13]于是信孰视之，[14]俛出袴下，[15]蒲伏。[16]一市人皆笑信以为怯。

及项梁渡淮，信杖剑从之，居戏下，[17]无所知名。项梁败，又属项羽，羽以为郎中。数以策干项羽，[18]羽不用。汉王之入蜀，信亡楚归汉。未得知名，为连敖。[19]坐法当斩，其辈十三人皆已斩，次至信，信乃仰视，适见滕公，[20]曰："上不欲就天下乎？[21]何为斩壮士！"滕公奇其言，[22]壮其貌，释而不斩，与语，大说之。[23]言于上，上拜以为治粟都尉，[24]上未之奇也。[25]

信数与萧何语,何奇之,至南郑,[26]诸将行道亡者数十人,[27]信度何等已数言上,上不我用,[28]即亡。何闻信亡,不及以闻,[29]自追之。人有言上曰:"丞相何亡。"上大怒,如失左右手,居一二日,何来谒上,上且怒且喜,骂何曰:"若亡,何也?"何曰:"臣不敢亡也,臣追亡者。"上曰:"若所追者谁?"何曰:"韩信也。"上复骂曰:"诸将亡者以十数,公无所追,追信诈也。"[30]何曰:"诸将易得耳,至如信者,国士无双。[31]王必欲长王汉中,无所事信;[32]必欲争天下,非信无所与计事者。[33]顾王策安所决耳!"[34]王曰:"吾亦欲东耳,安能郁郁久居此乎!"何曰:"王计必欲东,能用信,信即留;不能用,信终亡耳。"王曰:"吾为公以为将。"[35]何曰:"虽为将,信必不留。"王曰:"以为大将。"何曰:"幸甚!"于是王欲召信拜之。何曰:"王素慢无礼,今拜大将,如呼小儿耳,此乃信所以去也。王必欲拜之,择良日,斋戒,设坛场具礼,[36]乃可耳。"王许之。诸将皆喜,人人各自以为得大将。[37]至拜大将,乃韩信也。一军皆惊。

信拜礼毕,上坐,王曰:"丞相数言将军,将军何以教寡人计策?"信谢,因问王曰:"今东乡争权天下,岂非项王邪?"[38]汉王曰:"然。"曰:"大王自料勇悍仁强孰与项王?"[39]汉王默然良久,曰:"不如也。"信再拜贺曰:[40]"惟信亦为大王不如也。[41]然臣尝事之,请言项王之为人也。项王喑噁叱咤,[42]千人皆废,[43]然不能任属贤将,[44]此特匹夫之勇耳。[45]项王见人恭敬慈爱,言语呕呕,[46]人有疾病,涕泣分食饮,至使人有功当封爵者,印刓弊,忍不能予,[47]此所谓妇人之仁也。[48]项王虽霸天下而臣诸侯,不居关中而都彭城。[49]有背义帝之约,而以亲爱王,[50]诸侯不平。诸侯之见项王迁逐义帝置江南,亦皆归逐其主而自王善地。项王所过无不残灭者,天下多怨,百姓不亲附,特劫于威,强耳。[51]名虽为霸,实失天下心。故曰其强易弱。今大王诚能反其道:[52]任天下武勇,何所不诛!以天下城邑封功臣,何所不服!以义兵从思东归之士,何所不散![53]且三秦王为秦将,[54]将秦子弟数岁矣,所杀亡不可胜计,又欺其众降诸侯,至新安,项王诈阬秦降卒二十馀万,[55]唯独邯、欣、翳得脱,秦父兄怨此三人,痛入骨髓,[56]今楚强以威王此三人,[57]秦民莫爱也。大王之入武关,秋豪无所害,[58]除秦苛法,与秦民约,法三章耳,[59]秦民无不欲得大王王秦者。[60]于诸侯之约,大王当王关中,关中民咸知之。大王失职入汉中,秦民无不恨者。今大王举而东,三秦可传檄而定也。"[61]于是汉王大喜,自以为得信晚,[62]遂听信计,部署诸将所击。[63]

八月,汉王举兵东出陈仓,[64]定三秦。汉二年,[65]出关,收魏河南,[66]韩、殷王皆降。[67]合齐、赵共击楚。[68]四月,至彭城,汉兵败散而还。信复收兵与汉王会荥阳,复击破楚京、索之间。[69]以故,楚兵卒不能西。[70]

汉之败卻彭城,[71]塞王欣、翟王翳亡汉降楚。齐、赵亦反汉与楚和。六月,魏王豹谒归视亲疾,[72]至国,即绝河关反汉,[73]与楚约和。汉王使郦生说豹,不下。[74]其八月,以信为左丞相,击魏。魏王盛兵蒲坂,塞临晋,[75]信乃益为疑兵,[76]陈船欲度临晋,[77]而伏兵从夏阳以木罂缻渡军,[78]袭安邑。[79]魏王豹惊,引兵迎信,信遂虏豹,定魏为河东郡。汉王遣张耳与信俱,[80]引兵东,北击赵、代。[81]后九月,[82]破代兵,禽夏说阏与。[83]信之下魏破代,汉辄使人收其精兵,诣荥阳以距楚。

信与张耳以兵数万,欲东下井陉击赵。[84]赵王、成安君陈馀闻汉且袭之也,聚兵井陉口,号称二十万。广武君李左车说成安君曰:〔85〕"闻汉将韩信涉西河,虏魏王,禽夏说,新喋血阏与,〔86〕今乃辅以张耳,议欲下赵,此乘胜而去国远斗,其锋不可当。臣闻'千里馈粮,士有饥色;樵苏后爨,师不宿饱'。〔87〕今井陉之道,车不得方轨,〔88〕骑不得成列,〔89〕行数百里,其势粮食必在其后。愿足下假臣奇兵三万人,〔90〕从间道绝其辎重;〔91〕足下深沟高垒,〔92〕坚营勿与战。〔93〕彼前不得斗,退不得还,吾奇兵绝其后,使野无所掠,不至十日,而两将之头可致于戏下。愿君留意臣之计!〔94〕否,必为二子所禽矣!"成安君,儒者也,〔95〕常称"义兵不用诈谋奇计",曰:"吾闻兵法'十则围之,倍则战'。〔96〕今韩信兵号数万,其实不过数千。能千里而袭我,亦已罢极,〔97〕今如此避而不击,后有大者,何以加之!〔98〕则诸侯谓吾怯,而轻来伐我。"〔99〕不听广武君策。

广武君策不用,韩信使人间视,〔100〕知其不用,还报,则大喜,乃敢引兵遂下。〔101〕未至井陉口三十里,止舍。〔102〕夜半传发,〔103〕选轻骑二千人,〔104〕人持一赤帜,〔105〕从间道萆山而望赵军,〔106〕诫曰:"赵见我走,必空壁逐我,〔107〕若疾入赵壁,拔赵帜立汉赤帜。"〔108〕令其裨将传飧,〔109〕曰:"今日破赵会食。"〔110〕诸将皆莫信,详应曰:〔111〕"诺。"谓军吏曰:〔112〕"赵已先据便地为壁,〔113〕且彼未见吾大将旗鼓,未肯击前行,〔114〕恐吾至阻险而还。"〔115〕信乃使万人先行,出,背水陈。〔116〕赵军望见而大笑。〔117〕平旦,〔118〕信建大将之旗鼓,〔119〕鼓行出井陉口,〔120〕赵开壁击之,大战良久。于是信、张耳详弃鼓旗,〔121〕走水上军。水上军开入之,复疾战。赵果空壁争汉鼓旗,逐韩信、张耳。韩信、张耳已入水上军,军皆殊死战,〔122〕不可败。信所出奇兵二千骑,共候赵空壁逐利,则驰入赵壁,皆拔赵旗立汉赤帜二千。赵军已不胜,不能得信等,[123]欲还归壁,壁皆汉赤帜,而大惊以为汉皆已得赵王将矣。[124]兵遂乱,遁走,赵将虽斩之,不能禁也。[125]于是汉兵夹击,大破虏赵军,斩成安君泜水上,[126]禽赵王歇。

信乃令军中毋杀广武君,有能生得者购千金。[127]于是有缚广武君而致戏下者,信乃解其缚,东乡坐,[128]西乡对,师事之。

诸将效首虏,[129]休毕贺,[130]因问信曰:"兵法'右倍山陵,前左水泽',[131]今者将军令臣等反背水陈,曰破赵会食,臣等不服。然竟以胜,此何术也?"信曰:"此在兵法,顾诸君不察耳。兵法不曰'陷之死地而后生,置之亡地而后存'?[132]且信非得素拊循士大夫也,[133]此所谓驱市人而战之,[134]其势非置之死地,使人人自为战;[135]今予之生地,皆走,宁尚可得而用之乎!"诸将皆服曰:"善。非臣所及也。"

于是信问广武君曰:"仆欲北攻燕,东伐齐,何若而有功?"[136]广武君辞谢曰:"臣闻'败军之将不可以言勇,亡国之大夫不可以图存',[137]今臣败亡之虏,[138]何足以权大事乎!"[139]信曰:"仆闻之,百里奚居虞而虞亡,[140]在秦而秦霸,非愚于虞而智于秦也,用与不用,听与不听也。诚令成安君听足下计,若信者亦已为禽矣。[141]以不用足下,故信得侍耳。"[142]因固问曰:[143]"仆委心归计,[144]愿足下勿辞!"广武君曰:"臣闻'智者千虑,必有一失;愚者千虑,必有一得'。[145]故曰'狂夫之言,圣人择焉'。[146]顾恐臣计未必足用,愿效愚忠。夫成安君有百战百胜之计,一旦而失之,军败鄗下,[147]身死泜上。今将军涉西河,虏魏王,禽夏说阏与,一举而下井陉,不终朝破赵二十万众,[148]诛成安君。名闻海内,威震天下。农夫莫不辍耕释耒,褕衣甘食,倾耳以待命者。[149]若此,将军之所长也。然而众

173

劳卒罢,[150]其实难用。今将军欲举倦弊之兵,[151]顿之燕坚城之下,[152]欲战恐久力不能拔,[153]情见势屈,[154]旷日粮竭,[155]而弱燕不服,齐必距境以自强也。[156]燕、齐相持而不下,[157]则刘、项之权未有所分也。[158]若此者,将军所短也。臣愚,窃以为亦过矣。[159]故善用兵者不以短击长,而以长击短。"韩信曰:"然则何由?"[160]广武君对曰:"方今为将军计,莫如案甲休兵,镇赵抚其孤,[161]百里之内,牛酒日至,以飨士大夫醳兵,[162]北首燕路,[163]而后遣辩士奉咫尺之书,[164]暴其所长于燕,[165]燕必不敢不听从。燕已从,使喧言者东告齐,[166]齐必从风而服,虽有智者,亦不知为齐计矣。如是则天下事皆可图也。兵固有先声而后实者,[167]此之谓也。"韩信曰:"善。"从其策,发使使燕,燕从风而靡。[168]乃遣使报汉,因请立张耳为赵王,以镇抚其国。汉王许之,乃立张耳为赵王。

楚数使奇兵渡河击赵,赵王耳、韩信往来救赵,因行定赵城邑,[169]发兵诣汉。[170]楚方急围汉王于荥阳,[171]汉王南出,之宛、叶间,[172]得黥布,[173]走入成皋,[174]楚又复急围之。六月,汉王出成皋,东渡河,独与滕公俱,从张耳军脩武。[175]至,宿传舍。[176]晨自称汉使,驰入赵壁。张耳、韩信未起,即其卧内上夺其印符,[177]以麾召诸将,易置之。[178]信、耳起,乃知汉王来,大惊。汉王夺两人军,即令张耳备守赵地,拜韩信为相国,收赵兵未发者击齐。[179]

信引兵东,未渡平原,[180]闻汉王使郦食其已说下齐,[181]韩信欲止。范阳辩士蒯通说信曰:[182]"将军受诏击齐,而汉独发间使下齐,[183]宁有诏止将军乎?何以得毋行也![184]且郦生一士,[185]伏轼掉三寸之舌,[186]下齐七十馀城,将军将数万众,岁馀乃下赵五十馀城,为将数岁,反不如一竖儒之功乎!"于是信然之,[187]从其计,遂渡河。[188]齐已听郦生,[189]即留纵酒,[190]罢备汉守御。[191]信因袭齐历下军,[192]遂至临菑。[193]齐王田广以郦生卖己,[194]乃亨之,[195]而去高密,[196]使使之楚请救。韩信已定临菑,遂东追广至高密西。楚亦使龙且将,号称二十万救齐。

齐王广、龙且并军与信战,未合,[197]人或说龙且曰:[198]"汉兵远斗穷战,[199]其锋不可当。齐、楚自居其地战,兵易败散。[200]不如深壁,[201]令齐王使其信臣招所亡城,[202]亡城闻其王在,楚来救,必反汉。汉兵二千里客居,[203]齐城皆反之,其势无所得食,可无战而降也。"龙且曰:"吾平生知韩信为人,易与耳。[204]且夫救齐,不战而降之,[205]吾何功!今战而胜之,齐之半可得,何为止!"[206]遂战,与信夹潍水陈。[207]韩信乃夜令人为万馀囊,满盛沙,壅水上流,引军半渡,击龙且。详不胜,[208]还走。龙且果喜曰:"固知信怯也。"遂追信渡水。信使人决壅囊,[209]水大至。龙且军大半不得渡,[210]即急击,杀龙且。龙且水东军散走,[211]齐王广亡去。信遂追北至城阳,[212]皆虏楚卒。[213]

汉四年,[214]遂皆降。平齐。使人言汉王曰:[215]"齐伪诈多变,反覆之国也。南边楚。[216]不为假王以镇之,其势不定。[217]愿为假王便。"[218]当是时,楚方急围汉王于荥阳,韩信使者至,发书,汉王大怒,骂曰:"吾困于此,旦暮望若来佐我,乃欲自立为王!"张良、陈平蹑汉王足,[219]因附耳语曰:"汉方不利,宁能禁信之王乎!不如因而立,[220]善遇之,使自为守。不然,变生。"汉王亦悟,因复骂曰:"大丈夫定诸侯,即为真王耳,何以假为!"乃遣张良往,立信为齐王,征其兵击楚。

楚已亡龙且，项王恐，使盱眙人武涉往说齐王信曰：[221]"天下共苦秦久矣，相与勠力击秦。[222]秦已破，计功割地，分土而王之，以休士卒。今汉王复兴兵而东，侵人之分，[223]夺人之地，已破三秦，引兵出关，收诸侯之兵以东击楚，[224]其意非尽吞天下者不休，其不知厌足如是甚也。[225]且汉王不可必，身居项王掌握中数矣，[226]项王怜而活之，[227]然得脱，辄倍约，[228]复击项王，其不可亲信如此。今足下虽自以与汉王为厚交，为之尽力用兵，终为之所禽矣。[229]足下所以得须臾至今者，[230]以项王尚存也。当今二王之事，权在足下。足下右投则汉王胜，左投则项王胜。项王今日亡，则次取足下。[231]足下与项王有故，[232]何不反汉与楚连和，叁分天下王之。[233]今释此时，而自必于汉以击楚，[234]且为智者固若此乎！"[235]韩信谢曰："臣事项王，官不过郎中，位不过执戟，[236]言不听，画不用，[237]故倍楚而归汉。汉王授我上将军印，予我数万众，解衣衣我，推食食我，[238]言听计用，故吾得以至于此。夫人深亲信我，我倍之不祥，虽死不易。[239]幸为信谢项王！"[240]

武涉已去，齐人蒯通知天下权在韩信，[241]欲为奇策而感动之，以相人说韩信曰：[242]"仆尝受相人之术。"韩信曰："先生相人何如？"对曰："贵贱在于骨法，[243]忧喜在于容色，[244]成败在于决断，[245]以此参之，万不失一。"[246]韩信曰："善。先生相寡人何如？"对曰："愿少间。"[247]信曰："左右去矣！"通曰："相君之面，不过封侯，又危不安。相君之背，贵乃不可言。"[248]韩信曰："何谓也？"蒯通曰："天下初发难也，俊雄豪桀建号一呼，[249]天下之士云合雾集，[250]鱼鳞襍遝，[251]熛至风起。[252]当此之时，忧在亡秦而已。[253]今楚、汉分争，使天下无罪之人肝胆涂地，父子暴骸骨于中野，[254]不可胜数。[255]楚人起彭城,转斗逐北,至于荥阳,乘利席卷,威震天下。然兵困于京、索之间,迫西山而不能进者,[256]三年于此矣。汉王将数十万之众,距巩、雒,[257]阻山河之险,一日数战,无尺寸之功,折北不救,[258]败荥阳,伤成皋,[259]遂走宛、叶之间,此所谓智勇俱困者也。夫锐气挫于险塞,[260]而粮食竭于内府,[261]百姓罢极怨望,容容无所倚。[262]以臣料之,其势非天下之贤圣,固不能息天下之祸。当今两主之命县于足下。[263]足下为汉则汉胜,与楚则楚胜。臣愿披腹心,[264]输肝胆,效愚计,恐足下不能用也。诚能听臣之计,莫若两利而俱存之,叁分天下,鼎足而居,[265]其势莫敢先动。夫以足下之贤圣,有甲兵之众,据强齐,从燕、赵,[266]出空虚之地而制其后,[267]因民之欲,西乡为百姓请命,[268]则天下风走而响应矣,[269]孰敢不听!割大弱强,[270]以立诸侯,诸侯已立,天下服听而归德于齐。[271]案齐之故,有胶、泗之地,[272]怀诸侯以德,深拱揖让,[273]则天下之君王相率而朝于齐矣。盖闻'天与弗取,反受其咎;时至不行,反受其殃'。[274]愿足下孰虑之!"韩信曰:"汉王遇我甚厚,载我以其车,衣我以其衣,食我以其食。[275]吾闻之,乘人之车者载人之患,衣人之衣者怀人之忧,食人之食者死人之事,吾岂可以乡利倍义乎!"[276]蒯生曰:"足下自以为善汉王,[277]欲建万世之业,臣窃以为误矣。始常山王、成安君为布衣时,[278]相与为刎颈之交。[279]后争张黡、陈泽之事,[280]二人相怨。常山王背项王,奉项婴头而窜,[281]逃归于汉王。汉王借兵而东下,[282]杀成安君泜水之南,头足异处,卒为天下笑。此二人相与,天下至骧也,然而卒相禽者,何也?患生于多欲,而人心难测也。今足下欲行忠信以交于汉王,必不能固于二君之相与也,[283]而事多大于张黡、陈泽。[284]故臣以为足下必汉王之不危己,亦误矣。

大夫种、范蠡存亡越,[285]霸句践,立功成名而身死亡。野兽已尽而猎狗亨。[286]夫以交友言之,则不如张耳之与成安君者也。以忠信言之,则不过大夫种、范蠡之于句践也。此二人者,足以观矣。愿足下深虑之!且臣闻勇略震主者身危,而功盖天下者不赏。[287]臣请言大王功略:足下涉西河,虏魏王,禽夏说,引兵下井陉,诛成安君,徇赵,胁燕,定齐,南摧楚人之兵二十万,东杀龙且,西乡以报。[288]此所谓功无二于天下,而略不世出者也。[289]今足下戴震主之威,挟不赏之功,归楚,楚人不信;归汉,汉人震恐。足下欲持是安归乎![290]夫势在人臣之位,而有震主之威,名高天下,窃为足下危之!"韩信谢曰:"先生且休矣,吾将念之。"[291]

后数日,蒯通复说曰:"夫听者事之候也,[292]计者事之机也,[293]听过计失而能久安者,鲜矣。[294]听不失一二者,不可乱以言;[295]计不失本末者,不可纷以辞。[296]夫随厮养之役者,失万乘之权;[297]守儋石之禄者,阙卿相之位。[298]故知者决之断也,[299]疑者事之害也,审豪氂之小计,[300]遗天下之大数,[301]智诚知之,决弗敢行者,[302]百事之祸也。[303]故曰,猛虎之犹豫,不若蜂虿之致螫;[304]骐骥之跼躅,不如驽马之安步;[305]孟贲之狐疑,不如庸夫之必至也;[306]虽有舜、禹之智,吟而不言,不如瘖聋之指麾也。[307]此言贵能行之。[308]夫功者难成而易败,时者难得而易失也。时乎时,[309]不再来。愿足下详察之!"韩信犹豫,不忍倍汉。又自以为功多,汉终不夺我齐。遂谢蒯通。蒯通说不听,已详狂为巫。[310]

汉王之困固陵,用张良计召齐王信,遂将兵会垓下。[311]项羽已破,高祖袭夺齐王军。汉五年正月,[312]徙齐王信为楚王,都下邳。[313]

信至国，[314]召所从食漂母，赐千金。及下乡南昌亭长，赐百钱，曰："公，小人也，为德不卒。"[315]召辱己之少年令出胯下者以为楚中尉。[316]告诸将相曰："此壮士也，方辱我时，我宁不能杀之邪！杀之无名，故忍而就于此。"

项王亡将锺离眛家在伊庐，[317]素与信善。项王死后，亡归信。汉王怨眛，闻其在楚，诏楚捕眛。[318]信初之国，行县邑，陈兵出入。[319]汉六年，[320]人有上书告楚王信反。高帝以陈平计，天子巡狩会诸侯，南方有云梦，发使告诸侯会陈："吾将游云梦。"[321]实欲袭信，信弗知。高祖且至楚，[322]信欲发兵反，自度无罪，欲谒上，恐见禽。[323]人或说信曰："斩眛谒上，上必喜，无患。"信见眛计事，[324]眛曰："汉所以不击取楚，以眛在公所。若欲捕我以自媚于汉，[325]吾今日死，公亦随手亡矣。"乃骂信曰："公非长者。"卒自刭。信持其首，谒高祖于陈。上令武士缚信载后车。信曰："果若人言，'狡兔死，良狗亨；高鸟尽，良弓藏；敌国破，谋臣亡'。[326]天下已定，我固当亨。"上曰："人告公反。"遂械系信。[327]至雒阳，赦信罪，以为淮阴侯。

信知汉王畏恶其能，[328]常称病不朝从。[329]信由此日夜怨望，[330]居常鞅鞅，[331]羞与绛、灌等列。[332]信尝过樊将军哙，哙跪拜送迎，言称臣，曰："大王乃肯临臣！"[333]信出门笑曰："生乃与哙等为伍！"[334]上常从容与信言诸将能不，各有差。[335]上问曰："如我，能将几何？"[336]信曰："陛下不过能将十万。"上曰："于君何如？"曰："臣多多而益善耳。"[337]上笑曰："多多益善，何为为我禽！"[338]信曰："陛下不能将兵，而善将将，[339]此乃信之所以为陛下禽也。且陛下所谓天授，[340]非人力也。"

陈豨拜为钜鹿守,[341]辞于淮阴侯。[342]淮阴侯挈其手,[343]辟左右与之步于庭,[344]仰天叹曰:"子可与言乎?欲与子有言也。"豨曰:"唯将军令之!"淮阴侯曰:"公所居,天下精兵处也;[345]而公,陛下之信幸臣也。[346]人言公之畔,[347]陛下必不信;再至,陛下乃疑矣;三至,必怒而自将。吾为公从中起,[348]天下可图也。"陈豨素知其能也,信之,曰:"谨奉教!"汉十一年,[349]陈豨果反。上自将而往,信病不从。阴使人至豨所曰:[350]"弟举兵,[351]吾从此助公。"信乃谋与家臣夜诈诏赦诸官徒奴,[352]欲发以袭吕后、太子。部署已定,待豨报。其舍人得罪于信,[353]信囚,欲杀之。舍人弟上变,[354]告信欲反状于吕后。吕后欲召,恐其党不就,[355]乃与萧相国谋,[356]诈令人从上所来,言豨已得死,[357]列侯群臣皆贺。相国绐信曰:[358]"虽疾,强入贺。"[359]信入,吕后使武士缚信,斩之长乐锺室。[360]信方斩,曰:"吾悔不用蒯通之计,乃为儿女子所诈,[361]岂非天哉!"遂夷信三族。[362]

高祖已从豨军来,至,[363]见信死,且喜且怜之,[364]问"信死亦何言?"吕后曰:"信言恨不用蒯通计。"高祖曰:"是齐辩士也。"乃诏齐捕蒯通。蒯通至,上曰:"若教淮阴侯反乎?"对曰:"然,臣固教之。竖子不用臣之策,故令自夷于此。如彼竖子用臣之计,陛下安得而夷之乎!"上怒曰:"亨之!"通曰:"嗟乎!冤哉亨也!"上曰:"若教韩信反,何冤?"对曰:"秦之纲绝而维弛,[365]山东大扰,[366]异姓并起,英俊乌集。[367]秦失其鹿,天下共逐之,[368]于是高材疾足者先得焉。[369]'蹠之狗吠尧,尧非不仁,狗固吠非其主。'[370]当是时,臣唯独知韩信,非知陛下也。且天下锐精持锋欲为陛下所为者甚众,[371]顾力不能耳。又可尽亨之邪!"[372]高帝曰:"置之!"[373]乃释通之罪。[374]

太史公曰:吾如淮阴,[375]淮阴人为余言,韩信虽为布衣时,其志与众异。[376]其母死,贫无以葬,然乃行营高敞地,[377]令其旁可置万家。[378]余视其母冢,良然。[379]假令韩信学道谦让,不伐己功,不矜其能,[380]则庶几哉,于汉家勋可以比周、召、太公之徒,[381]后世血食矣。[382]不务出此,[383]而天下已集,乃谋畔逆,[384]夷灭宗族,不亦宜乎!

注释

〔1〕淮阴:故城在今江苏省淮安市。

〔2〕"无行"句:没有什么可称的才行能够推举选择为官吏。

〔3〕治生商贾(gǔ 股):做买卖来营谋生活。流动贩卖的叫商,设肆售货的叫贾。

〔4〕寄食饮:犹言乞食。寄,投托。

〔5〕"常数"句:曾经屡次投靠在下乡南昌亭长的家里求食。常,通"尝"。数,屡次。下乡,淮阴县的属乡。南昌,下乡的亭名,《楚汉春秋》作"新昌"。亭长,已见《项羽本纪》校释〔589〕。

〔6〕晨炊蓐食:一早把饭煮好,在床上就吃掉了。蓐,同"褥"。

〔7〕诸母:大娘们。漂:在水中拍絮。

〔8〕"饭信"二句:分自己的饭给韩信吃,直到数十天漂絮工作完了以后才罢。饭,动词。

〔9〕自食:自己养活。食,供养。

〔10〕王孙:犹公子,当时对年轻人的通称。

〔11〕"若虽"三句:你虽然生得高大,但喜欢佩带刀剑,内心终是胆怯的罢。若,汝也。

〔12〕众辱之:当大众面前羞辱他。

〔13〕出我袴下:在我的两腿的当间儿爬出去。袴,一作"胯",袴下犹胯下。

〔14〕孰视之:仔仔细细地看了这少年一下。孰,同"熟"。

181

〔15〕俛出袴下:爬倒来钻过这少年的胯下。俛,同"俯"。

〔16〕蒲伏:同"匍匐",俯伏在地上。

〔17〕戏下:即麾下,参看《项羽本纪》校释〔413〕。

〔18〕干:求请;献议。

〔19〕连敖:接待宾客的人员。

〔20〕滕公:即夏侯婴,已见《项羽本纪》校释〔466〕。

〔21〕就:成就。

〔22〕奇:惊怪。

〔23〕大说之:很佩服他的一番说话。说,同"悦"。

〔24〕治粟都尉:管理粮饷的高级军官。

〔25〕未之奇:犹未奇之,不曾重视他。奇,珍贵;看重。

〔26〕南郑:今陕西省汉中市南郑区,时为汉王国都。已见《项羽本纪》校释〔369〕。

〔27〕诸将行(háng 航):诸将领辈。行,行辈。道亡:半路逃走,当时诸将士卒多思东归,故多道亡。

〔28〕"信度"二句:韩信揣想萧何等已屡次向汉王举荐过,汉王不用我。不我用,犹不用我。

〔29〕不及以闻:来不及把韩信逃亡的事告知汉王。

〔30〕追信诈也:说追韩信是欺骗他。以上数语都呼萧何为"若",这里却改称"公",可见汉王此时心已稍定,措辞也较为安详了。

〔31〕国士无双:一国中杰出之人,没有人可以同他相比的。

〔32〕无所事信:没有韩信的用处。

〔33〕"非信"句:除了韩信,没有可以同他商议大事的人。

〔34〕"顾王"句:但不知大王的计策决定走哪一条路(长王汉中还是争天下)罢了!顾,但也。安,何也。

〔35〕"吾为"句:我为你的推荐,命他做将官罢。

〔36〕斋戒:已详《廉颇蔺相如列传》校释〔35〕。设坛场具礼:布置拜将的场所,具备拜将的礼节。筑土培高叫坛,平治地面叫场。

〔37〕"人人"句:各人的想法都以为自己要受命拜大将了。

〔38〕"今东"二句:现在向东去,跟他争夺天下霸权的对手岂不是项王么?乡,同"向"。

〔39〕"大王"句:大王自己估计,你个人的勇狠和兵势的精强,比项王谁胜?仁,良也。仁强兼有精良与强盛的意义。

〔40〕贺:赞同之意,与"嘉"同义。嘉与贺古同声而通用,见《广雅疏证》。

〔41〕"惟信"句:意谓不但大王以为不如他,虽我也以为大王不如他。

〔42〕喑噁(yīn wū 音巫)叱咤(zhà 诈):形容意气飞扬。喑噁,满怀怒气。叱咤,发怒的声息。

〔43〕千人皆废:言他发怒时虽千人在旁也都被镇得不敢动弹。废,不振;瘫痪。

〔44〕任属:倾心委托。

〔45〕匹夫之勇:言一个光杆的勇狠,无当大用的。

〔46〕呕呕:噜苏;烦碎。

〔47〕印刓弊:刻好了封给人家的印信,摩弄得印角都磨灭了。刓,同"玩"。弊,减损。忍不能予:舍不得给与应封的人。忍,揩住。予,给付。

〔48〕妇人之仁:言只是一味婆子气,不识大体。

〔49〕"不居"句:讥他放弃形胜之地。

〔50〕"有背"二句:不履行义帝"先入关中者王之"的成约,把他亲近信爱的人分封为王。

〔51〕"特劫"二句:不过被他的淫威所胁制,勉强服从罢了。强,勉自抑制之意。

〔52〕反其道:就是要不尚匹夫之勇,不行妇人之仁。

〔53〕何所不诛:有什么地方不可以诛灭呢!何所不服和何所不散,说法完全相同。服是心服,散是打散。但"诛灭"和"打散"是指的敌人方面,"心服"是指的自己方面。

〔54〕三秦王:指当时秦地的三个王,即雍王章邯、塞王司马欣、翟王董翳。已详《项羽本纪》校释〔371〕、〔372〕、〔373〕。当时就把雍、塞、翟三国统括起来称作三秦。

〔55〕阬:活埋。

〔56〕痛入骨髓:髓,骨中的脂膏。

〔57〕强以威王此三人:勉强用兵威来封此三人为王。

〔58〕"秋豪"句:些微也没有侵害它,秋豪,参看《项羽本纪》校释〔289〕。

〔59〕法三章:刘邦初入关,与秦民约,杀人者死,伤人及盗抵罪。仅举杀人、伤人和盗取三项罢了,故云"法三章"耳。

〔60〕王秦:王于秦地。

〔61〕传檄(xí习)而定:犹言行一道文书便可收服的。檄,长尺二寸的木简,古代有宣告或征召的事,书于檄上传发之。

〔62〕晚:迟也。

〔63〕部署:布置。所击:攻击的目标。

〔64〕陈仓:秦所置县,故城在今陕西省宝鸡市陈仓区东。

〔65〕汉二年:丙申岁,当公元前205年。

〔66〕收魏河南:收取故魏地的河南国。时项王封申阳为河南王,汉王东出关,至陕(今河南省三门峡市陕州区),申阳降。

〔67〕韩、殷王皆降:与收河南同时,项王所封的韩王郑昌亦降,又渡河房殷王司马卬。故云。

〔68〕"合齐"句:参看《项羽本纪》校释〔433〕。

〔69〕京、索之间:已详《项羽本纪》校释〔476〕。

〔70〕卒(cù猝)不能西:言被牵制着,不能骤然离开荥阳而西向击汉。

〔71〕卻:退。

〔72〕"魏王"句:魏王豹时被项王徙封为西魏王,王河东,都平阳,汉王出关渡河,豹遂降。至是,谒归视亲疾(请假回河东探望他大人的病)。

〔73〕绝河关反汉:断绝黄河的交通,背叛汉王。河关即蒲津关,详后〔75〕。

〔74〕"汉王"句:魏豹既叛汉,汉王使郦食其(已见《留侯世家》校释〔69〕)前往游说他,想使他复归汉。豹说,"汉王慢侮人,骂詈诸侯群臣如

奴耳,不忍复见也"。没有听从郦生。

〔75〕"魏王"二句:魏王把重兵屯扎在蒲坂,堵塞黄河的渡口临晋关。蒲坂,即魏蒲反邑,故城即今山西省永济市西旧蒲州北三十里的虞都镇。临晋关,一名蒲关,亦名河关,又名蒲津关,在今山西省永济市西,陕西省朝邑镇东的黄河西岸。宋改名大庆关,今仍之。

〔76〕疑兵:参看《留侯世家》校释〔68〕。

〔77〕"陈船"句:排列船只在临晋关,好像要在那里渡河东攻,这就是疑兵。度,同"渡"。

〔78〕"而伏"句:预备着的伏兵却从上游夏阳地方用木桶偷偷地渡河。夏阳,即魏少梁,故城在今陕西省韩城市南。木罂缻(yīng fǒu 婴缶),木制的盆瓮之类,相当于木桶。不用船而用木桶,正欲保密,不使敌人注意。

〔79〕袭安邑:袭取安邑。出人不意叫袭。安邑,战国魏都,故城在今山西省夏县北。

〔80〕"汉王"句:汉王派张耳同韩信一起去。俱,偕也。

〔81〕北击赵、代:向北攻打赵歇和陈馀。是时陈馀既袭破常山,赶走张耳,迎赵歇自代复为赵王。歇乃立陈馀为代王,号成安君,留相赵;使夏说(yuè 悦)为代相国,守代。事实上赵、代一体,故《汉书·韩信传》便这样说:"信既虏豹,使人请汉王愿益兵三万人,北举赵,东击齐,南绝楚之粮道,与大王会荥阳。汉王与兵三万人,遣张耳与俱。"

〔82〕后九月:那年的闰九月。

〔83〕禽夏说阏与:擒夏说于阏与。禽,同"擒"。阏与,已见《廉颇蔺相如列传》校释〔128〕。

〔84〕井陉(xíng 形):太行八陉之一,即井陉口。参看《廉颇蔺相如列传》校释〔291〕。

〔85〕广武君李左车:赵之谋臣。

〔86〕喋(dié 碟)血:流血。一说喋通"蹀",蹀血是践踏血泊。

〔87〕"千里"四句:当时兵家流行的成语。千里馈粮,士有饥色,是说给养线过长,若待千里之外输送军粮来,士卒们必然有挨饿的危险;樵苏

185

后爨(cuàn窜),师不宿饱,是说就地掠食也没有把握使人马吃得饱的。馈,送也。采薪叫樵,取草叫苏。爨,炊也。师,兵众。宿饱,经常吃饱,宿,积也。

〔88〕方轨:两车并行。方,并列。

〔89〕成列:排成行列。

〔90〕假:暂时付与。

〔91〕间道:偏僻的小路。

〔92〕深沟高垒:掘深护营的沟道,培高兵营的墙垣。

〔93〕坚营:坚守营垒。

〔94〕留意:有采纳实行的意义。

〔95〕儒者:犹言书生。此有迂腐不知通变之意。

〔96〕"十则"二句:引《孙子·谋攻篇》文而少变之。言当有十倍于敌人的兵力乃可以包围它,有倍于敌人的兵力乃可以一战。成安君的意思是说己方兵力远过于韩信,完全可以和他正式决战。

〔97〕罢(pí疲)极:疲惫已极。

〔98〕"后有"二句:以后如有更大于此的敌人,怎能胜它呢! 加,胜也。

〔99〕轻来伐我:容易前来伐我。轻,易也。

〔100〕间视:探听。

〔101〕遂下:径行直下。

〔102〕止舍:停下来扎营。

〔103〕传发:传令军中出发。

〔104〕轻骑:轻装的骑兵。

〔105〕"人持"句:每人带着一柄红色的标旗。

〔106〕"萆山"句:远望赵军的动静。萆,同"蔽",遮掩。

〔107〕空壁逐我:悉数出来追我,犹言倾巢而出,不留一兵,仅剩一座空垒。

〔108〕"若疾"二句:你们赶快冲入赵营,拔去赵国的旗号,插立汉王的红旗。

〔109〕裨将:副将,犹今部队中的副官。传飧:停驻在那儿,分发一点小食(点心)。飧,同"餐"。

〔110〕"今日"句:今天待攻破了赵军乃可正式聚餐。

〔111〕详:通"佯"。

〔112〕谓军吏:韩信对执事军官说。

〔113〕便地:形胜利便的地方。

〔114〕前行:先头部队。

〔115〕"恐吾"句:怕我们到了路狭山险的地方就退回来(如果他们阻击我先头部队的话)。

〔116〕背水陈(zhèn 阵):背水结阵。下面的"水上军"就指这背水结营的阵地。

〔117〕"赵军"句:背水为阵是绝地,陈馀知为兵法所忌,故赵军望见而大笑。

〔118〕平旦:太阳刚露出地面的时候。

〔119〕"信建"句:韩信打起大将的旗号,带着大将的仪仗鼓吹。

〔120〕鼓行:大吹大擂地前进。

〔121〕详弃鼓旗:使诈把旗号仪仗都丢掉。

〔122〕殊死战:决心拼死作战。殊,决绝。

〔123〕"不能"句:不能捉到韩信、张耳等人。得,擒获。

〔124〕"而大"句:而大惊,想来汉兵都已把赵王的将领们收服了。得,收降。

〔125〕"赵将"二句:赵军虽斩杀逃兵终不能禁止他们的逃跑。

〔126〕泜(chí 持)水:源出河北省元氏县西,东流入槐河。

〔127〕"有能"句:有能活捉李左车的赏千金。购,悬赏。

〔128〕东乡坐:令左车面向东坐。当时在堂上接见以东向为尊。

〔129〕效首虏:献首级和俘虏。效,呈献。

〔130〕休毕贺:效首虏完毕后都向韩信称贺。休,完了。毕,皆也。

〔131〕"右倍"二句:右面和背后必须靠近山陵,前面和左面必须临近川泽。倍,同"背"。此盖引《孙子·行军篇》而少变其文。

〔132〕"陷之"二句:见《孙子·九地篇》。

〔133〕非得素拊循士大夫:未能得到素有训练的将士。素,平素。拊循犹抚慰,此处有训练的意义。拊,同"抚"。士大夫泛指一般人士。

〔134〕驱市人而战之:犹言驱乌合之众使他们向敌作战。

〔135〕使人人自为战:承上"非"字言,下当添"不可"二字看。

〔136〕何若:犹若何。

〔137〕"败军"二句:当时流行的成语。

〔138〕败亡之虏:失败了的俘虏。

〔139〕权:计量;策划。

〔140〕百里奚:虞人,事虞公为大夫。虞亡,秦缪公将以为媵臣(陪嫁之奴)。奚耻之,南走宛,为楚鄙人(边邑之人)所执。缪公闻其贤,令人以五羖羊皮赎之,举以为相,因号五羖大夫。

〔141〕为禽:当俘虏。

〔142〕信得侍耳:意即为我所擒。因尊重李左车,不欲触伤他,反而说我以此能够遂我奉侍足下的心愿罢了。

〔143〕固问:坚决地请问。

〔144〕委心归计:倾心听从你的计策。

〔145〕"智者"四句:当时流行的成语,言虽是贤智的人,在千遍考虑中也必有一遍要失算的;虽是愚陋的人,在千遍考虑中也必有一遍会合适的。

〔146〕"狂夫"二句:也是流行成语,言虽是狂人的说话,圣人也该分别采择它的。

〔147〕鄗下:鄗城之下。鄗,今河北省高邑县。

〔148〕不终朝:不须经过一个完整的朝晨。这是形容他破赵的快速。

〔149〕"农夫"三句:一般农民都停止耕作,且图眼前的吃和穿,侧着耳朵等待兵灾的到来。这是说他威名的震动。辍耕已见《陈涉世家》校释〔5〕。释耒,丢下耕具。褕(yú 踰),美好。倾耳待命,提心吊胆地等着最后命运的决定。

〔150〕众劳卒罢(pí 疲):民众劳苦,士卒疲乏。

〔151〕倦弊:劳倦疲敝。

〔152〕"顿之"句:停顿在燕国的坚守的城垣下面。

〔153〕"欲战"句:要想战罢,恐怕日子拖久了,力量不能拔取它。

〔154〕情见势屈:真情暴露了,兵势也就挫减了。

〔155〕旷日粮竭:日子拖长了,粮饷也就短缺了。

〔156〕距境以自强:拒守边境,使自己壮大。距,通"拒"。

〔157〕"燕、齐"句:燕国同齐国都向你坚持不肯降服,并不是说燕、齐之间互相坚持不下。

〔158〕"刘、项"句:刘、项两边的轻重还没有分晓啊。权,秤锤,此处犹言比重。

〔159〕"窃以"句:私下忖度你的初计(北攻燕,东伐齐),也认为这是错误的啊。

〔160〕然则何由:那么走哪条路呢？由,从也;路也。

〔161〕抚其孤:存恤赵国死士的遗孤。

〔162〕飨士大夫:宴请一般人士。醳(yì忆)兵:犒劳兵卒。醉酒叫醳。

〔163〕北首燕路:兵势北向燕国。首,向也。

〔164〕奉咫尺之书:犹言送一封信。咫,八寸。咫尺指当时简牍的长度,或八寸或一尺。

〔165〕"暴其"句:把自己的长处向燕示威。暴,显示;暴露。

〔166〕喧言者:即辩士。

〔167〕先声而后实:犹言先虚后实。声是虚张声势。

〔168〕靡:吓倒;降服。

〔169〕"因行"句:因往来救赵,便把赵国各地的城邑经略安定下来。

〔170〕发兵诣汉:调发赵国各城邑的兵接济汉王。诣,赴也;往也。

〔171〕荥阳:已详《项羽本纪》校释〔473〕、〔476〕。

〔172〕宛、叶:已详《项羽本纪》校释〔497〕。

〔173〕黥布:已详《项羽本纪》校释〔78〕。

〔174〕成皋:已详《项羽本纪》校释〔494〕。

〔175〕脩武:已详《项羽本纪》校释〔498〕。

〔176〕至:到了脩武。宿传舍:住宿在客馆中。

〔177〕"即其"句:就在韩信、张耳的卧室内收取他们的印信牌符。即,就也。

〔178〕麾:军中宣召用的旌麾。易置之:把诸将的职位变更一下。

〔179〕"收赵"句:把赵地尚未遣送到荥阳去的兵卒收集了,交给韩信带去伐齐。

〔180〕未渡平原:尚未东过平原。渡,通过。平原,已详《项羽本纪》校释〔440〕。

〔181〕郦食其:已详《留侯世家》校释〔69〕。已说下齐:已把齐王田广说服,与汉约和了。

〔182〕范阳:秦所置县,本燕地。故城在今河北省定兴县南四十里。蒯(kuǎi扌)通:范阳人,本名彻,因与汉武帝同名,当时的史书便以避讳之故改为"通"。

〔183〕间使:离间敌人的说客。

〔184〕毋行:百衲本讹作"母行"。

〔185〕郦生一士:郦生不过一介辩士,有轻蔑语气,观下文"反不如一竖儒(卑贱的儒生,参看《留侯世家》校释〔142〕)之功乎"自明。

〔186〕"伏轼"句:言郦生乘车入齐,仅靠口辩。轼,车厢前面隆起的横木。伏轼,俯身在轼上,表示敬意。掉有舞弄的意义。

〔187〕然之:以蒯生之言为然。

〔188〕遂渡河:因而发兵渡过当时的黄河(那时的黄河下游是从今山东省北部的运河北流至天津入海的)。

〔189〕已听郦生:已经听从郦生的游说,与汉约和。

〔190〕即留纵酒:当时就款留郦生,设宴畅饮。

〔191〕"罢备"句:撤去防备汉兵的卫戍部队。

〔192〕历下:齐邑,今山东省济南市。

〔193〕临菑:齐都,已详《项羽本纪》校释〔403〕。

〔194〕"齐王"句:齐王田广既许与汉约和,而韩信进兵袭破齐,以为

这是郦生搞的鬼,存心欺骗出卖他。己,指齐王自己。

〔195〕亨之:烹杀郦生。亨,读作烹。

〔196〕去高密:逃往高密。高密,齐邑,故城在今山东省高密市西南。

〔197〕未合:尚未交战。

〔198〕"人或"句:有人向龙且进言。不能确指谁,故称"或"。

〔199〕穷战:全力作战。穷,极也;尽也。

〔200〕"齐、楚"二句:齐、楚在自己的家乡作战,兵士们每多瞻顾家室,容易逃散。《孙子·九地篇》说,"诸侯自战其地为散地",即此意。

〔201〕深壁:深沟高垒,坚壁勿战。参看前〔92〕、〔93〕。

〔202〕使其信臣招所亡城:派他的亲信臣子招抚各地丢失的城邑。

〔203〕二千里客居:远居在二千里外的客地。

〔204〕易与耳:容易对付的。参看《项羽本纪》校释〔482〕。

〔205〕不战而降之:承上"可无战而降也"言,意即不战而使韩信降服。

〔206〕"今战"三句:若一战而胜,那么齐国的地方已得到一半了,为什么要停止不战呢!

〔207〕夹潍水陈(zhèn 阵):两军夹着潍水的两岸各建阵地。潍水即山东省的潍河,源出莒县北,东流至诸城市,折向北流,经高密、安丘、潍坊、昌邑等,北注于莱州湾。夹潍结阵,当在今高密境。

〔208〕详:通"佯"。

〔209〕决壅囊:撤去壅过上流的沙囊,使水冲决而下。

〔210〕大半:或作"太半"。

〔211〕"龙且"句:潍水东岸未及渡河的龙且的部队都四散逃走。

〔212〕追北至城阳:追齐王、龙且方面的败兵直到城阳。城阳,已见《项羽本纪》校释〔118〕。

〔213〕皆虏楚卒:尽俘龙且的溃军,且把齐王田广也擒杀了。

〔214〕汉四年:戊戌岁,当公元前203年。

〔215〕使人言汉王:韩信使人向汉王上书陈说。

〔216〕南边楚:齐地南面与楚地接境。边,连接;贴近。

〔217〕"不为"二句:不立一个假王来镇守齐地,在势是不会安定的。假,暂摄的意义,参看《项羽本纪》校释〔187〕。

〔218〕"愿为"句:为便宜起见,愿暂立为齐王。

〔219〕蹑汉王足:暗中蹑汉王的脚。蹑,踹也。

〔220〕因而立:趁他来请求而立他为王。

〔221〕盱眙:亦作"盱台",已见《项羽本纪》校释〔20〕。

〔222〕勠力:并力,合力。

〔223〕侵人之分:侵犯别人的境界。分,分野;分限。

〔224〕以:或作"已"。

〔225〕"其不"句:他不知满足,这样的过分。厌,通"餍"。

〔226〕"且汉"二句:且汉王的为人不可以确信,他抓在项王的掌握中好多次了。必,确信。数,频数。

〔227〕怜而活之:可怜他而放过他(指鸿门会、鸿沟约等)。

〔228〕"然得"二句:然而脱身危地,即便背约。辄,每常。

〔229〕"终为"句:到底要被他困辱的。禽,俘获。

〔230〕须臾至今:挨延到现在。须臾,顷刻,此有苟延的意义。

〔231〕次取足下:轮到拿你了。

〔232〕有故:有旧情。

〔233〕叁:古"三"字,通作"参"。

〔234〕释此时:放过这机会。自必于汉:把自己死心塌地地投托给汉王。

〔235〕"且为"句:作为一个有智谋的人,原来应当这样的么(明明说他不智)。

〔236〕位不过执戟:郎中之职,掌更番执戟宿卫诸殿门,故云。

〔237〕画不用:计划不被采用。与下文"言听计用"对照。

〔238〕"解衣"二句:意即把好衣美食都分给我。"衣(yì忆)我"的"衣","食(sì饲)我"的"食",都作动词用。

〔239〕虽死不易:虽死也不变心。易,变更。

〔240〕谢项王:辞谢项王见招的美意。

〔241〕齐人:蒯通本燕人,后游于齐,又为齐人。故后文高祖云"是齐辩士也"。

〔242〕"以相"句:用相人之术来游说韩信。

〔243〕骨法:骨格;骨相。

〔244〕容色:容貌;气色。

〔245〕决断:犹豫的反面。以上三项,都是相人的术语。

〔246〕"以此"二句:用上面所说的三项来参酌相人,结果是万无一失的。

〔247〕愿少间:意即请稍稍屏退从人,方可得间进言。故韩信便紧接着说"左右去矣"(犹戏剧中常说的"两厢退下")。

〔248〕"相君"二句:说韩信的背相贵至不可限量。暗示着背汉乃得大贵耳。

〔249〕"俊雄"句:领导人物都起来建立名号,呼召起义。桀,同"杰"。

〔250〕云合雾集:像云雾那样地聚拢来。

〔251〕鱼鳞襍遝(tà榻):像鱼鳞那样地密凑在一起。襍是"杂"字的正写。遝,凑合。襍遝,众多貌。

〔252〕熛(biāo标)至风起:像火焰那样地延烧,像风那样地倏起。熛,突发的火。以上三语,都是形容"天下之士"的响应"发难"的声势的。

〔253〕"忧在"句:大家一致的忧虑只在灭亡秦朝罢了。

〔254〕中野:田野之中。

〔255〕不可胜数:举数不完。胜,能也;尽也。

〔256〕"迫西"句:被阻于成皋以西的山险而不得前进。

〔257〕巩、雒:巩义市和洛阳,已详《项羽本纪》校释〔383〕、〔500〕。

〔258〕折北不救:败逃不能自救。折是挫败。北是奔逃。

〔259〕伤成皋:指汉王被项王伏弩射伤胸部事,已详《项羽本纪》。

〔260〕锐气:勇气。

〔261〕内府:库藏。

〔262〕容容:摇摇不定之貌。

193

〔263〕县(xuán悬)于足下:犹言挂在足下(你)的手上。县,"悬"的本字。

〔264〕披腹心:披露真诚。

〔265〕鼎足:鼎有三足,喻三方并峙之势。

〔266〕从燕、赵:胁制燕、赵。此处的从字,有胁制之意。

〔267〕"出空"句:自燕、赵南下以制汉王的后方。

〔268〕"西乡"句:自齐出兵西向,阻止汉王与项王的战斗,使"肝胆涂地"和"暴骨中野"的惨劫可以减免,故云。

〔269〕风走而响应:言传播之速,好像风那样地驰走,声响那样地应和。

〔270〕割大弱强:削减强大方面的力量。

〔271〕归德于齐:都感谢齐王的德惠。

〔272〕"案齐"二句:稳守齐国的故壤(原有的疆土),据有胶、泗一带地方(胶是胶河,泗是泗河,拥有这两河的流域,就等于今山东省的东部和南部的大部地方了)。

〔273〕深拱揖让:就是说外示谦虚而内保实力。

〔274〕"天与"四句:当时流行的成语。咎是过失。殃是祸患。

〔275〕衣我、食我:与上面〔238〕同。

〔276〕乡利倍义:趋向私利,违背正义。

〔277〕善汉王:与汉王交好。

〔278〕常山王、成安君:即张耳、陈馀。

〔279〕刎颈之交:参看《廉颇蔺相如列传》校释〔122〕。

〔280〕争张黡、陈泽之事:已见《项羽本纪》校释〔406〕。

〔281〕项婴:项王派往常山国的使臣。窜:逃奔。

〔282〕借兵而东下:指汉王派韩信、张耳引兵击赵、代事。已见前。

〔283〕固于二君之相与:比张耳、陈馀的交情更巩固。

〔284〕"而事"句:而彼此交涉的事情,大多比争张、陈那样的情节还要重大。

〔285〕大夫种、范蠡:事见《范睢蔡泽列传》。

〔286〕亨:即烹,参看前〔195〕。

〔287〕功盖天下者不赏:功绩到了顶点,就赏无可赏了。

〔288〕西乡以报:西面向汉王报功。

〔289〕略不世出:言举世的大功都不能出韩信之上。

〔290〕欲持是安归乎:要想拿着这样"震主之威"和"不赏之功"归宿到哪里去呢!

〔291〕吾将念之:让我考虑这件事。

〔292〕"夫听"句:听取人家的说话就该辨别事情的征验。候,征兆;影响。

〔293〕"计者"句:定下计划的时候就已伏下了成败的因素。机,关键;根苗。

〔294〕"听过"句:听话失误、定计失算而能够长久安全的实在是少有的。鲜,少也。

〔295〕"听不"二句:听话而不会误认轻重(能辨别事情的征验)的人,决不可用巧言来惑乱他。一二,犹次第(先后轻重的次第)。

〔296〕"计不"二句:设计而不至于不周到的人,决不可用辞令来迷误他。本末犹首尾(事情经过的首尾)。纷,犹乱也。

〔297〕"夫随"二句:甘心守着贱役的,必然失去重权。随,顺从;安心。厮养、析薪(劈柴)养马的人,那时轻视此事,故以为贱役。万乘,指当时的君王。

〔298〕"守儋"二句:恋恋于微禄的,必然不能得到高位。守,留恋。儋,同"担"。儋和石都是计数谷米的量名。儋石之禄犹言禄米有限。阙,同"缺",犹失也。

〔299〕"故知"句:当依王念孙说,作"决者知之断也"。决,疑之反,断是果断,正与下文"疑者事之害也"相对照。

〔300〕"审豪"句:专在细微的小利益上精明打算。审,精明。小计,犹言打小算盘。氂,同"釐"。

〔301〕大数:大计划。

〔302〕决弗敢行:临到下决断的时候,竟不敢毅然执行。

195

〔303〕"百事"句:总承上面"故知者决之断也……决弗敢行者"说,仍然是申说"疑者事之害也"造句话。

〔304〕"猛虎"二句:猛虎的游移不前,不如蜂虿的敢于放刺。虿(chài 柴去声),毒虫,似蝎。致,到达。螫(shì 仕),刺也。

〔305〕"骐骥"二句:良马的盘旋局促,不如劣马的稳步前进。踯躅犹局促。

〔306〕"孟贲"二句:虽勇如孟贲(古代有名勇士)那样的人,若怀疑不肯动手,竟不如庸俗之人的埋头闷干。必至,志在必得地做去。

〔307〕"虽有"三句:虽有舜、禹那样智慧的人,若光是呻吟而不发言,竟不如哑巴、聋子的会得指挥调度了。瘖,哑巴。麾,通"挥"。

〔308〕"此言"句:总承上面"猛虎之犹豫……不如瘖聋之指麾也"说,犹言以上这些话头都是说明事贵能行的。

〔309〕时乎时:或作"时乎时乎"。

〔310〕"已详"句:已而装疯遁去,混在巫觋(假托鬼神,为人说祸福,治疾病)中。详,通"佯"。

〔311〕"汉王"三句:已详《项羽本纪》。固陵、垓下,即见那篇的校释〔549〕、〔557〕。

〔312〕汉五年:己亥岁,当公元前202年。那时仍用秦历,以十月为岁首,此云正月,实是那年的第四个月了。

〔313〕下邳:已详《项羽本纪》校释〔80〕。

〔314〕至国:迁到楚国的新都,即到了下邳。

〔315〕为德不卒:做好事没有做到底。

〔316〕中尉:掌巡城捕盗的官。

〔317〕钟离眛:已见《项羽本纪》校释〔536〕。伊庐:本春秋时庐戎之国,秦时叫作伊庐,汉置中庐县于此。故城在今湖北省襄阳市西南。

〔318〕诏楚捕眛:是年二月,汉王已即皇帝位,故下诏于楚,令捕送眛。

〔319〕初之国:刚到下邳的时候。行县邑:巡行所属的县邑城池。陈兵出入:出入都严陈兵卫。

〔320〕汉六年:庚子岁,当公元前201年。

〔321〕"高帝"五句:事详见《陈丞相世家》。

〔322〕且至楚:将要到楚国地界。

〔323〕自度无罪:自己以为没有什么得罪的地方。度,揣测。欲谒上:要想亲自去拜见刘邦(时已称帝,故云"上")。恐见禽:又怕被刘邦所擒。

〔324〕见眛计事:往见锺离眛商议此事。

〔325〕自媚于汉:向汉帝讨好。自媚,自动地谄媚他人。

〔326〕"狡兔"六句:当时流行的成语,就是说的功成见弃。亨,同"烹",下同。

〔327〕械系:用刑具锁缚。

〔328〕畏恶(wù 物)其能:忌恨他的才能。畏,害怕。恶,憎嫌。

〔329〕"常称"句:常常托病,不大参加汉廷的朝会。

〔330〕由此日夜怨望:从此天天因为失望而增加怨恨。

〔331〕居常鞅鞅:平常在家的时候,老是愁闷不高兴。鞅鞅,失意貌。

〔332〕绛、灌:绛侯周勃和颍阴侯灌婴。等列,同位(同为列侯)。

〔333〕"大王"句:引为光荣之辞,意谓你这样的大王身份反肯下顾及我么!临有居高视下的意义。

〔334〕"生乃"句:与"羞与绛、灌等列"意同。生,自称。伍,犹等列。

〔335〕"上常"二句:汉帝曾从容与韩信谈论诸将的才能,各有不同。常,通"尝"。不(foǔ 否),否。差(cī 疵),参差(高低不等)。

〔336〕能将几何:能够带多少兵。将,率领。

〔337〕多多而益善:愈多愈好。

〔338〕何为为我禽:何以被我擒!上为,因由;下为,遭受。

〔339〕善将将:善于驾御将领。上将字与前"能将几何""能将十万""不能将兵"的将同。

〔340〕天授:参看《留侯世家》校释〔52〕。

〔341〕陈豨:宛朐(亦作宛句,汉所置县,故城在今山东省菏泽市)人。从汉高祖破韩王信,定代、又破臧荼,封阳夏侯,监代边兵。豨在边,盛招

宾客。赵相周昌言,豨宾客盛,擅兵于外,恐有变。帝召之,豨称病不赴,遂自立为代王,举兵反。帝亲往击,豨败逃,后为樊哙所斩。事迹附见《史记·韩王信卢绾列传》中。拜为钜鹿守:是时汉命豨为钜鹿郡郡守。钜鹿,已详《项羽本纪》校释〔144〕。

〔342〕辞于淮阴侯:到韩信那边辞行。

〔343〕挈:拉着;携住。

〔344〕辟:同"避"。与之步于庭:同陈豨在庭院中散步。

〔345〕"公所"二句:钜鹿北控燕、代,那时驻有重兵,故云。

〔346〕"而公"二句:陈豨素得汉帝宠信,故云。

〔347〕畔:同"叛"。

〔348〕从中起:从京中突起,做陈豨的内应。

〔349〕汉十一年:乙巳岁,当公元前196年。

〔350〕"阴使"句:暗中派人到陈豨那边去。所,处所。后面"诈令人从上所来"的所字,与此同。

〔351〕弟举兵:只管起兵好了。弟,通"第",但也,引申有单管或只要的意义。

〔352〕夜诈诏赦诸官徒奴:乘黑夜中假传诏书,把没入官中的罪人奴隶释放出来。

〔353〕舍人:门客,参看《廉颇蔺相如列传》校释〔3〕。

〔354〕上变:出首告发。

〔355〕"吕后"二句:吕后要想呼召韩信自来,怕他党羽多,不肯就范。

〔356〕萧相国:即萧何,时为汉朝的相国。

〔357〕言豨已得死:宣称陈豨已捉到杀死了。得,擒获。

〔358〕绐信:欺骗韩信。

〔359〕强入贺:勉强进宫去称贺。

〔360〕长乐锺室:长乐宫中的悬钟之室。

〔361〕"乃为"句:反被妇人小子所欺。儿女子,指吕后和太子盈。

〔362〕夷三族:灭除三族。夷,平除;扫灭。三族有两说:张晏以为父母、兄弟、妻子;如淳以为父族、母族、妻族。总之是古代最野蛮的酷刑。

〔363〕已从豨军来:已经从征伐陈豨的军中归来。至:到达洛阳。

〔364〕且喜且怜之:一边固然为他的被除灭而高兴,一边也可怜他以往的功绩。

〔365〕纲绝而维弛:形容秦朝政权的解体。纲是结网用的主要大绳。维是张挂射的(箭靶子)时用来斜缚在架子上的绳子。纲维连用就是纪律的意义。绝,断绝。弛,松弛。

〔366〕山东大扰:秦国东部各地大起扰乱。山东,当时专指函谷、崤坂以东地方的通称。参看《陈涉世家》校释〔209〕。

〔367〕乌集:像乌鸦那样地飞集拢来。

〔368〕鹿:喻帝位。共逐之:大家都起来追求它。

〔369〕"于是"句:于是本领大而脚又快的人先得到了(喻夺得帝位)。疾,快速。

〔370〕"蹠之"三句:蹠,同"跖",是古代大盗的名字,古书上就称他为盗跖(或盗蹠)。《战国策·齐策》:"跖之狗吠尧,非贵跖而贱尧也,狗固吠非其主也。"当时有此传说,蒯通乃引此来自己解释。

〔371〕"且天"句:且天下磨快了刀要想照你这样做的人多着呢。锐精,磨淬精铁使它锋利。

〔372〕"又可"句:承上"甚众"说,又岂是可以悉数烹杀他们的么!

〔373〕置之:饶恕了他罢! 置,犹赦舍。

〔374〕释:放也。

〔375〕如:往也。

〔376〕与众异:跟一般人不一样。

〔377〕"其母"三句:他的母亲死了,穷得没有法子安葬,但他反而四出谋求高爽宽敞的葬地。

〔378〕"令其"句:使坟墓的四旁可以安顿得下一万户人家。(用万户来守冢,显然是帝王的排场)。

〔379〕"余视"二句:我看到他母亲的坟墓,的确如此。

〔380〕"不伐"二句:不夸张自己的功劳,不骄傲自己的才能。伐和矜都是骄夸。《老子》说:"不自伐,故有功;不自矜,故长。"这二语便从《老

子》引来,所以上面说"假令韩信学道谦让"。

〔381〕"则庶"二句:言如果韩信能不矜伐己功,那么他在汉室的功勋差不多可以跟周室的周公、召公、太公等人相比了。庶几,相仿;近似。

〔382〕后世血食:言世世可以受到祭享。古时祭必用牲,故云"血食"。此与"夷三族"对照,意味着无限的惋惜。

〔383〕不务出此:不着力在谦让。此字指不伐功、不矜能说。

〔384〕"而天"二句:而天下的大势已定,反来谋叛。集,成就;安定。这明明说韩信没有那么笨,反衬刘邦、吕雉的手段毒辣罢了。

魏其武安侯列传

魏其侯窦婴者，[1]孝文后从兄子也。[2]父世观津人。[3]喜宾客。孝文时，婴为吴相，病免。孝景初即位，为詹事。[4]梁孝王者，[5]孝景弟也，其母窦太后爱之。[6]梁孝王朝，因昆弟燕饮。[7]是时上未立太子，酒酣，从容言曰："千秋之后传梁王。"太后驩。窦婴引卮酒进上，[8]曰："天下者，高祖天下，父子相传，此汉之约也，上何以得擅传梁王！"太后由此憎窦婴。窦婴亦薄其官，因病免。[9]太后除窦婴门籍，不得入朝请。[10]孝景三年，[11]吴、楚反，[12]上察宗室诸窦毋如窦婴贤，[13]乃召婴。婴入见，固辞谢病不足任。[14]太后亦惭。于是上曰："天下方有急，王孙宁可以让邪！"[15]乃拜婴为大将军，赐金千斤。婴乃言袁盎、栾布诸名将贤士在家者进之。[16]所赐金，陈之廊庑下，[17]军吏过，辄令财取为用，[18]金无入家者。[19]窦婴守荥阳，监齐、赵兵。[20]七国兵已尽破，封婴为魏其侯。诸游士宾客争归魏其侯。孝景时，每朝议大事，条侯、魏其侯，诸列侯莫敢与亢礼。[21]

孝景四年，[22]立栗太子，[23]使魏其侯为太子傅。[24]孝景七年，[25]栗太子废，魏其数争不能得。[26]魏其谢病屏居蓝田南山之下数月,〔27〕诸宾客辩士说之莫能来。〔28〕梁人高遂乃说魏其曰:"能富贵将军者,上也;能亲将军者,太后也。今将军傅太子,太子废而不能争。争不能得,又弗能死。自引谢病,〔29〕拥赵女,屏间处而不朝。〔30〕相提而论,〔31〕是自明扬主上之过。〔32〕有如两宫螫将军,〔33〕则妻子毋类矣。"〔34〕魏其侯然之,乃遂起,朝请如故。

桃侯免相,〔35〕窦太后数言魏其侯。〔36〕孝景帝曰:"太后岂以为臣有爱不相魏其!〔37〕魏其者,沾沾自喜耳,多易。〔38〕难以为相,持重。"〔39〕遂不用,用建陵侯卫绾为丞相。〔40〕

武安侯田蚡者,〔41〕孝景后同母弟也,生长陵。〔42〕魏其已为大将军,后方盛,蚡为诸郎,〔43〕未贵,往来侍酒魏其,跪起如子姓。〔44〕及孝景晚节,〔45〕蚡益贵幸,〔46〕为太中大夫。〔47〕蚡辩有口,〔48〕学槃盂诸书,王太后贤之。〔49〕孝景崩,即日太子立,称制,〔50〕所镇抚多有田蚡宾客计筴。〔51〕蚡弟田胜,皆以太后弟,孝景后三年封蚡为武安侯,胜为周阳侯。〔52〕

武安侯新欲用事为相,〔53〕卑下宾客,〔54〕进名士家居者贵之,〔55〕欲以倾魏其诸将相。〔56〕建元元年,〔57〕丞相绾病免,上议置丞相、太尉。〔58〕籍福说武安侯曰:〔59〕"魏其贵久矣,天下士素归之。今将军初兴,未如魏其,即上以将军为丞相,必让魏其。魏其为丞相,将军必为太尉。太尉、丞相尊等耳,又有让贤名。"〔60〕武安侯乃微言太后风上,〔61〕于是乃以魏其侯为丞相,武安侯为太尉。籍福贺魏其侯,因吊曰:〔62〕"君侯资性喜善疾恶,〔63〕方今善人誉君侯,故至丞相;然君侯且疾恶,恶人众,亦且毁君侯。君侯能兼容,则幸久;〔64〕不能,今以毁去矣。"〔65〕魏其不听。

魏其、武安俱好儒术，[66]推毂赵绾为御史大夫，王臧为郎中令。[67]迎鲁申公，[68]欲设明堂，令列侯就国除关，以礼为服制，以兴太平。[69]举适诸窦宗室毋节行者，除其属籍。[70]时诸外家为列侯，列侯多尚公主，皆不欲就国。以故，毁日至窦太后。[71]太后好黄、老之言，而魏其、武安、赵绾、王臧等务隆推儒术，贬道家言。[72]是以窦太后滋不说魏其等。[73]及建元二年，[74]御史大夫赵绾请无奏事东宫。[75]窦太后大怒，乃罢逐赵绾、王臧等，而免丞相、太尉，以柏至侯许昌为丞相，武强侯庄青翟为御史大夫。[76]魏其、武安由此以侯家居。武安侯虽不任职，以王太后故，亲幸，数言事多效，天下吏士趋势利者，皆去魏其归武安。武安日益横。[77]

建元六年，[78]窦太后崩，丞相昌、御史大夫青翟坐丧事不办，免。[79]以武安侯蚡为丞相，以大司农韩安国为御史大夫。[80]天下士郡诸侯愈益附武安。[81]

武安者，貌侵，[82]生贵甚。[83]又以为诸侯王多长，上初即位，富于春秋，蚡以肺腑为京师相，非痛折节、以礼诎之，天下不肃。[84]当是时，丞相入奏事，坐语移日，[85]所言皆听。荐人或起家至二千石，[86]权移主上。[87]上乃曰："君除吏已尽未？吾亦欲除吏。"[88]尝请考工地益宅，[89]上怒曰："君何不遂取武库！"[90]是后乃退。[91]尝召客饮，坐其兄盖侯南乡，自坐东乡，[92]以为汉相尊，不可以兄故私桡。[93]武安由此滋骄，[94]治宅甲诸第。[95]田园极膏腴，[96]而市买郡县器物相属于道。[97]前堂罗钟鼓，立曲旃；[98]后房妇女以百数。诸侯奉金玉狗马玩好，不可胜数。[99]

魏其失窦太后，[100]益疏不用，无势。诸客稍稍自引而怠傲，[101]惟灌将军独不失故。[102]魏其日默默不得志，[103]而独厚遇灌将军。[104]

灌将军夫者，颍阴人也。[105]夫父张孟，尝为颍阴侯婴舍人，[106]得幸，[107]因进之至二千石，故蒙灌氏姓为灌孟。[108]吴、楚反时，颍阴侯灌何为将军，[109]属太尉，[110]请灌孟为校尉。[111]夫以千人与父俱。[112]灌孟年老，颍阴侯强请之，郁郁不得意，故战常陷坚，[113]遂死吴军中。军法，父子俱从军，有死事，得与丧归。[114]灌夫不肯随丧归，奋曰：[115]"愿取吴王若将军头，[116]以报父之仇。"于是灌夫被甲持戟，[117]募军中壮士所善愿从者数十人。[118]及出壁门，莫敢前。独二人及从奴十数骑驰入吴军，[119]至吴将麾下，[120]所杀伤数十人。不得前，复驰还，走入汉壁，皆亡其奴，[121]独与一骑归。夫身中大创十馀，[122]适有万金良药，[123]故得无死。[124]夫创少瘳，[125]又复请将军曰：[126]"吾益知吴壁中曲折，请复往。"将军壮义之，[127]恐亡夫，[128]乃言太尉。[129]太尉乃固止之。吴已破，灌夫以此名闻天下。颍阴侯言之上，[130]上以夫为中郎将。数月，坐法去。[131]后家居长安，长安中诸公莫弗称之。[132]孝景时，至代相。孝景崩，今上初即位，[133]以为淮阳天下交，劲兵处，[134]故徙夫为淮阳太守。[135]建元元年，入为太仆。[136]二年，夫与长乐卫尉窦甫饮，[137]轻重不得。[138]夫醉，搏甫。[139]甫，窦太后昆弟也。上恐太后诛夫，徙为燕相。数岁，坐法去官，家居长安。

灌夫为人刚直使酒，[140]不好面谀。[141]贵戚诸有势在己之右，不欲加礼，必陵之；[142]诸士在己之左，愈贫贱，尤益敬与钧。[143]稠人广众，荐宠下辈。[144]士亦以此多之。[145]夫不喜文学，好任侠，已然诺。[146]诸所与交通，无非豪桀大猾。[147]家

204

累数千万，[148]食客日数十百人。陂池田园，宗族宾客，为权利，横于颍川。[149]颍川儿乃歌之曰：[150]"颍水清，灌氏宁；颍水浊，灌氏族。"[151]灌夫家居虽富，然失势，卿相侍中宾客益衰。[152]及魏其侯失势，亦欲倚灌夫引绳批根生平慕之后弃之者。[153]灌夫亦倚魏其而通列侯宗室为名高。[154]两人相为引重，[155]其游如父子然。[156]相得驩甚，无厌，恨相知晚也。[157]

灌夫有服，过丞相。[158]丞相从容曰："吾欲与仲孺过魏其侯，会仲孺有服。"[159]灌夫曰："将军乃肯幸临况魏其侯，[160]夫安敢以服为解！[161]请语魏其侯帐具，[162]将军旦日蚤临！"[163]武安许诺。灌夫具语魏其侯如所谓武安侯。[164]魏其与其夫人益市牛酒，[165]夜洒扫，[166]早帐具至旦。[167]平明，令门下候伺。[168]至日中，丞相不来。魏其谓灌夫曰："丞相岂忘之哉？"灌夫不怿，[169]曰："夫以服请，宜往。"[170]乃驾，[171]自往迎丞相。丞相特前戏许灌夫，殊无意往。及夫至门，丞相尚卧。于是夫入见，曰："将军昨日幸许过魏其，魏其夫妻治具，自旦至今，未敢尝食。"武安鄂谢曰：[172]"吾昨日醉，忽忘与仲孺言。"乃驾往，又徐行，灌夫愈益怒。及饮酒酣，夫起舞属丞相，[173]丞相不起，夫从坐上语侵之。[174]魏其乃扶灌夫去，谢丞相。丞相卒饮至夜，极驩而去。

丞相尝使籍福请魏其城南田。[175]魏其大望，[176]曰："老仆虽弃，[177]将军虽贵，宁可以势夺乎！"不许。灌夫闻，怒骂籍福。籍福恶两人有郤，[178]乃谩自好谢丞相曰：[179]"魏其老且死，易忍，且待之！"[180]已而武安闻魏其、灌夫实怒不予田，[181]亦怒曰："魏其子尝杀人，蚡活之。蚡事魏其，无所不可，何爱数顷田！[182]且灌夫何与也！[183]吾不敢复求田！"[184]武安由此大怨灌夫、魏其。

205

元光四年春,〔185〕丞相言:"灌夫家在颍川,横甚,民苦之。请案!"〔186〕上曰:"此丞相事,何请!"〔187〕灌夫亦持丞相阴事,〔188〕为奸利,受淮南王金与语言。〔189〕宾客居间,〔190〕遂止,俱解。〔191〕夏,丞相取燕王女为夫人,〔192〕有太后诏,召列侯宗室皆往贺。魏其侯过灌夫,欲与俱。夫谢曰:"夫数以酒失得过丞相,〔193〕丞相今者又与夫有郄。"〔194〕魏其曰:"事已解。"强与俱。饮酒酣,武安起为寿,坐皆避席伏。〔195〕已魏其侯为寿,独故人避席耳,馀半膝席。〔196〕灌夫不悦。起行酒至武安,〔197〕武安膝席曰:"不能满觞。"〔198〕夫怒,因嘻笑曰:〔199〕"将军贵人也,属之!"〔200〕时武安不肯。行酒次至临汝侯,〔201〕临汝侯方与程不识耳语,〔202〕又不避席。夫无所发怒,〔203〕乃骂临汝侯曰:"生平毁程不识不直一钱,今日长者为寿,乃效女儿呫嗫耳语!"〔204〕武安谓灌夫曰:"程、李俱东、西宫卫尉,〔205〕今众辱程将军,仲孺独不为李将军地乎!"〔206〕灌夫曰:"今日斩头陷匈,何知程、李乎!"〔207〕坐乃起更衣,稍稍去。〔208〕魏其侯去,麾灌夫出。〔209〕武安遂怒曰:"此吾骄灌夫罪。"〔210〕乃令骑留灌夫。〔211〕灌夫欲出不得。籍福起为谢,案灌夫项令谢。〔212〕夫愈怒,不肯谢。武安乃麾骑缚夫置传舍,〔213〕召长史曰:〔214〕"今日召宗室,有诏。"〔215〕劾灌夫骂坐不敬,〔216〕系居室。〔217〕遂按其前事,〔218〕遣吏分曹逐捕诸灌氏支属,〔219〕皆得弃市罪。〔220〕魏其侯大媿,〔221〕为资使宾客请,莫能解。〔222〕武安吏皆为耳目,诸灌氏皆亡匿,夫系,遂不得告言武安阴事。〔223〕

魏其锐身为救灌夫,〔224〕夫人谏魏其曰:"灌将军得罪丞相,与太后家忤,〔225〕宁可救邪!"魏其侯曰:"侯自我得之,自我捐之,〔226〕无所恨!且终不令灌仲孺独死,婴独生!"〔227〕乃匿其家,窃出上书。〔228〕立召入,〔229〕具言灌夫醉饱事,不足诛。上然之，赐魏其食，曰："东朝廷辩之。"[230]魏其之东朝，[231]盛推灌夫之善，[232]言其醉饱得过，乃丞相以他事诬罪之。[233]武安又盛毁灌夫所为横恣，[234]罪逆不道。[235]魏其度不可奈何，因言丞相短。[236]武安曰："天下幸而安乐无事，蚡得为肺腑，所好音乐狗马田宅。[237]蚡所爱倡优巧匠之属，不如魏其、灌夫日夜招聚天下豪桀壮士与论议，腹诽而心谤，不仰视天而俯画地，辟倪两宫间，幸天下有变，而欲有大功。[238]臣乃不知魏其等所为。"[239]于是上问朝臣："两人孰是？"御史大夫韩安国曰："魏其言，灌夫父死事，身荷戟，[240]驰入不测之吴军，身被数十创，名冠三军，此天下壮士，非有大恶，争杯酒，不足引他过以诛也，魏其言是也。丞相亦言，灌夫通奸猾，侵细民，[241]家累巨万，横恣颍川，凌轹宗室，[242]侵犯骨肉，[243]此所谓'枝大于本，胫大于股，不折必披'，[244]丞相言亦是。唯明主裁之！"[245]主爵都尉汲黯是魏其。[246]内史郑当时是魏其，后不敢坚对。[247]馀皆莫敢对。上怒内史曰：[248]"公平生数言魏其、武安长短，今日廷论，[249]局趣效辕下驹，[250]吾并斩若属矣！"[251]即罢起入，[252]上食太后。[253]太后亦已使人候伺，具以告太后。太后怒，不食，曰："今我在也，而人皆藉吾弟，[254]令我百岁后，皆鱼肉之矣。[255]且帝宁能为石人邪！[256]此特帝在，即录录，[257]设百岁后，是属宁有可信者乎！"[258]上谢曰："俱宗室外家，故廷辩之。不然，此一狱吏所决耳。"[259]是时，郎中令石建为上分别言两人事。[260]

武安已罢朝，出止车门，[261]召韩御史大夫载，[262]怒曰："与长孺共一老秃翁，何为首鼠两端！"[263]韩御史良久谓丞相曰："君何不自喜！[264]夫魏其毁君，君当免冠解印绶归，[265]曰臣以肺腑幸得待罪，固非其任，[266]魏其言皆是。如此，上必多君有让,〔267〕不废君。魏其必内愧,〔268〕杜门齰舌自杀。〔269〕今人毁君,君亦毁人,譬如贾竖女子争言,何其无大体也!"〔270〕武安谢罪曰:"争时急,不知出此。"〔271〕

于是上使御史簿责魏其所言灌夫,〔272〕颇不雠,〔273〕欺谩。〔274〕劾系都司空。〔275〕孝景时,魏其常受遗诏,〔276〕曰"事有不便,以便宜论上"。〔277〕及系灌夫,罪至族。〔278〕事日急,诸公莫敢复明言于上。魏其乃使昆弟子上书言之,〔279〕幸得复召见。书奏上,而案尚书大行无遗诏。〔280〕诏书独藏魏其家,家丞封。〔281〕乃劾魏其矫先帝诏,〔282〕罪当弃市。五年十月,〔283〕悉论灌夫及家属。〔284〕魏其良久乃闻,〔285〕闻即恚,〔286〕病痱,〔287〕不食欲死。或闻上无意杀魏其,魏其复食,治病,议定不死矣。乃有蜚语,为恶言闻上,〔288〕故以十二月晦,论弃市渭城。〔289〕

其春,武安侯病,专呼服谢罪。〔290〕使巫视鬼者视之,〔291〕见魏其、灌夫共守欲杀之。〔292〕竟死。子恬嗣。〔293〕元朔三年,〔294〕武安侯坐衣襜褕入宫,不敬。〔295〕

淮南王安谋反觉,〔296〕治。〔297〕王前朝,〔298〕武安侯为太尉时,迎王至霸上,〔299〕谓王曰:"上未有太子,大王最贤,高祖孙,〔300〕即宫车晏驾,〔301〕非大王立,当谁哉!"淮南王大喜,厚遗金财物。〔302〕上自魏其时,不直武安,特为太后故耳。〔303〕及闻淮南王金事,〔304〕上曰:"使武安侯在者,族矣!"〔305〕

太史公曰:魏其、武安皆以外戚重,灌夫用一时决筴而名显。〔306〕魏其之举以吴、楚,〔307〕武安之贵在日月之际。〔308〕然魏其诚不知时变,〔309〕灌夫无术而不逊,〔310〕两人相翼,乃成祸乱。〔311〕武安负贵而好权,〔312〕杯酒责望,陷彼两贤,〔313〕呜呼哀哉！迁怒及人,命亦不延。[314]众庶不载,竟被恶言。[315]呜呼哀哉！[316]祸所从来矣！[317]

注释

〔1〕魏其：汉所置县,故治在今山东省临沂市南。窦婴：字王孙,以军功封于魏其为列侯。

〔2〕孝文后：即景帝母窦太后,详后。从兄子：即堂侄。

〔3〕父世观津人：自父亲以前世世代代都住在观津。观津,战国时赵邑,汉置为县,故治在今河北省武邑县东南二十五里。

〔4〕詹事：掌管皇后、太子宫中事务的官。

〔5〕梁孝王：名武,文帝次子,与景帝同母(都是窦后所生)。文帝二年封为代王,三年徙为淮南王,十年徙为梁王。先后在位三十五年(前178—前144)。死谥孝。《史记》有《梁孝王世家》。

〔6〕窦太后：初为文帝窦姬,生长公主嫖、景帝及梁王。景帝立为太子,同时进位为皇后。景帝即位,尊为皇太后。爱之：偏爱梁王。

〔7〕"梁孝"二句：梁王到长安朝见太后、景帝后,用家人兄弟之礼与母兄叙饮。朝,入朝觐见。燕饮,叙私亲的宴会,可以略去君臣的仪节的。

〔8〕引卮酒进上：举了一杯酒,献给景帝(此有失言罚酒的意义)。引,举起。卮酒,参看《项羽本纪》校释〔322〕、〔327〕。

〔9〕"窦婴"二句：窦婴也嫌他的官位小(詹事之官),托病辞免。薄,嫌恶。因,借端。

〔10〕"太后"二句：除去窦婴出入宫门的簿籍(摘去通行证),不许他排入朝请之列。古时诸侯朝见天子,春曰朝,秋曰请。朝请就是以时进见。

〔11〕孝景三年：丁亥岁,当公元前154年。

〔12〕吴、楚反：指吴王濞、胶西王卬、胶东王雄渠、菑川王贤、济南王辟光、楚王戊、赵王遂等(都是汉宗室)联兵反汉事。是役,吴为主动,楚为大藩,故史称"吴、楚七国"。

〔13〕"上察"句：景帝要对付七国，遍查宗室和外家窦氏诸人都没有像窦婴那样适当的人。毋，通"无"。

〔14〕"固辞"句：坚决推辞，说自己身体有病，负不起这个责任。

〔15〕"王孙"句：景帝呼婴之表字说你岂可推让此任么！当时呼字，有表示亲昵之意。

〔16〕"婴乃"句：窦婴于是把闲居在家的袁盎等名人荐进给景帝。袁盎、栾布，详见《史记·季布栾布列传》。

〔17〕陈之廊庑下：把所得赐金千斤都摆放在廊下和穿堂之内。廊，堂下周屋，即走廊。庑，门屋，即穿堂或垂花门。

〔18〕"辄令"句：往往叫他们酌量用度，随便取去。财，通"裁"，裁酌。

〔19〕金无入家者：没有把皇帝赏赐的金子拿回自己内室里去。

〔20〕"窦婴"二句：是时汉廷使太尉周亚夫击吴、楚，栾布击齐，郦寄击赵，窦婴为大将军屯荥阳。荥阳在当时是南北的冲途，东捍吴、楚，北拒齐、赵。吴、楚方面由亚夫独当，齐、赵方面由窦婴遥制，故云。

〔21〕"条侯"二句：朝廷上大家会议的时候，诸列侯都不敢与周亚夫（即条侯，绛侯周勃之子，文帝改封于条，为条侯）、窦婴平礼相见的。亢礼，平等相待。

〔22〕孝景四年：戊子岁，当公元前153年。

〔23〕栗太子：名荣，景帝长子，栗姬所生。后被废，故书母姓为"栗太子"。

〔24〕太子傅：参看《留侯世家》校释〔221〕、〔222〕。

〔25〕孝景七年：辛卯岁，当公元前150年。

〔26〕数争不能得：屡次争辩，人家不听他的话。

〔27〕屏(bǐng丙)居：退职闲居。屏，退藏。蓝田南山之下：蓝田县的南山之麓，在当时为朝贵退休游乐的地方。蓝田，秦所置县。故治在今陕西省蓝田县西三十里。

〔28〕说(shuì睡)之莫能来：劝他回来，他都不肯。

〔29〕自引谢病：托病走开。

〔30〕"屏闲"句：退闲自逸而不肯入朝。

〔31〕相提而论：互相对照起来看。提，犹抵。

〔32〕"是自"句：这明明是自己要张扬(暴露)主上的过失。

〔33〕"有如"句：假如两宫动了气要害你。两宫指太后、景帝。螫(shì 仕)，怒也。毒虫怒，必螫人，借以喻施放毒害。

〔34〕妻子毋类矣：妻子也被诛灭，必然没有遗类了。毋，通"无"，见前〔13〕。

〔35〕桃侯免相：景帝后元年(戊戌岁，即在位之第十四年，当公元前143 年)，丞相刘舍以日食免。刘舍封桃侯，故云桃侯免相。桃县故城在今河北省衡水市冀州区西北。

〔36〕数言魏其侯：屡次提及窦婴，欲以为相。

〔37〕"太后"句：难道你以为我有所吝惜而不肯让窦婴为相么！爱，吝惜。

〔38〕"沾沾"二句：犹言自以为了不得，容易自满。沾沾，自得之貌。易，轻易。多易，处理事务多很草率轻浮。

〔39〕"难以"二句：不好让他做丞相，当重任。

〔40〕建陵侯卫绾(wǎn 晚)：代大陵(赵邑，汉置县，故城在今山西省文水县东北二十五里)人。以军功封侯。《史记·万石张叔列传》附载卫绾事。建陵，汉所置县，故治在今江苏省沭阳县西北。

〔41〕武安侯田蚡(fén 汾阳平)：武安本战国赵邑，汉置县，即今河北省武安市。田蚡以外戚封于武安，故云。

〔42〕孝景后：姓王氏，名娡。父王仲，槐里(即秦废丘，汉改槐里县，故城在今陕西省兴平市东南十里)人。母臧儿(故燕王臧荼孙女)，生男信与两女(娡及儿姁)。王仲死，臧儿更嫁长陵(汉因高祖陵墓所在，置长陵县，故城在今陕西省咸阳市东北四十里)田氏，生男蚡、胜。见《史记·外戚世家》。

〔43〕诸郎：诸曹郎，即郎中令所属议郎、中郎、侍郎、郎中之类。

〔44〕"往来"二句：往来于窦婴之家，侍宴把盏，时跪时起，像子孙一样。

〔45〕晚节:晚年。

〔46〕益贵幸:更加抬高而且得宠。

〔47〕太中大夫:郎中令属官,掌论议。

〔48〕辩有口:善辩论,有口才。

〔49〕"学槃"二句:能传习古文字,王太后更看重他。槃盂诸书,相传为黄帝史官孔甲所作的铭文,书在槃盂等器物上。王太后即景帝后,田蚡的同母姊。那时景帝尚在,不当称"太后",《汉书》作王皇后,该是对的。

〔50〕"即日"二句:景帝死的那天,太子彻(即武帝)便立为皇帝,时年十六岁,故王太后临朝称制。称制犹言代天子行事,实际上掌握政权。

〔51〕"所镇"句:当时太后初称制,恐有人不服,故多用田蚡宾客的计划,有所镇抚。镇是镇压。抚是安抚。筴,同"策"。

〔52〕孝景后三年:庚子岁,当公元前141年。其年正月,景帝死,武帝即位,即封田蚡为武安侯,田胜为周阳侯。周阳:汉上郡属县,即今甘肃省正宁县。

〔53〕新欲用事为相:正想当权作丞相。

〔54〕卑下宾客:谦恭自下,延揽宾客。

〔55〕"进名"句:与前〔16〕所言同义。

〔56〕"欲以"句:要想利用延揽宾客的声誉来打倒窦婴一派许多居高位的人。倾,倾轧。

〔57〕建元元年:辛丑岁,当公元前140年。中国帝王用年号来纪元自此始。武帝改元十一次,这是第一个年号,共六年(前140—前135)。

〔58〕议置丞相、太尉:拟议放谁去补丞相、太尉的缺。置,置放。时丞相刚缺出,太尉则景帝七年罢置后,此时议复设,故一并商量安排人选。

〔59〕籍福:当时往来豪门的著名食客。说(shuì 睡)武安侯:劝田蚡听他的话。

〔60〕"太尉"二句:太尉同丞相的地位是相等的,你弃了丞相,得了太尉,又多得了让贤的名声。

〔61〕微言太后风上:把籍福教给他的说法向太后微微透露出来,好让她转给武帝听。微言,委婉地说。风,暗示。

〔62〕因吊：顺便警告。吊，"贺"之反，此有提示防备坏的方面的意义。

〔63〕君侯：列侯之尊称。资性：犹性格。喜善疾恶：喜欢好人，厌恶坏人。疾，忌恨。

〔64〕"君侯"二句：君侯如果对坏也能够宽容些，那么可以把相位保持得长久些。幸久，得便宜而延长的意义。

〔65〕"不能"二句：如果不能兼容的话，马上可以受到人家的毁谤而失掉相位了。

〔66〕儒术：儒家的道理，就是孔子一派的学说。

〔67〕推毂（gǔ股）：屈身推动车轮，表示谦恭自下的至诚。引申有推荐、抬举等意义。毂，车轮的中心部分，乃许多车辐所凑拢的地方。赵绾：代人。王臧：兰陵（本战国楚邑，汉置兰陵县，故治今属山东省）人。二人都是大儒鲁申公的学生，为有名的儒者。

〔68〕鲁申公：名培。赵绾、王臧既为汉廷大官，请天子欲立明堂以朝诸侯，不能就其事，乃言师申公。于是武帝使使迎申公，问以治乱之事。时申公年已八十馀，老，对曰："为治者不在多言，顾力行何如耳。"武帝方好文词，见申公对，默然。然已招致，则以为太中大夫，舍鲁邸（鲁国驻京办事的地方），议明堂事。后赵绾、王臧得罪自杀，申公亦以疾免归鲁，数年卒。事见《史记·儒林列传》。

〔69〕"欲设"四句：都是儒家一套的说法。设明堂，是要附会古制，起建明堂以朝诸侯。（明堂之说不一：有的说是明政教之堂，所以朝诸侯；有的说是天子的太庙，所以重祭祀；有的说就是太学里的辟雍。因此在当时屡议不能就事。）令列侯就国除关，是要诸侯各归封国，除去稽察诸侯出入的关禁，以示天下一家。以礼为服制，是要把当时吉凶的服制都依照礼法来规定它。以为这样一套做法，便可兴起太平之治了。

〔70〕"举適"二句：检举窦氏诸亲属中品行不好的人，除去他们的谱名。適，同"谪"，举適就是指摘。毋，通"无"。属籍，谱牒；除属籍，在宗谱上削去名字。

〔71〕"以故"二句：因列侯、公主不高兴的缘故，谤毁窦婴、田蚡、赵

绾、王臧等人的话头每天都有送到窦太后跟前的。窦太后是武帝的祖母,时已尊为太皇太后。

〔72〕"而魏"二句:而窦婴等人认真抬尊儒家的道理,低抑道家的学说。务是切实去干。隆推,抬举;提高。贬,褒之反,抑损;屈降。

〔73〕滋不说(yuè 悦)魏其等:很不喜欢窦婴等好谈儒术的一辈人。滋,深也;益也。

〔74〕建元二年:壬寅岁,当公元前139年。

〔75〕请无奏事东宫:请武帝不要把政事奏知窦太后。太后所居长乐宫在当时大内的东部,故云东宫,也称东朝。

〔76〕"乃罢"四句:太后阴求绾、臧过失,以责武帝,帝乃将二人下狱,皆自杀。同时把窦婴、田蚡的现职也免去,且废太尉官。柏至侯许昌,高祖功臣许温之孙,袭祖封为侯。柏至,《汉书·地理志》缺载,不详何地。武强侯庄青翟,高祖功臣庄不识之孙,袭祖封为侯。武强故城在今河北省武强县东北。

〔77〕日益横:一天骄横一天。

〔78〕建元六年:丙午岁,当公元前135年。

〔79〕坐丧事不办:因不能办好窦太后丧事的罪名。免:免去本职。

〔80〕大司农:本治粟内史,为九卿之一,掌谷货(财政)。景帝后元年,更名大农令。武帝太初元年(前104)才改大司农,此时不当有此称,或后人追书之辞。韩安国:字长孺,梁成安(故城在今河南省汝州市)人。初事梁孝王为中大夫,吴、楚反,他为梁拒吴兵于东界,由此名显。武帝时由大农令迁御史大夫,后为卫尉。会匈奴大入,他为材官将军,屯渔阳。因败受责,徙屯右北平。竟因忧郁呕血死。《史记》有《韩长孺列传》。

〔81〕"天下"句:天下士大夫之任事于郡国的(四方之士)更都趋附田蚡了。

〔82〕貌侵:状貌不扬。侵,也作"寝",短小,丑陋。

〔83〕生贵甚:出生后便为帝王的外戚,言其尊贵之势特甚。

〔84〕"又以"六句:田蚡这样想:诸侯王年纪大多比他长,新皇帝刚即位,年又幼小,他自己以外戚的地位来做汉相,如果不是用礼法来屈服诸

侯王等使他们自己狠狠地敛抑一下,那么他自己的威严是建立不起来的。诸侯王,指汉廷宗室诸王侯和其他的列侯。富于春秋,犹言岁月方长,就是说年纪尚轻。肺腑,喻亲戚关连。京师相,别于当时诸王国相,是汉廷辖治全国的丞相。痛折节,狠狠地自己抑制自己。诎,同"屈"。肃,整肃;敬畏。

〔85〕坐语移日:坐在那里谈话总是好久的。移日,日影移位,表示良久。

〔86〕起家至二千石:从家居之人平地升拔到二千石的级位。起家犹出身。汉禄秩之制凡十五等:一,万石,其俸谷月各三百五十斛;二,中二千石,月各百八十斛;三,二千石,月各百二十斛;四,比二千石,月各百斛;五,千石,月各九十斛;六,比千石,月各八十斛;七,六百石,月各七十斛;八,比六百石,月各六十斛;九,四百石,月各五十斛;十,比四百石,月各四十五斛;十一,三百石,月各四十斛;十二,比三百石,月各三十七斛;十三,二百石,月各三十斛;十四,比二百石,月各二十七斛;十五,一百石,月各十六斛。百石以下尚有斗食(月俸十一斛)、佐史(月俸八斛)两级,不以官禄论。当时的三公秩皆万石,九卿皆中二千石,太子太傅以下至三辅长官(京兆尹、左冯翊、右扶风分掌京畿地方之政)及地方长官(郡国守相)皆二千石。县的长官各依情况而不同:县有人口万户以上的,其官称令,秩千石至六百石;人口不及万户的,其官称长,秩五百石至三百石。此云荐人至二千石,可见京内京外的高官都可以由他荐用了。

〔87〕权移主上:田蚡的权柄竟可以改变皇帝的本意。移,转移;改动。

〔88〕"君除"二句:你委任的官委任完了没有?我也要委任几个官呢。除吏,除去故官换新官,后遂以新授官职叫除授,也可单称除。尽未犹尽否。

〔89〕"尝请"句:曾经请求把考工衙门的馀地划拨给他的私宅。考工,少府所属的考工室,督造器械的官衙。益,增添。

〔90〕"君何"句:你何不就拿了武库去!武库,安放兵器的库房。取武库等于造反,武帝怒田蚡的无厌之求,所以愤愤地说这话。

215

〔91〕是后乃退：从此以后，稍为敛迹一些。退，缩减。

〔92〕盖侯：王皇后之兄王信，亦即田蚡的同母兄，故云其兄盖侯（盖县故城在今山东省沂水县西北八十里）。坐……南乡（xiàng 象）：使他向南坐。自坐东乡：自己向东坐。古时坐席，以东乡为尊，田蚡这样做，是自尊自大。

〔93〕"不可"句：不可因为他是哥哥的缘故而私下屈辱了汉相的尊严。桡（náo 挠），桡曲；柱屈。

〔94〕由此滋骄：从此更加骄纵。滋，增益。

〔95〕治宅甲诸第：修造自己的住宅胜过一切府第之上。甲，头等，此处作动词用，有盖过、高出诸义。第，第宅。列侯有食邑的，在京师皆有赐宅，宅有甲乙等第，故也称第。

〔96〕田园极膏腴：营谋到的田园都是顶好的肥沃之地。膏是滋膏。腴是肥厚。

〔97〕"而市"句：而派到京外各郡各县去采办器具名产的人在道路上是相连不断的。属，连接。

〔98〕罗钟鼓：排列着钟鼓之乐。立曲旃（zhān 毡）：树立着整幅帛制的曲柄长幡。旃，旌幡，以通帛为之。这些陈设，对当时的制度都是僭越的。

〔99〕"诸侯"二句：外间各路进献给他的贿赂诸物竟多得数也数不清。胜，能也。

〔100〕失窦太后：失去窦太后（时已死去）的庇护。

〔101〕"诸客"句：窦婴门下的宾客渐渐地各走各的路，对他也就不免怠惰而傲慢了。引，却也。自引，有躲避或告退的意义。

〔102〕独不失故：独有他不改变原来的态度。故是旧情。

〔103〕日默默不得志：每天闷闷不乐。默默，心有所念而口头说不出。

〔104〕厚遇：优待。

〔105〕颍阴：汉置县为侯邑，属颍川郡。后魏并入临颍县。东魏复置。北齐并入长社县。明并入许州，今属河南省许昌市。

〔106〕颍阴侯婴：即灌婴，睢阳人，以中涓从汉高帝，封颍阴侯。吕后死，婴与周勃、陈平共诛诸吕，立文帝，进太尉，旋代勃为丞相。《史记》有《樊郦滕灌列传》。

〔107〕得幸：得到皇上或权贵的宠幸。

〔108〕蒙灌氏姓为灌孟：张孟冒姓为灌孟。蒙，冒也。

〔109〕灌何：灌婴之子，袭封为侯。

〔110〕属太尉：隶属太尉周亚夫，将兵击吴。

〔111〕"请灌"句：请上官派灌孟为他的佐理官。请，荐举。校尉，将军左右的分掌兵马的官。

〔112〕"夫以"句：灌夫带一千人跟他的父亲灌孟一起去。俱，偕也。

〔113〕战常陷坚：战时常常冲击敌阵的坚强处。陷，冲入。

〔114〕"军法"四句：当时军中的定例，凡是父子一起从军的，如有伤亡，未死的可以陪同死者遗骸归乡。死事，指战死或因公死亡。丧，指灵柩。

〔115〕奋曰：兴奋地说。奋，忼慷自勉。

〔116〕若：或也。

〔117〕被（pī 霹）：后作"披"。

〔118〕"募军"句：招集军中素来与他交好的或情愿跟他一起去的壮士们。募，招请。

〔119〕从奴：发配在他部下的军徒（因罪没入官中充军役的人）。

〔120〕麾下：大将旌旗之下，言已逼近中军。

〔121〕皆亡其奴：从奴尽死。

〔122〕身中（zhòng 仲）大创十馀：身上受着大伤十馀处。中，着也。创，伤也。

〔123〕万金良药：名贵的刀疮药。万金喻其高贵，不一定它的价值恰抵万金。

〔124〕无死：不死。

〔125〕少瘳（chōu 抽）：稍稍好些。瘳，病愈。

〔126〕复请将军：重又请命于将军（即颍阴侯灌何）。

217

〔127〕壮义之:犹壮而义之。言灌何壮(感动)灌夫的有胆,并且以灌夫此举为合于正义。

〔128〕恐亡夫:又怕灌夫因此战死。

〔129〕乃言太尉:于是把这件事告知主将周亚夫。

〔130〕"颍阴"句:灌何把灌夫的壮勇行为告知景帝。上指景帝。

〔131〕坐法去:与下面的"坐法去官"同,就是因事丢官。坐法,犯了错误。

〔132〕"长安"句:京师诸贵人没有不称道灌夫的为人的。

〔133〕今上:指武帝。初即位:尚在景帝后三年正月,参看前〔50〕。

〔134〕"以为淮阳"二句:武帝以为淮阳是天下交会的所在(中原的中枢)而又是强兵聚集的地方。淮阳,当时淮阳郡治所,即今河南省淮阳县。

〔135〕"故徙"句:所以由代相调任淮阳太守。郡长官本称守,景帝中二年(前148)始更名太守。

〔136〕入为太仆:由淮阳太守内调为太仆。太仆,九卿之一,掌舆马之政。

〔137〕长乐卫尉:掌长乐宫宫门屯卫兵的长官,秩与九卿的卫尉同。

〔138〕轻重不得:饮酒的轻重不得其平。

〔139〕搏甫:打了窦甫。搏,击也。

〔140〕刚直:刚强而直爽。使酒:因酒而使气(酒性不好,容易发酒疯)。

〔141〕不好面谀:不喜欢当面恭维。谀,谄媚。

〔142〕"贵戚"三句:对许多在他自己上面的贵戚有势力的人,不愿意特加礼敬,一定要盖过他们。古代尚右,所以右就是尊高,左就是卑下。陵,高出;胜过。

〔143〕"诸士"三句:对许多在他自己下面的人士,愈是贫贱的,他就愈加敬重,给他们平等礼待。钧,与"均"同,正与"陵"对照。

〔144〕"稠人"二句:在多人聚会的场合,奖拔后辈,使他们得到光荣。稠,密也。荐宠,推荐;夸奖。

〔145〕"士亦"句：在他下面的人士也因为他能这样荐拔别人而推重他。多，重也。

〔146〕不喜文学：不爱好当时盛行的辞赋，因而也不亲近文学之士（辞赋的作家）。任侠：以侠义自任。已然诺：答应了人家的事，一定办到。

〔147〕"诸所"二句：凡灌夫所与交往的人，无非是那些有名有势的杰出人士或大奸巨猾。交通，往来交游。桀，通"杰"。猾，狡黠。大猾，富有计谋的恶霸。

〔148〕家累数千万：积累的家资值数千万金。

〔149〕"陂（bēi 悲）池"四句：为了垄断水利田地，灌夫的宗族宾客都争权夺利，在颍川一带横行无忌。陂池，蓄水溉田的设备。陂，与坡同义，是池外的堤障，池是陂内的蓄水。为权利，伸张权势，垄断利益。颍川，本秦郡，汉因之，地当今河南省中部和东南大部，在当时为灌夫家乡所在。

〔150〕"颍川"句：颍川地方乃流行着一种童谣。

〔151〕"颍水"四句：意即颍水不会常清的，颍水浊了，灌氏就要族灭了。

〔152〕"卿相"句：居高位而有势力的宾客们（卿相侍中之官）愈见疏远而稀少。衰，少也；疏也。

〔153〕"亦欲"句：也想倚靠灌夫去根究清除那班趋附势利的（平素仰慕窦婴而结交，后来又因他失势而丢弃他的）宾客们。引绳，纠举。批根，排除。

〔154〕"灌夫"句：灌夫也想倚靠窦婴的地位因而可以跟那些列侯宗室拉拢往来，抬高自己的声价。

〔155〕相为引重：互相援引，互相借重。

〔156〕"其游"句：他们两人的交往，简直像父子一样。

〔157〕"相得"三句：彼此投契，很要好，没有一些嫌忌，只恨相识得太晚了。驩，同"欢"。厌，嫌恶；禁忌。

〔158〕"灌夫"二句：灌夫遭兄弟之丧，有服在身，往访丞相田蚡。服，丧服。过，过门拜访。

〔159〕会仲孺有服：恰恰你遭丧有服。会，适也。仲孺，灌夫的表字。

古时有丧服的人是忌参加宴会的。田蚡有意这样说,我要想同你一起过访魏其侯,可惜你恰恰有服啊。

〔160〕幸临况魏其侯:宠幸地光顾魏其侯。临况,犹光临。

〔161〕"夫安"句:何敢因有丧服而推辞呢！为解,托词自己解释。

〔162〕"请语"句:请让我告知魏其侯,好叫他有所预备。帐具就是一切陈设用的器具,也称供帐。

〔163〕旦日蚤临:明朝就请早些到来。旦日,明晨。蚤,通"早"。

〔164〕"灌夫"句:灌夫原原本本告知窦婴,像他对田蚡所说的那几句话。

〔165〕益市牛酒:多买酒食。牛酒,丰盛的(具有太牢的)筵席。

〔166〕夜洒扫:当夜就打扫房屋。

〔167〕早帐具至旦:趁早陈设起来,直到天明。

〔168〕"平明"二句:刚天明,便命门下的执事人等在门外探听伺候。候,打听。伺,准备。

〔169〕不怿(yì忆):不高兴。怿,悦也。

〔170〕"夫以"二句:我不嫌丧服而应他的约的,应该自己前往邀请他。此与前"会有服"和"以服为解"相照应。

〔171〕乃驾:即起身驾车。

〔172〕鄂谢:愕然(装作愣住的样子)谢过。鄂,通"愕"。

〔173〕起舞属(zhǔ煮)丞相:起舞完毕,接请田蚡起舞。盖当时有此仪节。属,委请。

〔174〕"夫从"句:在席上的谈话中讽刺田蚡。侵,干犯。

〔175〕请魏其城南田:求取窦婴所有在城南的田地。请,求索。

〔176〕大望:大为怨恨。望,怨望。

〔177〕老仆虽弃:我虽见弃不用。老仆,自称谦辞,但此有愤愤自贬的意义。

〔178〕恶(wù物)两人有郤:怕窦婴和田蚡之间发生嫌隙。恶,不乐之意。郤,同"郄",衅隙;裂缝。

〔179〕"乃谩"句:于是撒了一个谎,用好言去婉谢田蚡。籍福是周旋

于窦、田两家之间的食客,所以不乐见两家有隙,特用好言欺骗田蚡。谩,欺蒙;诡诈。

〔180〕"魏其"三句:魏其侯年老将死,耐他也不消多少时候,姑且等待着罢!上且字,将要。下且字,姑且。

〔181〕实怒不予田:实际是愤怒而不肯把田给他。与籍福的回话不同。

〔182〕"蚡事"三句:我服事窦婴什么都肯干(指从前跪起侍酒如子孙和营救婴子诸事),为什么他要吝惜这数顷田呢!爱,惜也,参看前〔37〕。

〔183〕"且灌"句:况且灌夫何人,为什么他要从中阻挠呢!且,况且。与,干预。

〔184〕"吾不"句:愤语,犹云难道我就不敢重提求田的事么!

〔185〕元光四年:庚戌岁,当公元前131年。元光是武帝第二个年号,共六年(前134—前129)。元光四年,依梁玉绳考证,当为"二年"。

〔186〕请案:请主上案问其罪。

〔187〕何请:何必请示!

〔188〕亦持丞相阴事:也拿住了田蚡的短处。阴事,不可告人的秘密。

〔189〕"为奸"二句:用不正当的手段谋取财利,收受淮南王的赂赠,泄露不当说的话语。

〔190〕宾客居间:籍福之类的人从中调停。居间,在双方之间两面劝说。

〔191〕"遂止"二句:双方的争持便停止,所结的怨仇也都暂时得到解决。

〔192〕"丞相"句:田蚡娶燕王刘泽子康王嘉之女为妻,故云取燕王女为夫人。取,同"娶"。

〔193〕"夫数"句:屡次因为酒醉使气而得罪于田蚡。酒失,因醉失礼。得过,犹开罪。此指从前强邀过魏其等事。

〔194〕"丞相"句:田蚡现在又跟我有仇。此指近日彼此攻讦之事。

〔195〕"武安"二句：主人起立为坐客上寿，坐客都离开自己的座席，伏在地上，表示不敢当。为寿犹后世的敬酒，参看《项羽本纪》校释〔287〕。

〔196〕"独故"二句：只有那些与魏其侯有旧谊的人离席罢了，其馀半数的坐客不过稍稍欠身起避，一膝跪在席上。膝席，在当时较避席为简慢。

〔197〕"起行"句：灌夫自起巡酒到主人的面前。行酒，遍巡敬酒。

〔198〕不能满觞（shāng商）：不能喝满杯。觞，饮器。

〔199〕嘻笑：强笑。

〔200〕"将军"二句：你是贵人，请喝干。实有嘲笑强劝之意。

〔201〕次至临汝侯：挨次巡酒临到了临汝侯，临汝侯，灌婴之孙灌贤。颍阴侯袭封至灌何之子灌强而绝，武帝元光二年别封婴孙贤为临汝侯。临汝，即今河南省汝州市临汝镇。

〔202〕方与程不识耳语：刚巧凑着程不识的耳朵在低声说话。程不识，当时为长乐（太后宫）卫尉，也是边疆的名将，事详见《李将军列传》。耳语，附耳密语，俗所谓咬耳朵讲话。

〔203〕无所发怒：没有地方发泄他的愤怒。

〔204〕"生平"三句：你平日诽谤程不识，说他不值一文钱，今日长者来行酒，反倒学那女孩儿的样子，咬着耳朵唧唧哝哝地说话了。直，同"值"。长者，灌夫于灌贤为父辈，故自称长者。呫嗫（chè niè 撤孽），犹唧哝，小语声。

〔205〕"程李"句：程不识和李广都是宫府的卫尉。时程为长乐卫尉，李为未央卫尉。长乐宫在未央宫（天子所居）东，故称东宫，未央宫便称西宫。李将军即李广，详见《李将军列传》。

〔206〕"仲孺"句：你独不为李广留些馀地么！

〔207〕"今日"二句：今日准备着斩头穿胸，管什么程啊李啊的。陷，穿也。匈，即"胸"。

〔208〕"坐乃"二句：坐客于是托言更衣，陆续退去。更衣，如厕的别名（古时如厕必更衣）。

〔209〕麾灌夫出：指挥灌夫也退出。麾,同"挥"。

〔210〕"此吾"句：这是我宠了他,尽他放肆。因当场这样不欢而散,田蚡便怒而出此。

〔211〕令骑留灌夫：令手下的骑士扣留灌夫。

〔212〕"籍福"二句：籍福起立,为灌夫谢罪,并且用手按住灌夫的脖子叫他自己也低头谢罪。为,助也。案,通"按",抑也。

〔213〕缚夫置传舍：把灌夫捆了,看管在客馆里。置,安放,此有看管义。传舍,接待宾客的驿馆。

〔214〕长史：丞相府诸史之长,相当于秘书长。三公府和大将军幕都有此官。

〔215〕有诏：奉有太后的旨意。

〔216〕"劾灌"句：参奏灌夫有意在坐辱骂,轻侮诏命,当照大不敬律处罪。劾,弹劾;奏参。

〔217〕系居室：羁押在居室中。居室,少府所属的官署,后改名为保宫。

〔218〕按其前事：重提旧案,彻查他从前在颍川诸不法事。按,通"案"。

〔219〕"遣吏"句：遣吏分头追拿灌氏的各支族人。曹,班;辈,伍。

〔220〕皆得弃市罪：拿到的灌氏支属人等都处了弃市的罪名。

〔221〕大媿：大大地感到羞惭。媿,同"愧",惭愧。

〔222〕"为资"二句：为了这事,出资央求宾客讲情,不能获得谅解。解,放松。

〔223〕"武安"四句：丞相的属吏既都是田蚡的耳目,灌氏漏网的人当然都得分头逃窜和躲藏,灌夫本身又被羁押着,于是不可能把田蚡的秘密出首上告。

〔224〕锐身：犹挺身,言削除其他一切事务,尽着身体专干这一事件。

〔225〕忤：逆也,犹言作对。

〔226〕捐：丢弃。

〔227〕"且终"二句：决不让灌夫独个儿死掉,我窦婴倒独个儿活下

223

去啊!

〔228〕"乃匿"二句:瞒着他的家里,偷偷地出去上书给武帝。匿,蒙蔽。

〔229〕立召入:武帝得书,立刻把窦婴召进去,让他诉说。

〔230〕东朝廷辩之:向东朝去当廷辩白罢。东朝即东宫,指当时王太后所居的长乐宫。

〔231〕之东朝:遵武帝的嘱咐,前往长乐宫见太后。之,前往。

〔232〕盛推:极意铺张。推,展开。

〔233〕"乃丞"句:丞相却以别的事端来冤枉灌夫。

〔234〕"武安"句:田蚡又极意说坏灌夫,说他所作所为骄横而且放肆。恣,放纵。

〔235〕罪逆不道:其罪实为大逆不道。

〔236〕度不可奈何:因言丞相短,料想无可如何了,顺口就举说田蚡的短处。

〔237〕"天下"三句:幸而天下承平无事,我能够托赖国家的肺腑之亲,居此高位,所爱好的也只音乐狗马田宅而已。肺腑,已见前〔84〕。田宅下宜添"而已"二字看。

〔238〕"蚡所"七句:我所喜爱的也只倡优巧匠等人,不及窦婴、灌夫他们日夜招集豪杰壮士,跟他们商量讨论,满肚皮的不如意,不是仰看星象,便是俯首画策,窥伺于两宫之间,冀希天下有变乱,便可乘机建立大功啊。这明明是讽刺他们要造反了。不如,不及。腹诽心谤,内怀不平,暗地里诽谤朝政。仰视天,谓占候星象。俯画地,谓在地上画记号(意指他们谈机密之事,恐耳目多,易泄漏,谈的时候只是在地上画记号)。辟倪,同"睥睨",斜视;窥探。两宫指王太后与武帝。辟倪两宫间,有窥伺吉凶动静和离间挑拨的意义。幸天下有变,而欲有大功,希望趁着变难之际可以成就大业。

〔239〕"臣乃"句:我倒不明白窦婴他们究竟在那里干些什么。

〔240〕身荷戟:亲身扛带戈戟。荷,肩担。

〔241〕"灌夫"二句:灌夫交结豪强,侵侮平民。细,弱小。

〔242〕凌轹:糟蹋。凌,凌驾;欺压。轹,车轮所碾践的地方,引申有压倒的意义。

〔243〕骨肉:也是指的宗室。

〔244〕"枝大"三句:当时成语。枝,枝条。本,本干。胫,小腿。股,大腿。不折必披,不折断,必且分裂。披,分析。

〔245〕唯明主裁之:只有请你裁决这事了。

〔246〕主爵都尉:本是掌列侯之政的主爵中尉,景帝中六年(前144)改为主爵都尉。其后武帝太初元年(前104)更名右扶风,治内史右地,遂为三辅之一的地方长官了。汲黯:字长孺,濮阳人(今属河南),以父任,为太子洗马,初为谒者,后为东海太守,此时他正做主爵都尉(但还没改右扶风,仍掌列侯之政)。详见《史记·汲郑列传》。是魏其:以窦婴所说的为是。

〔247〕内史:掌治京师地面的长官,景帝二年(前155)分置左内史、右内史。其后武帝太初元年更名右内史为京兆尹,左内史为左冯翊(与右扶风合称三辅)。郑当时:详见《史记·汲郑列传》,此时为右内史。后不敢坚对:先以窦婴所说的为是,后来又不敢坚持他所对答的话。

〔248〕上怒内史:武帝恨郑当时的不能坚持。

〔249〕廷论:当廷公开辩论。即廷辩。

〔250〕局趣效辕下驹:当时成语,言像驾在车辕下面的马匹,进退不得由己。局趣,即局促,被逼不能展足的样子。

〔251〕"吾并"句:我将把你们一并斩却了。若属,你们,参看《项羽本纪》校释〔308〕。

〔252〕即罢起入:立刻罢朝起立,进入宫内。

〔253〕上食太后:献食于太后,即侍膳。

〔254〕藉:蹈藉;作践。与上"凌轹"之意同。

〔255〕鱼肉之:当鱼肉那样随便吞食。参看《项羽本纪》校释〔336〕。

〔256〕宁能为石人邪:岂能像石头人那样长久存在么!言不能不死。

〔257〕"此特"二句:现在皇帝尚在,已这样依循大众的做法。录录,随众附和貌。

〔258〕"是属"句:这辈人还有可以信赖得去(靠得住)的么!

〔259〕"俱宗"四句:魏其侯窦婴是景帝的外家兄弟,武安侯田蚡是王太后的同母弟,故云"俱宗室外家"。犹言都是我们外婆家的人。不然,像这样的案子,一个断狱的官吏就办得了了。意即何必廷辩呢。

〔260〕郎中令:九卿之一,为诸大夫和郎官之长。武帝太初元年更名光禄勋。石建:石奋之子,以孝谨著称。《史记》有《万石张叔列传》,建事即附见《万石传》中。为上分别言两人事:把窦、田两人的经过情形分别在武帝面前说明了。

〔261〕止车门:宫禁的外门。百官至此,必停车步行始得入。

〔262〕"召韩"句:田蚡既出止车门,呼召韩安国共乘丞相的车子同行。载,乘载。

〔263〕"与长"二句:与你(长孺,韩安国的表字)共同对付一个老秃翁(指窦婴,言无官位可以扳援,故云秃翁),为什么游移不定呢!鼠将出穴,必探头左右顾望,故以首鼠两端喻心持两端的人,盖亦当时流行的成语。

〔264〕何不自喜:何以这样的不自爱重。自喜,犹自好。

〔265〕归:辞丞相之职,退归武安封邑去。

〔266〕"曰臣"二句:说臣因为亲戚之故,侥幸居此相位,本来是不能胜任的。

〔267〕多君有让:看重你有谦让之德。

〔268〕内愧:使他的内心自己惭愧。

〔269〕"杜门"句:只好关紧了门嚼舌自杀。杜,闭绝。齰(zé 舴),咬嚼。

〔270〕"何其"句:何其不识大体如此!与上"何不自喜"照应。

〔271〕不知出此:没有想到这样做。

〔272〕簿责魏其所言灌夫:按簿籍所载的灌夫罪状责问窦婴。簿责,凭着文簿责问。

〔273〕颇不雠:颇有不相符合的。雠,质对;校核。

〔274〕欺谩:因所言不对,遂以为窦婴有意欺谩(诳骗)。

〔275〕劾系都司空：以欺谩君上罪参奏，拘囚在都司空的狱中。都司空，宗正属官，主诏狱（特旨交审的案件，后世叫作钦案）。

〔276〕常受遗诏：曾经接受过景帝临死的遗命。常，通"尝"。

〔277〕以便宜论上：可以相机条论上奏。

〔278〕罪至族：灌夫拘囚后，论罪当灭族。

〔279〕使昆弟子上书言之：令侄子上书，说明受有遗诏得"以便宜论上"的事。

〔280〕"而案"句：查档卷中没有先帝临死的遗诏。尚书，内廷所存的档案。天子崩叫大行，后世帝王死后，还没议定谥号之前，统称"大行"。

〔281〕家丞封：以魏其侯家臣的印封此遗诏，故疑其伪造。

〔282〕矫先帝诏：假造景帝的遗诏。

〔283〕五年十月：依梁玉绳考证，当为三年十月。元光三年当公元前132年。

〔284〕"悉论"句：悉数把灌夫和家属都处决了。

〔285〕"魏其"句：魏其自身在押，故良久乃闻族诛灌夫事。

〔286〕恚（huì 汇）：怨愤。

〔287〕痱（féi 淝）：风病，小肿。一说，瘠瘦。

〔288〕蜚语：没有根据的流言。蜚，同"飞"。为恶言闻上：田蚡造作流言，说窦婴诽谤君主，故意使武帝听到它。

〔289〕"故以"二句：故意拣定在那年十二月的末一日把窦婴处决在渭城。当时的制度，常以立春日下诏书宽赦人犯，所以田蚡怕春到遇赦，放松了窦婴，特在十二月底把他处决。渭城，即秦时的咸阳。

〔290〕其春：就是那年的春天，那时尚未改历，仍沿秦法，以十月为岁首，故春在当年十二月之后。专呼服谢罪：田蚡得病后老是叫呀嚷呀，讲的都是服罪谢过的话。

〔291〕"使巫"句：令巫师能看鬼的来看这奇病，究竟何物在作祟（鬼神作弄的灾祸）。

〔292〕共守欲杀之：一同守住了田蚡，要杀死他。

〔293〕子恬嗣：田蚡的儿子田恬袭封为武安侯。恬，《史记·惠景间

227

侯者表》作"梧"。

〔294〕元朔：武帝第三个年号，元年癸丑岁，共六年（前128—前123）。三年：当公元前126年。

〔295〕"武安"二句：武安侯田恬因不穿正式的朝衣入宫，坐不敬罪。襜褕（chān yú 搀鱼），仅仅蔽膝的短衣，像妇女所服的那样。按《惠景间侯者表》"武安"格不敬下有"国除"字，是那年武安侯国已废除了。

〔296〕淮南王安：高祖少子长之子。长封淮南王，文帝时以罪废徙蜀，中道自杀。安初为阜陵侯，后袭封为淮南王。其为人好书，招致宾客方术之士，作为内书二十一篇，外书甚众。又有中篇八卷，言神仙黄白之事，亦二十馀万言。名《淮南子》（今但存内篇二十一卷，即内书，有汉许慎、高诱两家的注本，高注本最通行，叫作《淮南鸿烈解》）。时武帝方好艺文，很尊重他，赐几杖不朝。其后安有反谋，元狩元年（前122），中郎伍被首告。帝下公卿治此狱，使宗正以符节召安。十一月，安自杀。国除，为九江郡。故云淮南王安谋反觉。觉：发觉；破露。《史记》有《淮南衡山列传》。

〔297〕治：穷究党与。下文都是究出的事迹。

〔298〕王前朝：指建元二年（前139）淮南王安入朝武帝事。

〔299〕迎王至霸上：田蚡时为太尉，素与淮南王安交好，故迎王至霸上。霸上，已详《项羽本纪》校释〔266〕。

〔300〕高祖孙：高祖之亲孙。

〔301〕宫车晏驾：指帝崩。君王当早起临朝，如宫车晚出，必有事故。古代忌讳说死，故天子初崩叫作晏驾。晏，迟晚。

〔302〕厚遗金财物：以金帛财物厚赠田蚡。

〔303〕"上自"二句：武帝自从魏其侯、灌夫被杀时起，就不以武安侯的行径为然（帝以杀魏其为枉，故不直武安），只因碍于王太后的缘故，不能奈何他罢了。

〔304〕"及闻"句：临到听见淮南王与武安侯勾结赠金等事的时候。

〔305〕"使武"二句：假使武安侯还存在的话，一定要灭他的族了！那时田蚡已死多年，故这样说。

〔306〕决筞而名显：言能决策驰入吴军，欲报父仇，因而出名。筞，同"策"，已见前〔51〕。

〔307〕"魏其"句：窦婴的起来，为了镇压吴、楚七国之变。

〔308〕日月之际：指武帝初即位和窦太后、王太后当权等机会。

〔309〕不知时变：不明白乘时变化的道理，硬要挽回已经失去的势力。

〔310〕无术而不逊：没有手腕而偏要放恣直干，不肯稍让。

〔311〕"两人"二句：窦、灌两人互相扛帮，便酿成这场惨祸。翼，助也。

〔312〕负贵而好权：自恃他的地位贵幸而好耍手段。负，依靠。权，机诈。

〔313〕"杯酒"二句：为杯酒细故的怨愤，因而陷害了窦、灌两家。

〔314〕"迁怒"二句：为恨灌夫而硬拖窦婴，而自己的生命也没有延长多时。怒于甲者移于乙，叫作迁怒。

〔315〕"众庶"二句：大家都不以为然，到底受到了恶名声。载，与"戴"通。不戴就是不爱戴他。竟，毕竟。被，受也。恶言，指武帝追骂之辞。

〔316〕呜呼哀哉：重言之，表示深恨的意思。

〔317〕祸所从来矣：言祸都从太后起的，蓄积得长久了！

李将军列传(节选)

李将军广者,陇西成纪人也。[1]其先曰李信,[2]秦时为将逐得燕太子丹者也。[3]故槐里,徙成纪。[4]广家世世受射。[5]孝文帝十四年,[6]匈奴大入萧关,[7]而广以良家子从军击胡,[8]用善骑射,杀首虏多,为汉中郎。[9]广从弟李蔡亦为郎,[10]皆为武骑常侍,[11]秩八百石。[12]尝从行,[13]有所冲陷折关及格猛兽,[14]而文帝曰:"惜乎,子不遇时![15]如令子当高帝时,万户侯岂足道哉!"[16]及孝景初立,广为陇西都尉,[17]徙为骑郎将。[18]吴、楚军时,广为骁骑都尉,[19]从太尉亚夫击吴、楚军,[20]取旗,显功名昌邑下。[21]以梁王授广将军印,还,赏不行。[22]徙为上谷太守,[23]匈奴日以合战。[24]典属国公孙昆邪为上泣曰:[25]"李广才气,天下无双,自负其能,数与虏敌战,恐亡之。"[26]于是乃徙为上郡太守。[27]后广转为边郡太守,徙上郡。[28]尝为陇西、北地、雁门、代郡、云中太守,[29]皆以力战为名。[30]

匈奴大入上郡,天子使中贵人从广勒习兵击匈奴。[31]中贵人将骑数十纵,[32]见匈奴三人,与战。三人还射伤中贵人,[33]杀其骑且尽。中贵人走广。[34]广曰:"是必射雕者也。"[35]广乃遂从百骑往驰三人。[36]三人亡马步行,[37]行数十里。广令其骑张左右翼,而广身自射彼三人者,[38]杀其二人,生得一人,果匈奴射雕者也。已缚之上马,[39]望匈奴有数千骑,见广,以为诱骑,皆惊,上山陈。[40]广之百骑皆大恐,欲驰还走。[41]广曰:"吾去大军数十里,今如此以百骑走,匈奴追射我立尽。[42]今我留,[43]匈奴必以我为大军诱之,[44]必不敢击我。"广令诸骑曰:"前!"前未到匈奴陈二里所,止,[45]令曰:"皆下马解鞍!"[46]其骑曰:"虏多且近,即有急,奈何?"[47]广曰:"彼虏以我为走,今皆解鞍以示不走,用坚其意。"[48]于是胡骑遂不敢击。有白马将出护其兵,[49]李广上马与十馀骑犇射杀胡白马将,[50]而复还至其骑中,[51]解鞍,令士皆纵马卧。[52]是时会暮,[53]胡兵终怪之,不敢击。夜半时,胡兵亦以为汉有伏军于旁,欲夜取之,胡皆引兵而去。平旦,李广乃归其大军。大军不知广所之,故弗从。[54]

居久之,孝景崩,武帝立,左右以为广名将也,于是广以上郡太守为未央卫尉,而程不识亦为长乐卫尉。[55]程不识故与李广俱以边太守将军屯。[56]及出击胡,而广行无部伍行陈,[57]就善水草屯,[58]舍止人人自便,[59]不击刀斗以自卫,[60]莫府省约文书籍事,[61]然亦远斥候,[62]未尝遇害。程不识正部曲行伍营陈,[63]击刀斗,士吏治军簿至明,[64]军不得休息,然亦未尝遇害。不识曰:"李广军极简易,然虏卒犯之无以禁也,[65]而其士卒亦佚乐,[66]咸乐为之死。[67]我军虽烦扰,[68]然虏亦不得犯我。"是时汉边郡李广、程不识皆为名将,然匈奴畏李广之略,[69]士卒亦多乐从李广而苦程不识。程不识孝景时以数直谏为太中大夫。[70]为人廉,谨于文法。[71]

后汉以马邑城诱单于,[72]使大军伏马邑旁谷,而广为骁骑将军领属护军将军。[73]是时单于觉之,去,汉军皆无功。[74]其后四岁,广以卫尉为将军,出雁门击匈奴。[75]匈奴兵多,破败广军,生得广。单于素闻广贤,令曰:"得李广必生致之!"[76]胡骑得广,广时伤病,置广两马间,络而盛卧广。[77]行十馀里,广详死,[78]睨其旁有一胡儿骑善马,[79]广暂腾而上胡儿马,[80]因推堕儿,取其弓,鞭马南驰数十里,复得其馀军,因引而入塞。[81]匈奴捕者骑数百追之,广行取胡儿弓,[82]射杀追骑,以故得脱。[83]于是至汉,汉下广吏。[84]吏当广所失亡多,为虏所生得,[85]当斩,赎为庶人。[86]

顷之家居数岁。广家与故颍阴侯孙屏野居蓝田南山中射猎。[87]尝夜从一骑出,从人田间饮。[88]还至霸陵亭,[89]霸陵尉醉,呵止广。[90]广骑曰:"故李将军。"[91]尉曰:"今将军尚不得夜行,何乃故也!"[92]止广宿亭下。[93]居无何,匈奴入杀辽西太守,[94]败韩将军,[95]韩将军徙右北平。[96]于是天子乃召拜广为右北平太守。广即请霸陵尉与俱,至军而斩之。广居右北平,匈奴闻之,号曰"汉之飞将军",避之数岁,不敢入右北平。

广出猎,见草中石,以为虎而射之,中石没镞,[97]视之石也。因复更射之,终不能复入石矣。广所居郡闻有虎,尝自射之。[98]及居右北平射虎,虎腾伤广,[99]广亦竟射杀之。

广廉,得赏赐辄分其麾下,[100]饮食与士共之。终广之身,为二千石四十馀年,[101]家无馀财,终不言家产事。广为人长,[102]猨臂,[103]其善射亦天性也。虽其子孙他人学者,莫能及广。[104]广讷口少言,[105]与人居则画地为军陈,射阔狭以饮。[106]专以射为戏,竟死。[107]广之将兵乏绝之处,[108]见水,士卒不尽饮,广不近水;[109]士卒不尽食,广不尝食。[110]宽缓不苛,[111]士以此爱乐为用。[112]其射,见敌急,非在数十步之内,度不中不发,发即应弦而倒。[113]用此,其将兵数困辱,其射猛兽亦为所伤云。[114]

居顷之,石建卒,[115]于是上召广代建为郎中令。元朔六年,[116]广复为后将军,[117]从大将军军,[118]出定襄击匈奴。[119]诸将多中首虏率,以功为侯者,[120]而广军无功。后三岁,[121]广以郎中令将四千骑出右北平,博望侯张骞将万骑与广俱,[122]异道。[123]行可数百里,[124]匈奴左贤王将四万骑围广。[125]广军士皆恐,广乃使其子敢往驰之。[126]敢独与数十骑驰,直贯胡骑,出其左右而还,[127]告广曰:"胡虏易与耳。"[128]军士乃安。广为圜陈外向,[129]胡急击之,矢下如雨。汉兵死者过半,汉矢且尽。广乃令士持满毋发,[130]而广身自以大黄射其裨将,[131]杀数人,胡虏益解。[132]会日暮,吏士皆无人色,[133]而广意气自如,[134]益治军。军中自是服其勇也。明日,复力战,而博望侯军亦至,匈奴军乃解去。汉军罢,[135]弗能追。是时广军几没,罢归。[136]汉法,博望侯留迟后期,[137]当死,赎为庶人。广军功自如,无赏。[138]

初,广之从弟李蔡与广俱事孝文帝。景帝时,蔡积功劳至二千石。孝武帝时,至代相。以元朔五年为轻车将军从大将军击右贤王,[139]有功中率,封为乐安侯。[140]元狩二年中,[141]代公孙弘为丞相。[142]蔡为人在下中,[143]名声出广下甚远,然广不得爵邑,官不过九卿,[144]而蔡为列侯,位至三公。[145]诸广之军吏及士卒或取封侯。[146]广尝与望气王朔燕语曰:[147]"自汉击匈奴而广未尝不在其中,而诸部校尉以下,才能不及中人,[148]然以击胡军功取侯者数十人,而广不为后人,[149]然无尺寸之功以得封邑者,[150]何也?岂吾相不当侯邪?且固命也?"[151]朔曰:"将军自念,岂尝有所恨乎?"[152]广曰:"吾尝为

233

陇西守,羌尝反,[153]吾诱而降,[154]降者八百馀人,吾诈而同日杀之。[155]至今大恨独此耳。"[156]朔曰:"祸莫大于杀已降,此乃将军所以不得侯者也。"[157]

后二岁,大将军、骠骑将军大出击匈奴,[158]广数自请行。[159]天子以为老,弗许;良久乃许之,以为前将军。[160]是岁,元狩四年也。[161]广既从大将军青击匈奴,既出塞,青捕虏知单于所居,乃自以精兵走之,而令广并于右将军军,[162]出东道。[163]东道少回远,[164]而大军行水草少,其势不屯行。[165]广自请曰:"臣部为前将军,今大将军乃徙令臣出东道,且臣结发而与匈奴战,今乃一得当单于,[166]臣愿居前,先死单于。"[167]大将军青亦阴受上诫,[168]以为李广老,数奇,[169]毋令当单于,恐不得所欲。[170]而是时公孙敖新失侯,[171]为中将军从大将军,[172]大将军亦欲使敖与俱当单于,故徙前将军广。[173]广时知之,固自辞于大将军。[174]大将军不听,令长史封书与广之莫府,[175]曰:"急诣部,如书!"[176]广不谢大将军而起行,[177]意甚愠怒而就部,[178]引兵与右将军食其合军出东道。军亡导,或失道,[179]后大将军。[180]大将军与单于接战,单于遁走,弗能得而还。南绝幕,[181]遇前将军、右将军。广已见大将军,还入军。大将军使长史持糒醪遗广,[182]因问广、食其失道状,[183]青欲上书报天子军曲折。[184]广未对,大将军使长史急责广之幕府对簿。[185]广曰:"诸校尉无罪,乃我自失道。吾今自上簿。"[186]至莫府,广谓其麾下曰:"广结发与匈奴大小七十馀战,今幸从大将军出接单于兵,而大将军又徙广部行回远,而又迷失道,岂非天哉!且广年六十馀矣,终不能复对刀笔之吏。"[187]遂引刀自刭。[188]广军士大夫一军皆哭。[189]百姓闻之,知与不知,无老壮皆为垂涕。[190]而右将军独下吏,当死,赎为庶人。

太史公曰:《传》曰:"其身正,不令而行;其身不正,虽令不从。"[191]其李将军之谓也![192]余睹李将军,悛悛如鄙人,[193]口不能道辞。[194]及死之日,天下知与不知,皆为尽哀。彼其忠实心诚信于士大夫也。[195]谚曰:"桃李不言,下自成蹊。"[196]此言虽小,可以喻大也。[197]

注释

〔1〕成纪:汉所置县,故治在今甘肃省秦安县北三十里。初属陇西郡(今甘肃省东部),故云陇西成纪。武帝元鼎三年(前114)置天水郡,成纪县改属天水,故《汉书·地理志》载成纪于天水之下。

〔2〕其先:李广的祖先。李信:已见《刺客列传》。

〔3〕逐得:追获。燕太子丹:已见《刺客列传》。

〔4〕"故槐"二句:原来住在槐里,后来迁到成纪的。槐里,即秦废丘,汉改槐里县,参看《项羽本纪》校释〔371〕。

〔5〕世世受射:世代都熟习射法。受,学习;传授。

〔6〕孝文帝十四年:乙亥岁,当公元前166年。

〔7〕大入:大举侵入。萧关:在今甘肃省环县西北,为当时关中四关之一,参看《项羽本纪》校释〔350〕。

〔8〕良家子:家世清白人家的子弟。那时的制度,医、巫、商、贾、百工都不得列入良家的。

〔9〕"用善"三句:因为善骑射,多斩敌首和多虏获,拔为汉廷的中郎官。用,因为;合于。中郎,郎中令属官,掌守门户,出充车骑,秩比六百石。(参看《魏其武安侯列传》校释〔86〕)

〔10〕从弟:同祖父的弟弟。亦为郎:与李广同为郎官。

〔11〕武骑常侍:郎官的加衔。

〔12〕秩八百石:详《魏其武安侯列传》校释〔86〕。凡言禄秩都可参

看那一则。

〔13〕尝从行：李广经常随从文帝出行。尝，通"常"。

〔14〕"有所"句：有好多方面表现他的勇力。冲陷折关，冲阵或抵御。格，格斗。

〔15〕子不遇时：你没有碰到机会。

〔16〕"如令"二句：假使你生在高帝打天下的时候，做个万户侯算不得什么！万户侯，食邑万户的列侯。

〔17〕陇西都尉：即陇西郡尉。郡尉掌佐郡守典武职甲卒，秩比二千石。景帝中二年(前148)更名都尉。

〔18〕骑郎将：郎官有户、车、骑三将，秩皆比千石，骑郎将，即其中之一。

〔19〕骁(xiāo 萧)骑都尉：率领骁骑的都尉。骁，轻捷。

〔20〕太尉亚夫：即周亚夫，绛侯周勃之子，文帝改封于条，为条侯。

〔21〕昌邑：秦所置县，故城在今山东省金乡县西北四十里。当时为梁国要邑。李广从亚夫击吴、楚，败敌取旗于此城下。

〔22〕"以梁"三句：李广以汉将私受梁王授他的将军印，故还军后汉廷以为功不抵过，其赏不行。

〔23〕上谷：秦所置郡，约当今河北省西北大部和中部一部分地方。汉时以沮阳县为郡治，故城在今河北省旧怀来县南。

〔24〕匈奴日以合战：匈奴每天来跟李广作战。

〔25〕典属国：处理外族降人的官。公孙昆邪：公孙，姓；昆邪，名。为上泣：向景帝哭泣。

〔26〕"数与"二句：李广屡屡跟匈奴打硬仗，怕阵亡了他。敌战，正面拒敌。

〔27〕上郡：已详《项羽本纪》校释〔374〕。

〔28〕"后广"二句：此为插叙语，言他从上谷太守历转沿边诸郡太守，然后乃徙上郡太守。其下"尝为陇西……云中太守"一语即此一系列迁转的实例，故以"尝"字提示它。并不是说做了上郡太守以后乃历转各边郡太守的。

236

〔29〕陇西:已见前。北地:当时的郡名,辖地约当今甘肃省东北部和宁夏回族自治区一带。雁门:已见《廉颇蔺相如列传》校释〔248〕。代郡:已见《项羽本纪》校释〔388〕。云中:当时的郡名,统地约当今山西省西北部和内蒙古自治区西南部一带。

〔30〕"皆以"句:言李广在陇西以至上郡各太守任上都是跟匈奴狠命打仗出名的。

〔31〕天子:指景帝。中贵人:亲信的宦官(太监),言居中恃宠而贵,非有德望可说,故其姓名不显。勒习兵:受军事部勒,随军习练。中国历史上用宦官参预军事,大概就是这时候开始的。

〔32〕纵:纵骑赴敌。

〔33〕还射:返身射箭。

〔34〕走广:逃到李广跟前,诉说经过。

〔35〕"是必"句:这一定是专射雕鸟的能手。雕,鸷禽,似鹰而大,黑色,一名鹫,亦名鹗(其羽是作箭尾的良材)。飞翔力极强而且十分迅猛,非善于射箭的人不能射中它。

〔36〕乃遂:于是立即。从百骑:带了一百骑做自己的随从。往驰:奔去追赶。驰,追逐。

〔37〕亡马步行:无马而徒步行走。亡,通"无"。

〔38〕"而广"句:而李广亲自向那边步行的三个人射去。

〔39〕缚之上马:把活捉的一人捆了,提放在马上。

〔40〕"望匈"五句:遥望匈奴兵有数千骑,他们见到了李广的百骑,以为是汉军方面故意诱骗他们上当的疑兵。都起了戒心,爬上山头布置他们的阵地。陈,阵。

〔41〕欲驰还走:要想加鞭逃还。驰,驱驰;快奔。

〔42〕追射我立尽:追来射我,我百骑立刻完结。

〔43〕留:停留不走。

〔44〕"匈奴"句:匈奴必然以为我们是给自己的大军引诱他们上当的。

〔45〕"前未"二句:前进到距离匈奴阵地约二里光景,便停止了。

237

〔46〕皆下马解鞍:一齐下马,把鞍鞯都卸了。

〔47〕"即有"二句:眼前就有急难了,怎么办?

〔48〕用坚其意:我们故意不走,哄得他们越发以为我们要教他们上当。

〔49〕"有白"句:有一个骑白马的胡将出阵来监护他们的兵队。

〔50〕犇(bēn锛):同"奔"。

〔51〕复还至其骑中:仍与带去的十馀骑还到自己的队伍中。

〔52〕皆纵马卧:大家都把马放了,各自随便躺下。

〔53〕会暮:恰巧天色将晚。

〔54〕"大军"二句:大军本部没有知道李广所往的方向,所以没有能发兵接应。

〔55〕未央卫尉、长乐卫尉,参看《魏其武安侯列传》校释〔137〕、〔205〕。

〔56〕"程不"句:程不识和李广从前都是任边郡太守而兼管军防屯扎诸事的。故,旧时;从前。

〔57〕广行无部伍行陈:李广行军,没有严格的编制和一定的行列。部伍就是部曲,详后〔63〕。行(háng航)陈,行列和阵势。

〔58〕就善水草屯:拣择有好水好草的地方屯扎下来。

〔59〕舍止:犹起居。

〔60〕刁斗:即刀斗,古无"刁"字,借刀为之,故《索隐》云"刀音貂"。刁斗,铜锅,可盛一斗量。行军时,昼则炊饭,夜则用为敲击巡更的器具。

〔61〕莫府:即幕府,已详《廉颇蔺相如列传》校释〔250〕。省约文书籍事:把军中的文书簿籍等事一切简化。省,减省;约,节约。

〔62〕远斥候:在前敌遥远的地方就布置了哨探的尖兵。斥,侦察;料量。候,望视;窥伺。斥候便是侦探敌情的哨兵。

〔63〕正部曲行伍营陈:严肃地约束手下的部队,整顿编制和军规。那时将军领军都有部曲,大将军营五部,部有校尉一人;部下有曲,曲有军候一人;曲下有屯,屯有屯长一人。见司马彪《续汉书·百官志》(收入今本《后汉书》)。行(háng航)伍营陈(zhèn阵),军队的编制和军营的

规章。

〔64〕治……至明:常常办到天明。

〔65〕卒犯之无以禁也:骤然来犯,也不能奈何他的。卒,同"猝"。禁,钳制;干涉。

〔66〕佚乐:安逸而快乐。佚,同"逸"。

〔67〕咸乐为之死:大家都情愿为他出死力。咸,皆也。乐,乐于;甘愿。

〔68〕烦扰:犹忙乱。

〔69〕略:战略;计谋。

〔70〕太中大夫:郎中令属官,掌论议,秩比千石。

〔71〕谨于文法:谨守文书法度,毫不苟且。与前"正部曲""治军簿至明"相应。

〔72〕"后汉"句:武帝元光二年(前133),用马邑(汉所置县,后魏废,其城即今山西省朔县)土豪聂壹之谋,欲诱破单于。阴使壹亡入匈奴,对单于说:"吾能斩马邑令丞,以城降,财物可尽得。"于是单于将十万骑入武州塞(在今山西省朔州市)。

〔73〕骁骑、护军:都是当时将军的冠号。冠号的将军不常设,有征伐始命之,后来名目繁多,后世便称之为"杂号将军"。当时李广为骁骑将军,韩安国为护军将军,广受安国节制,故云"领属护军将军"。

〔74〕"是时"三句:是时单于既入,擒得雁门郡的尉史,问知汉兵都藏在近旁山谷中,大惊引还。汉兵追至塞,弗及,乃皆罢兵。

〔75〕其后四岁:为元光六年,当公元前129年。出雁门:从雁门山北出。雁门山在今山西省代县西北三十五里。

〔76〕"得李"句:如捉住李广,必须要活的送到单于那里去。生致,活捉了押送前往。

〔77〕"置广"二句:把李广躺在绳子结成的络子里,这络子就张在两匹马的中间。

〔78〕详:通"佯"。

〔79〕"睨其"句:瞥见身旁有一少年胡人骑着一匹好马。睨,斜视。

〔80〕暂腾:忽然跳起来。暂,霎时。

〔81〕入塞:进入雁门。

〔82〕行取胡儿弓:且行且取推堕少年遗下的弓。

〔83〕以故得脱:因此能够逃脱匈奴之手。

〔84〕下广吏:把李广发交执法官审问。

〔85〕当(dàng档):判决。

〔86〕当(dāng珰):该当。赎为庶人:纳金赎免斩刑,削去官位,降为平民。

〔87〕故颍阴侯孙:灌婴之孙,名强。屏野:退职家居,犹云下野。蓝田南山:已详《魏其武安侯列传》校释〔27〕。

〔88〕从人田间饮:跟人家在田间一起饮酒。

〔89〕霸陵亭:守护霸陵的亭驿。霸陵,汉文帝的陵墓,在秦芷阳县境,因文帝治霸陵于此,遂改霸陵县。

〔90〕"霸陵"二句:守霸陵的尉官(本为亭长,当时贴近边障的或守护陵墓的亭,都以县尉主之),喝醉了,便呵斥李广,不让他通过。

〔91〕"广骑"句:李广的从骑说,这是旧任李将军。

〔92〕"今将"二句:现任的将军尚且不得犯夜行路,何况是旧任的!何乃,何况。

〔93〕止广宿亭下:勒令李广停宿在驿亭中。

〔94〕居无何:过了不多久。匈奴入边攻杀辽西太守在元朔元年(前128)。辽西:秦所置郡,其境约当今河北省东北角、旧热河省东南一部和辽宁省西部。汉因之,治且虑县,故治在今河北省卢龙县东。

〔95〕韩将军:韩安国,时以卫尉为材官将军(杂号将军之一),屯渔阳(已见《陈涉世家》校释〔11〕),为匈奴所败,掠去千馀人及畜产等。

〔96〕"韩将"句:武帝怒韩安国之败,使使责让之,益徙而东,使屯于右北平(在渔阳东北)。

〔97〕中石没镞:箭射入石内,把整个箭头都陷进去。没,陷入。镞,箭镞。

〔98〕尝自射之:常常亲自射虎。尝,通"常"。

〔99〕虎腾伤广:虎跳起来扑伤了李广。

〔100〕辄分其麾下:每常分给部下的将卒。麾下,指自己直属的部队。

〔101〕"终广"二句:终李广的一生,做了禄秩二千石那一级的官四十多年。

〔102〕为人长:体格高大。

〔103〕猨臂:说他的左右臂可以自由延伸,像通臂猿(猿的一种,两臂能通过两肩,彼此可以自由伸缩,古有此传说)那样的。故下云"其善射亦天性也",就是说他有这样的天赋本能。猨,即猿。

〔104〕"虽其"二句:虽是他的子孙或别人亲向他学习的都不能及他那样的善射。

〔105〕讷口少言:拙于口才,不大说话。难于出口说话叫讷。

〔106〕"与人"二句:平常与人闲居的时候,每画地作军阵,比射远近为戏,不胜的以罚酒饮之。军陈,即军阵,已见前〔40〕、〔57〕、〔63〕。阔狭犹远近或深浅。

〔107〕"专以"二句:直到他死,经常以比射为戏。竟,终竟。

〔108〕"广之"句:李广带兵逢到饮料粮食缺乏断绝的环境里。

〔109〕"见水"三句:发现了可饮的水,他的士卒没有都喝到,他是不沾一点水的。

〔110〕"士卒"二句:他的士卒没有都吃到,他是不尝一点东西的。上食是吃食,下食是食料。以上两语都承"乏绝之处"说。士卒不尽食之上当添"见食"二字看。

〔111〕宽缓不苛:宽松不加苛扰。

〔112〕以此爱乐为用:因此都爱戴李广,乐于听他使用。

〔113〕"其射"五句:他的射法,虽见敌人已很迫近,但不在数十步之内,估计射不着的是不发箭的,要发箭必然是弓弦一响敌人便应声而倒的。

〔114〕"用此"三句:正因为这样(箭不多发),他领兵出战屡次吃亏受辱,射虎也被虎扑伤了。

〔115〕石建:见《魏其武安侯列传》校释〔260〕。

〔116〕元朔:武帝第三年号,凡六年(前128—前123)。其六年为戊午岁。

〔117〕后将军:位次上卿,当时有前、后、左、右四将军。

〔118〕从大将军军:从属于大将军的军中。汉代将军位比三公的有四:第一,大将军;次,骠骑将军;次,车骑将军;次,卫将军。那时任大将军的是武帝卫后的同母弟卫青。青字仲卿,平阳(已见《项羽本纪》校释〔378〕)人,以出征匈奴著称。《史记》有《卫将军骠骑列传》,与霍去病同载。

〔119〕定襄:汉所置郡,其境约当今山西省右玉县以北包有内蒙古自治区西南部。治成乐县,即今内蒙古自治区和林格尔县。

〔120〕"诸将"二句:当时从卫青出征的诸将,多因斩首虏获合格,而论功封侯的。率(lǜ律),标准;规格。中率就是合格。

〔121〕后三岁:为元狩三年辛酉岁,当公元前120年。元狩,武帝第四年号,共六年(前122—前117)。据梁玉绳考证,李广与张骞出右北平事,当在元狩二年。

〔122〕张骞:汉中人,武帝初年为郎,应募通西域,历尽艰辛,卒以西域大宛诸国的情况回报武帝,因此封博望侯(博望,汉所置县,故城在今河南省旧南阳县东北六十里)。张骞事迹载《史记·大宛列传》中。

〔123〕异道:不同道,分两路抄出。

〔124〕行可数百里:前进约数百里。可,约略。

〔125〕左贤王:匈奴单于手下的统帅。当时匈奴置左、右贤王:左贤王居东方,当汉上谷郡北面迤东一带;右贤王居西方,当汉上郡北面迤西一带。李广、张骞出右北平,恰在左贤王辖境,故左贤王将四万骑围广。

〔126〕往驰之:驰往匈奴围骑中迎敌。

〔127〕"直贯"二句:一直穿过匈奴的围骑,抄出他们的左右两边,还到自己的阵地。

〔128〕易与耳:轻蔑之辞,参看《项羽本纪》校释〔482〕和《淮阴侯列传》校释〔204〕。

〔129〕圜陈:圆形的阵势。圜,乃"圆"的本字。外嚮:列阵的军士都面向外边,作辐射式抵挡匈奴的围骑。嚮,同"向"。

〔130〕持满毋发:拉满了弓准备着,但不要放箭。

〔131〕"而广"句:李广亲自执着大黄弩射匈奴的偏裨将校。大黄,大号的黄间弩(也作黄肩弩),在当时是最能射远的武器。裨将,协助主将作战的将校,军中统称为偏裨。

〔132〕益解:渐渐松开。益本有渐加之义,故引申为渐。

〔133〕无人色:形容脸色苍白,不像活人的样子。

〔134〕意气自如:神色气概还同平常一样。

〔135〕罢:同"疲",故下云"弗能追"。

〔136〕几没:近乎全军覆没。罢归:只得罢兵而归。

〔137〕留迟后期:稽缓行期,失却联系。

〔138〕"广军"二句:李广杀敌虽有功,自己的损失也不少,功过相当,所以没有加赏。

〔139〕元朔五年:丁巳岁,当公元前124年。轻车将军:杂号将军之一。从大将军击右贤王:跟随卫青从西路打匈奴(当他们的右方)。

〔140〕"有功"二句:有功可以合格(参看前〔120〕),封为乐安侯。乐安,汉所置县,至晋裁去。故城在今山东省博兴县北。

〔141〕元狩二年:庚申岁,当公元前121年。

〔142〕公孙弘:字季,薛人。武帝初为博士,免归。元光中,以文学对策第一复拜博士。元朔中为丞相,以推贤节俭为武帝所信任,封平津侯(平津故城在今河北省盐山县南)。其为人意忌,外宽内深,凡是同他有仇隙的人,表面上他总佯为和善,暗中却想法排挤,主父偃的被杀,董仲舒的被疏远,都是他从中播弄的。元狩二年弘死,李蔡乃代为丞相。《史记》有《平津侯主父列传》,与主父偃同载。

〔143〕为人在下中:其人的行为品格在下等之中。若以当时九品论人的说法,(即上上、上中、上下、中上、中中、中下、下上、下中、下下)那只在第八等。

〔144〕"然广"二句:李广没有封侯,当然没有爵位和封邑,故云"不

243

得爵邑";官只做到卫尉、郎中令,故云"官不过九卿"。

〔145〕"而蔡"二句:李蔡既封乐安侯,又为丞相,故云。

〔146〕"诸广"句:许多李广部下的军吏或士卒往往取得了封侯之赏。

〔147〕望气:即占候,候测星象,占卜吉凶。王朔:当时有名的天文家,善于占候。燕语:私下交谈。燕,私也。

〔148〕诸部校尉以下:即指军吏士卒。才能不及中人:他们的才能都还够不上中等的人物。

〔149〕不为后人:不能算落在人家的后面。

〔150〕尺寸之功:些微的功劳。尺寸,言其短少。

〔151〕"岂吾"二句:难道吾的骨相不该封侯的么?还是吾的命数早已注定了么?

〔152〕"岂尝"句:难道心里有什么抱歉的事?恨,缺憾;歉恨。

〔153〕羌(qiāng腔)尝反:羌族曾起兵反汉。羌,古代西方民族之一,在汉时为陇西一带的少数民族。

〔154〕吾诱而降:吾用计诱骗他们,他们便投降了。

〔155〕"吾诈"句:吾又用计把这八百馀人在一天内杀掉了。

〔156〕"至今"句:到现在为止,我心里一直抱歉的,就是这件事。

〔157〕"祸莫"二句:杀戮已经投诚的人(在当时认为是罪恶的),这就是你不能得到封侯的报应啊。

〔158〕"大将"句:卫青、霍去病大举出兵攻打匈奴。卫青时为大将军已见前〔118〕。霍去病,卫青姊姊的儿子,初为剽姚校尉,以打匈奴斩捕首虏过当,封冠军侯(冠军只是称号,初无此县名,武帝褒奖去病大功,以南阳穰县的卢阳乡和宛县的临駣聚为冠军侯国)。元狩二年为骠骑将军出陇西。《史记》有《卫将军骠骑列传》,与卫青同载。骠骑将军位比三公,仅次于大将军,亦已详前〔118〕。

〔159〕广数自请行:李广屡次自动奏请随军征战。

〔160〕前将军:参看前〔117〕。

〔161〕元狩四年:壬戌岁,当公元前119年。

〔162〕"而令"句:使李广所部与右将军的军队合并前进。当时的右

将军是主爵都尉赵食其(jī基)。

〔163〕出东道:从东路出兵,当匈奴的左方。

〔164〕少回远:稍稍迂回辽远些。

〔165〕"而大"二句:而大军经行的地方水草不多,在势是不能并队行进的。屯行,联结进行。

〔166〕"且臣"二句:而且我自幼就同匈奴作战,如今才得到一个机会可以碰到单于的主力。结发,指童年初能胜冠的时候。

〔167〕先死单于:当先跟单于拼一死战。

〔168〕阴受上诫:暗中接受武帝的吩咐。

〔169〕数奇(jī基):命数单只,不大有好运遇合的。奇,偶之反。古时讲命数的有此说,即所谓"孤星照命"。

〔170〕"毋令"二句:不要让他当单于的正面,怕不会获得所要追求的胜利的。这些都是武帝和卫青主观上的迷信。

〔171〕公孙敖新失侯:公孙敖初为骑郎,与卫青友好,曾救青脱难。及青贵,敖亦以护军都尉三次从青击匈奴有功,封合骑侯(合骑非邑名,谓以军合骠骑有功,故取以为封号)。元狩二年,坐将兵击匈奴与骠骑将军期后,畏懦当斩,赎罪。

〔172〕"为中"句:公孙敖失侯后以校尉从卫青自效。此云"中将军",盖书其封侯以前的故官。

〔173〕"大将"二句:卫青欲报私恩,故欲使敖与自己俱当单于,可以侥幸得功复侯,因此,徙前将军广并于右将军的军中。

〔174〕"固自"句:坚决向卫青辞免徙并。

〔175〕"令长"句:命自己幕府的长史(参看《魏其武安侯列传》校释〔214〕)下一道文书给李广的幕府。

〔176〕"急诣"二句:赶快到右将军的军部去,照文书所说的办。

〔177〕不谢:不辞别。

〔178〕愠怒:怨愤。就部:到达指定的军部。

〔179〕"军亡"二句:军中没有向导,往往迷失路途。亡,通"无"。

〔180〕后大将军:落后了跟大将军会师的约期。

245

〔181〕南绝幕:南还,渡过沙漠。绝,横渡。幕,沙漠。

〔182〕糒醪:酒食。糒,干饭。醪,酒浆。

〔183〕"因问"句:乘便问讯前将军、右将军(东路军)迷路后期的情况。

〔184〕"青欲"句:卫青要把东路军回远失道的委曲详情报告武帝。

〔185〕急责广之幕府对簿:催迫李广的幕府人员前往听审。对簿,就是听审受质,参看《魏其武安侯列传》校释〔272〕。

〔186〕吾今自上簿:吾现在亲自去你们的幕府听审。下云"至莫府",就是行到大将军的幕府。上簿,自上供状,听候质对。

〔187〕"终不"句:到底不能再受刀笔吏的侮辱了。刀笔吏,掌管案牍的书吏。古时记事于竹简之上,有谬误,用刀削去它。笔是记事的工具,刀是削误的工具,本是两物。刀笔连称,有添减从心,舞文弄法的意义。

〔188〕引刀自刭:拔出刀来自刎了。引,抽也。

〔189〕"广军"句:李广军中的幕客军吏士卒一切人等都哭了。

〔190〕"百姓"三句:老百姓听到了李广自杀的消息,不论熟识的和不熟识的,不论年老的和年轻的,都为了他而流泪。垂涕,挂眼泪。

〔191〕"《传》曰"四句:出《论语·子路篇》。《论语》为孔子弟子及后人所记,别于孔子删定的《经》,故称《传》(其实经、传之分还是从简册的尺度来定的。凡六寸以上的竹简都称为传〔专〕,所以古书所引的"传",并不限于一部《论语》)。

〔192〕"其李"句:这真是说的李将军啊。就是说他身正,故士卒乐用,不必待命而后行;同时反衬着那些本身不正的人,虽是三令五申地告诫他的部下,也未必能心悦诚服地照办罢。

〔193〕悛悛如鄙人:诚诚恳恳很像个质朴的乡里人。悛悛,同"恂恂",诚谨貌。

〔194〕口不能道辞:就是上面所说的"讷口少言"。

〔195〕"彼其"句:他那忠实的心确已使一般士大夫感动起信了。

〔196〕"桃李"二句:说的是桃子跟李子都不会讲话,说自己多么好吃,可是人家自然会去采果子吃,把桃树李树下面的泥地走出一条路来。

蹊(xī奚),田中脚步踏成的小路。

〔197〕"此言"二句:这谚语所说的虽只是桃李的寓言,但可比喻李广这样的忠诚老实,口虽不能道辞而能使大家都能感动的。

知识链接

【文学常识】

一、作家介绍

《史记》的写定者是司马迁,此书乃是司马迁继承其父司马谈遗愿所作。

司马迁,汉武帝时著名史学家,生于公元前135年(一说前145年),卒年不详(关于他最晚的记载到公元前87年),夏阳(今陕西韩城)人。据《太史公自序》,他幼年即跟随父亲学习各类儒家经典,十岁时便可诵读诸书。二十岁后又漫游各地,南游江淮,北涉汶泗,了解风俗,采集传闻,为其日后修撰史书积累了丰富的材料。

元封元年(前110),汉武帝封禅泰山,时任太史公的司马谈留滞周南未能同行记史,故发愤而卒。父子二人相会于河洛之间时,司马谈曾拉着司马迁的手留下殷殷嘱托,希望他不要忘记其家作为史官的家族传统,并且能够将自己的著述续写下去。元封三年(前108)司马迁继承父业担任太史令,同时继续修著司马谈未竟之史书。司马迁父子之所以想要修著一部庞大的史书,是有感于周公作《易》后五百年有孔子作《春秋》,而孔子卒后又五百年间却没有人修史。所以他们著述的目的正是"正《易传》,继《春秋》"。

天汉二年(前99)李陵战败投降匈奴,司马迁因直言为其辩解而于天汉三年获罪,被施以腐刑。太始四年(前93)以激愤的心情写下感人肺腑的《报任安书》,表达了"人固有一死,或重于泰山,或轻于鸿毛"的通达生死观,并且以周公、孔子于困厄之中著书的精神激励自己,最终写就了长达五十多万字的《史记》。

二、作品评价

其言秦汉,详矣。至于采经摭传,分散数家之事,甚多疏略,或有抵捂。亦其涉猎者广博,贯穿经传,驰骋古今,上下数千载间,斯以勤矣。又其是非颇缪于圣人,论大道则先黄老而后六经,序游侠则退处士而进奸雄,述货殖则崇势利而羞贱贫,此其所蔽也。然自刘向、扬雄博及群书,皆称迁有良史之材,服其善序事理,辨而不华,质而不俚,其文直,其事核,不虚美,不隐恶,故谓之实录。

——〔汉〕班固《汉书·司马迁传》

夫史迁绝学,《春秋》之后一人而已。其范围千古、牢笼百家者,惟创例发凡,卓见绝识,有以追古作者之原,自具《春秋》家学耳。

——〔清〕章学诚《文史通义·申郑》

恨为弄臣,寄心楮墨,感身世之谬辱,传畸人于千秋,虽背《春秋》之义,故不失为史家之绝唱,无韵之《离骚》矣。惟不拘于史法,不囿于字句,发于情,肆于心而为文,故能如茅坤所言:"读《游侠传》则欲轻生,读《屈原》《贾谊传》即欲流涕,读《庄周》《鲁仲连传》即欲遗世,读《李广传》即欲立斗,读《石建传》即欲俯躬,读《信陵》《平原君传》即欲养士"也。

——鲁迅《鲁迅全集·汉文学史纲要·司马相如与司马迁》

三、关于纪传体史书

纪传体是中国古代史书的一种重要形式,这种形式正是《史记》创立的。《史记》包括本纪、世家、列传、表和书五个部分。其中"本纪"一般用来记录帝王的事迹,"世家"用来记录诸侯贵胄的事迹,而"列传"则用来记录身份地位再低一些的人的事迹。以上三个部分大致可以看作是《史记》的主体,班固著《汉书》则改为本纪、列传、表和志四个部分,此后这类史书基本沿用这一固定格式。有的史书不一定有志和表,但一定有本纪和列传,可以说它的主要特征就是以本纪和列传为主体,通过记录历代帝王和历史重要人物的行迹来记录历史,所以称为纪传体。表和书(志)则起到辅助串联的作用。"表"是用来简列世系、人物和史事的表格;"书(志)"则用以记述制度发展,涉及礼乐制度、天文兵律、社会经济、河渠地理等诸方面内容。将纪传体史书称为"正史"始见于唐代,而较为严格地把纪传体史书归于正史则大概始于宋代。宋代著名的目录书如晁公武的《郡斋读书志》、陈振孙的《直斋书录解题》就都将纪传史纳入"正史"之下。我们今天一般所说的"二十四史"(或者"二十五史")就都是纪传史,但"二十四史"中的其他史书都是记录一朝事迹的断代史,《史记》却记录了三千多年的历史,从传说中的五帝一直记录到西周、春秋战国直到武帝以降,是一部浩浩荡荡的通史,尤为可贵。

【要点提示】

一、《史记》其书及主要注本

《史记》是中国第一部纪传体通史,记录了从黄帝到汉武帝三千多年的历史,全书有本纪十二篇,表十篇,书八篇,世家三十篇,列传七十篇,共一百三十篇。司马迁自称"整齐百家之言",所以

《史记》利用了许多其他文献。其中有些段落并非完全出自司马迁之手,而是在先秦文献的基础上改写而成的,如《尚书》《左传》《国语》等书都有部分被司马迁吸取采纳。但司马迁在利用它们的时候又不完全是简单地移用,而是在"究天人之际,通古今之变,成一家之言"的修史目标之下,进行有组织地编排改写,所以虽然《史记》运用了其他文献,但依旧是一部带有司马迁浓重个人风格的著作。此外,《史记》中还有部分是司马谈所作,司马迁继承了父亲的手稿并在其基础上继续修撰。

"史记"一开始可以代称所有史书,如在《周本纪》中就有"太史伯阳读史记"之语,而司马迁所作《史记》则被称作《太史公书》,《汉书·艺文志》在著录它时就记为"《太史公》百三十篇",直到唐朝编修的《隋书·经籍志》中才称其为"《史记》一百三十卷",后来也就渐渐专指司马迁所著的《史记》了。

今本《史记》一百三十篇,有少数篇章显然不是司马迁的手笔,汉元帝、成帝时的博士褚少孙补写过《史记》,今本《史记》中"褚先生曰"就是他的补作。而在一些篇目中虽然没有直接注明作者,但也混入了后人的补作,如《李将军列传》中关于李陵的记载当代就有学者认为非司马迁所作,是后人补写而成的。

《史记》的注本主要有东晋裴骃所著《史记集解》、唐代司马贞所著《史记索隐》以及唐代张守节所著《史记正义》,这三部书一般被合称为"《史记》三家注"。其中又以《史记索隐》的注释水平最高,司马贞因为不满意之前的注本,所以"探求异同,采摭典故,解其所未解、申其所未申",在开元初年完成了《史记索隐》三十卷。《史记集解》和《史记索隐》都各自有单行本,《史记正义》的单行本则仅仅见于著录却没有原本传世。南宋的著名刻书家黄善夫在光宗绍熙年间第一次将三家注刻在了一起,自此以后《史记》基本就是以三家注合刻本的形式流传了。民国年间刊刻《百衲本二十四史》中的《史记》也是以这个版本作为底本。但由于黄善夫本多有讹误,所以百衲本做了许多修订,已经失去了黄本的原貌。此外,日本学者在《史记》的注释方面也多有建树,泷川资言出版于1934年的《史记会注考证》收罗了大量的旧本和从唐代刘知几到清代学人的成果作考证,颇为精善。之后水泽利忠又为此书撰写了《校补》,于1957年出版。中华书局在1959年出版了《史记》点校本,2013年又有修订本出版,是现今较为通行的《史记》版本。

二、《史记》的特点

首先,《史记》体现了司马迁的历史观。他对于人物的选择和编排都是合乎历史事实而非基于虚名的,比如领导起义队伍推翻秦王朝暴政的实际领导是项羽,所以他就为项羽也写了一篇《项羽本纪》。刘邦死后真正掌权的其实是太后吕雉而非刘盈,故而司马迁也就为吕后立《吕太后本纪》,而没有惠帝的本纪。陈涉本来只是一介草民,但是因为他领导了农民起义,司马迁就用一般用来写王侯贵胄的"世家"来写他,写下了《陈涉世家》。这些都体现了司马迁尊重历史事实的历史态度。此外,司马迁也将眼光投向了社会的各个阶层,为儒生、刺客、游侠等不同人群都写下了传记,描绘了更为广阔的社会图景。因为《史记》的创作宗旨是"究天人之际,通古今之变",所以虽然司马迁也通过具体丰富的细节来刻画人物形象,但绝大多数的人物传记还是在宏伟壮阔的画面中展开的。他不满足于一般化地描述历史进程和人物的生平事迹,而是通过对历史事件的描绘表现对历史规律以及人物命运的深刻思考。这就使得《史记》的人物传记既有宏伟的画面,又有深邃的意蕴,形成了雄深雅健的风格。

其次,《史记》不仅是一部贯通百代的煌煌史书,也因为其优美的文笔成了不朽的文学经典,开创了中国古典文学中史传文学的先河。司马迁在刻画人物时往往运用多维透视的方法,同一个人物又常常在不同篇目中"互见",从不同角度来描写人物的不同性格特征,使他笔下的人物有血有肉,立体丰满。司马迁擅长刻画一系列的人物形象,如豫让、聂政、荆轲和侯嬴等都是知恩图报,士为知己者死的壮烈形象。但是在共性之下司马迁又往往能够挖掘出人物的个性,如豫让是先吞炭毁容忍辱负重地活下去为恩主报仇,最后才从容自尽;而侯嬴则是一开始就轰轰烈烈地自杀相谢。这就使得他笔下的人物既反映了当时的一种普遍性,又充满了独特的人格魅力,是共性与个性的统一,这样对于人物的细致刻画也深刻影响到了中国古典小说的发展。《史记》中所记录的种种历史事件也为后世小说戏曲提供了丰富的素材资源,如戏曲《霸王别姬》《文昭关》等流传至今。此外,《史记》中凝练生动的行文也为韩愈等古文家所推崇,是中国古典散文的典范。可以说《史记》对中国古典文学的影响是全面而巨大的,它不仅仅是一部伟大的历史著作,在文学史中也同样扮演着重要角色。

三、历年作为高考文言文阅读的《史记》篇目

  2001年全国卷《田单列传》

  2002年全国卷《李将军列传》

  2004年福建卷《张丞相列传》

  2005年全国卷Ⅱ《滑稽列传》

  2006年全国卷Ⅱ《季布栾布列传》

  2006年福建卷《伯夷列传》

  2006年山东卷《儒林列传》

【学习思考】

  一、为什么《史记》中有《项羽本纪》和《吕太后本纪》,却没有

《惠帝本纪》?

二、《史记》中的《魏其武安侯列传》《廉颇蔺相如列传》《游侠列传》和《刺客列传》等篇都在一篇中串联起了许多人物,这样写有什么好处？司马迁又是如何表现不同人物的不同性格的？

三、思考一下,《史记》与《汉书》在叙事艺术、人物刻画以及风格特征上分别有什么异同？

(郭天骄 编写)